"十二五"职业教育国家规划教材
经全国职业教育教材审定委员会审定

U0648721

省级优秀教材

高职高专创新人才培养规划教材 · 连锁经营

连锁门店营运与管理实务

（第三版）

刘 伟 主 审

陆 影 主 编

高皖秋 强 敏 郑文新 副主编

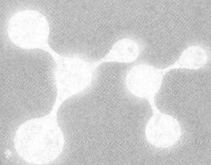

东北财经大学出版社 大连
Dongbei University of Finance & Economics Press

图书在版编目（CIP）数据

连锁门店营运与管理实务 / 陆影主编. —3版. —大连：东北财经大学出版社，2016.2（2018.2重印）

（高职高专创新人才培养规划教材·连锁经营）

ISBN 978 - 7 - 5654 - 2211 - 9

Ⅰ. 连… Ⅱ. 陆… Ⅲ. 连锁店 - 经营管理 - 高等职业教育 - 教材 Ⅳ. F717.6

中国版本图书馆CIP数据核字（2016）第014274号

东北财经大学出版社出版

（大连市黑石礁尖山街217号　邮政编码　116025）

教学支持：（0411）84710309

营 销 部：（0411）84710711

总 编 室：（0411）84710523

网　　址：http：‖ www.dufep.cn

读者信箱：dufep@dufe.edu.cn

大连永盛印业有限公司印刷　　　东北财经大学出版社发行

幅面尺寸：185mm×260mm　　　字数：349千字　　　印张：15

2016年2月第3版　　　　　　　2018年2月第9次印刷

责任编辑：杨慧敏　　　　　　　责任校对：何　力

封面设计：冀贵收　　　　　　　版式设计：钟福建

定价：28.00元

第三版前言

连锁经营作为一种现代经营模式，在我国经过近几十年的发展，已经从导入期、高速发展期进入转型升级期。连锁企业通过对门店营运管理实现连锁经营的标准化、专业化、规模化以及高效率化。

《连锁门店营运与管理实务》一书，在2009年第1版、2012年第2版的基础上进行第3版修订，主要从连锁门店营运与管理概述入手，分别介绍门店的组织结构、人员配置、经营绩效管理，门店店长作业化管理、卖场布局和商品陈列管理，门店理货、进存货和盘点作业管理，门店收银和销售作业管理，门店促销活动和门店专柜管理，门店顾客投诉和顾客关系管理，门店防损和安全管理等内容。

本书的特点主要有以下方面：

1.体现岗位性。为适应连锁门店营运与管理的实际需要，本书注重收货、理货、收银、销售、客服、防损等岗位能力的培养。

2.注重实操性。为培养高职学生的专业技能，本书在每章配有基础训练和实践训练。实践训练包括实训项目、实训场景设计、实训任务、实训提示和实训效果评价标准表。本书最后还配有综合实训，使学生在实训中提高理论知识的运用能力和实际操作能力。

3.突出职业性。为培养高职学生的职业素养和职业能力，本书在每章设计引例、阅读资料、案例精析、职业指南等环节，使学生在学习理论知识的同时，提高职业能力。

本书由安徽财贸职业学院陆影老师担任主编，承担了本书大纲的编写、全书的统稿和各章的协调工作。华润万家Ole'人力资源部刘伟总监担任主审，承担了本书的审稿工作。本书具体分工如下：第1章、第2章由安徽财贸职业学院陆影老师编写；第3章、第5章和第6章由安徽财贸职业学院强敏老师编写；第4章由安徽工商职业学院时应峰老师编写；第7章、第8章和第12章由浙江工商职业技术学院郑文新老师编写；第9章、第10章和第11章由安徽财贸职业学院高皖秋老师编写；综合实训由安徽财贸职业学院夏承龙老师和上海华润万家超市有限公司Ole'合肥店李朔店长、上海华润万家超市有限公司Ole'东区校企合作部史潘虹共同编写。

本书在编写和修订时，得到许多单位和老师的帮助。在此非常感谢上海华润万家超市有限公司、卜蜂莲花（合肥爱莲）超市、乐购超市、安徽财贸职业学院、安徽工商职业学院和浙江工商职业技术学院等单位的领导和老师给予的大力支持，感谢书中所参考引用的相关资料和书籍的作者，也非常感谢东北财经大学出版社杨慧敏、王丽和张旭凤等编辑对本书的大力支持和辛勤付出。

高职教材的改革和创新是一个长期而艰难的过程，由于编者水平有限，本书难免存在一些不足之处，恳请专家和读者批评指正。

编　者
2017年5月

目　录

第1章　连锁门店营运与管理概述

学习目标

通过本章的学习，理解连锁门店的不同类型和特点，熟悉连锁门店管理目标和内容，掌握开展和实施门店营运管理的相关标准，学会制定门店营运与管理标准的具体步骤。

引例　　　　　　　　　　　国内购物中心实施"星级"标准

由商务部主导、中国连锁经营协会受委托组织起草的《购物中心等级划分规范》（下称《规范》）于2015年3月开始正式实施。

《规范》开始低调实施，这让国内购物中心行业终于有了评"星级"的准则。据了解，《规范》将我国的购物中心分为"四型二级"。其中，"四型"是指都市型、社区型、地区型和奥特莱斯型。在此分类的基础上，评定"二级"，即"宝鼎级"和"金鼎级"，其中宝鼎级为达标级，是购物中心合格的起步级；金鼎级的购物中心将在宝鼎级的基础上产生。等级的评定与划分主要从购物中心的业态与品牌、经验与管理、服务与设施、诚信与和谐、安全与保障、环保与节能、信息与智能等方面出发，对购物中心经营品类、业态覆盖、品牌占比、空置率、销售额、客流、租金等进行评定。此外，等级划分与评定采取企业自愿申报，凡连续经营一年（含）以上、建筑面积在1万平方米（含）以上的购物中心均可向所在省、自治区、直辖市、计划单列市等级评定机构申报。

对于《规范》在经营与管理方面的要求，有业内人士认为比较严格，因为很多标准都被细节化和标准化，这对于购物中心经营者而言是非常有压力的。

例如深圳近年来不少购物中心都提出要打造社区型购物中心，如果这些购物中心要想获得社区型类别"金鼎级"购物中心星级称号，就必须在硬件和软件上花大力气去达标。在品类和业态覆盖方面，要做到"覆盖三个购物品类及业态以上、覆盖四个餐饮品类及业态以上、覆盖三个服务品类及业态以上、覆盖一个休闲娱乐品类及业态以上"；连锁经营品牌占比要在50%以上；特色本土品牌占比在30%以上；空置率在5%以下；销售额在2亿元以上；平均销售的年坪效要大于5 000元/平方米·年；日均客流10 000人次；平均租金年坪效要大于700元/平方米·年等。

而《规范》实施之后对于购物中心行业的影响，有人认为这是业内首个"评星"的标准，对购物中心整个行业是具有指导意义的，例如被评上"金鼎级"的购物中心，它的挂牌对于国内外旅游人群是非常有吸引力的，这对一些有实力、营运与管理俱佳的购物中心是一种肯定。不过，持反对意见的业内人士也有不少，大家的观点集中在评级是否能真正体现购物中心的真实经营状况、评上"金鼎级"是否真的会比其他的购物中心更具竞争力等问题上。

资料来源：陈勇坚.评级要求太高，购物中心有压力[N].南方都市报，2015-03-09.

1.1　连锁门店的类型、特点和功能

连锁门店一般是指经营同类商品、使用统一商号的若干门店，在同一总部的管理下，采取统一采购或授予特许权等方式，实现规模效益的经营组织形式。门店是连锁企业的基础，主要职责是按照总部的指导和服务规范要求，承担日常销售业务。

1.1.1　连锁门店的类型

根据连锁企业的经营方式、商品结构、服务功能，以及选址、商圈、规模、店堂设施和目标顾客等对连锁门店进行分类，主要有以下类型：

1）便利店

便利店是指以满足顾客便利性需求为主要目的的零售业态，有即时消费性、小容量、应急性等特点。

2）折扣店

折扣店是指门店装修简单，提供有限的服务，商品价格低廉的一种小型超市业态，拥有不到2 000个品种，经营一定数量的自有品牌商品。

3）超市

超市是指开架售货，集中收款，满足社区消费者日常生活需要的零售业态，根据商品结构的不同，可以分为食品超市和综合超市。

4）大型超市

大型超市是指实际营业面积6 000平方米以上，品种齐全，满足顾客一次性购齐的零售业态，根据商品结构，可以分为以经营食品为主的大型超市和以经营日用品为主的大型超市。

5）仓储会员店

仓储会员店是指以会员制为基础，实行储销一体、批零兼营，以提供有限服务和低价格商品为主要特征的零售业态。

6）百货店

百货店是指在一个建筑物内，经营若干大类商品，实行统一管理，分区销售，满足顾客对时尚商品多样化选择需求的零售业态。

7）专业店

专业店是指以专门经营某一大类商品为主的零售业态。例如办公用品专业店、玩具专业店、家电专业店、药品专业店、服饰店等。

8）专卖店

专卖店是指以专门经营或被授权经营某一主要品牌商品为主的零售业态。例如服装专卖店、化妆品专卖店等。

9）购物中心

购物中心是指企业有计划地开发、拥有、管理运营的各类零售业态、服务设施的集合体。例如都市型、社区型、地区型和奥特莱斯型。

@阅读资料1-1

沃尔玛门店的类型和特点

沃尔玛于1996年进入中国，在深圳开设了第一家沃尔玛购物广场和山姆会员商店。目前沃尔玛在中国经营多种业态和品牌，包括购物广场、山姆会员商店、社区店等，截至2015年4月，已经在全国165个城市开设412家门店，主要有"购物广场、山姆会员商店、社区店、惠选店"等类型。沃尔玛购物广场将活鲜、食品与传统百货业态相结合，沃尔玛购物广场"一站式"的经营方式不仅为消费者节省了时间和开支，而且提供了一种独特的购物体验。山姆会员商店就像是会员们的采购代理，它以"会员优惠价格"向公司和个人提供超值的名牌商品。会员可在山姆会员商店宽敞舒适的购物环境中享受山姆会员商店提供的盛情服务。山姆会员商店的主营商品有3 500多个品种，其中包括鲜食、干货、冷冻食品、饮料、烟酒、糖果、日用品、办公用品、五金家电等。所售商品多采用大箱包装或组合包装，目的是为会员省更多的钱。沃尔玛社区店是沃尔玛公司特有的经营模式，作为对原有的购物广场和会员店等经营形式的补充，沃尔玛社区店坚持"天天平价"，规模较小而突出便利功能，服务于周边居民区。我国首家沃尔玛社区店位于深圳市人民南路，地处繁华的罗湖商业区，周围有密集的居民区和写字楼群，经营面积约2 600平方米，以经营各种鲜烤面点、熟食、果蔬、饮料等食品类为主，占50%以上，其他则是以家庭、办公和个人清洁用品等为主的日用消费品。

另外，沃尔玛已投入6亿元对90多家门店进行升级改造。完成改造的门店，在店面整体形象、顾客服务水平、商品品类组合、销售业绩等方面均比改造前有了明显的提升。为了更好地提升顾客购物便利性，沃尔玛还在门店升级中根据顾客购物习惯优化门店商品布局。升级后的沃尔玛把关联商品品类集中化陈列；对指示标牌系统进行改进，使顾客可以更为便捷地选取商品，有效节约顾客的时间。如在以往的规划中，超市通常把家庭清洁用品及纸品靠近食品区摆放，但通过市场调研，沃尔玛发现顾客尤其是主妇们更喜欢在置办纸品及家庭清洁用品时，有意识地去挑选个人护理用品，继而是服装及床品。因此在新规划中，在商品布局上充分考虑到顾客的消费习惯，并进行了相应调整。

资料来源：作者根据《印象沃尔玛》等整理.

1.1.2 连锁门店的特点和功能

1) 连锁门店的特点

与单店相比，连锁门店具有以下特点：

（1）数量众多、规模经营，并且根据不同零售业态，其经营的规模各不相同。

（2）门店的标准化和统一化。一般要求门店统一管理，统一进货，统一标识，统一培训，统一促销，统一价格，统一服务等。

2) 连锁门店的功能

门店是直接面对消费者的终端销售环节，充分发挥连锁门店的业务管理职能，是理顺连锁业务工作流程和实现连锁经营规模效益的先决条件。连锁企业门店的主要功能是：

（1）市场调查功能，调查顾客的需要及周边的商业环境。

（2）订货管理功能，根据销售情况及时订货，向配送中心要求配送所需商品。

（3）库存管理功能，门店库存商品的管理。

（4）销售功能，销售商品以及相关的促销活动。

（5）现场管理功能，负责销售现场的商品陈列和管理。

（6）顾客服务功能，提供顾客需要的服务，如提供送货上门、商品退换、操作示范及邮寄服务等。

连锁门店的类型和基本特点具体见表1-1。

表1-1　　　　　　　　　　　连锁门店的类型和基本特点

门 店	基本特点			
	规 模	商品（经营）结构	商品售卖方式	服务功能
便利店	营业面积100平方米左右，利用率高	即食食品、日用小百货为主，有即时消费性、小容量、应急性等特点，商品品种在3 000种左右	以开架自选为主，结算在收银处统一进行	营业时间16个小时以上
折扣店	根据商品特点而定	门店装修简单，商品价格低廉，不到2 000个品种	采取柜台销售或开架销售方式	经营一定数量自有品牌商品，提供有限的服务
超 市	营业面积6 000平方米以下	经营包装食品、生鲜食品和日用品，食品超市与综合超市商品结构不同	自选销售，出入口分设，在收银台统一结算	营业时间12个小时以上
大型超市	实际营业面积6 000平方米以上	大众化衣、食、日用品齐全，一次性购齐，注重自有品牌开发	自选销售，出入口分设，在收银台统一结算	设不低于营业面积40%的停车场
仓储会员店	营业面积6 000平方米以上	以大众化衣、食、用品为主，自有品牌占相当部分，商品4 000种左右，实行低价、批量销售	自选销售，出入口分设，在收银台统一结算	设相当于营业面积的停车场
百货店	营业面积6 000~20 000平方米	具综合性，门类齐全，以服饰、鞋类、箱包、化妆品、家庭用品、家用电器为主	采取柜台和开架销售相结合的方式	注重服务，设餐饮、娱乐等服务项目和设施
专业店	根据商品特点而定	以销售某类商品为主，体现专业性、深度性，品种丰富，选择余地大	采取柜台销售或开架销售方式	从业人员具有丰富的专业知识
专卖店	根据商品特点而定	以销售某一品牌系列商品为主，销售量少、质优、毛利高	采取柜台或开架面售方式，商店陈列、照明、包装、广告讲究	注重品牌声誉，从业人员具备丰富专业知识
购物中心	建筑面积50 000平方米以内	20~40个租赁店，包括大型综合超市、专业店、专卖店、饮食服务及其他店	各个租赁店独立开展经营活动	停车位300~500个
	建筑面积100 000万平方米以内	40~100个租赁店，包括百货店、大型综合超市、各种专业店、专卖店、饮食店、杂品店以及娱乐服务设施等	各个租赁店独立开展经营活动	停车位500个以上
	建筑面积100 000万平方米以上	200个以上租赁店，包括百货店、大型综合超市、各种专业店、专卖店、饮食店、杂品店及娱乐服务设施等	各个租赁店独立开展经营活动	停车位1 000个以上

1.2　连锁门店营运管理目标、作用和内容

目标管理是一种程序和过程，具有层次性、多样性、时间性和可考核性等。目标管理有利于调动员工积极性，有利于提高管理水平，有利于进行更有效的控制。

连锁门店要体现在连锁企业中的地位和作用，就必须完整地把连锁总部的经营理念、经营战略与策略、业务技巧和营销策划方案在日常经营当中进行具体体现。门店营运管理要求就是指各门店统一、完整地把连锁企业总部的目标、计划和具体要求体现到常规的作业化管理中，实现连锁经营的规范化和统一化。

1.2.1　连锁门店营运管理基本目标

连锁企业的发展一般会经历三个阶段：第一阶段是以规模为中心，发展部成为企业的核心部门，营运的中心任务是配合新店开发；第二阶段是以商品为中心，商品部成为公司的核心部门，通过有效的商品管理来改善经营业绩；第三阶段是以营运为中心，通过有效的营运管理来提高门店经营业绩。

1）销售目标

销售目标主要包括销售量目标和销售额目标，体现连锁企业的经营机制是否有效运行，其商业职能是否能充分发挥以及连锁企业的发展前景。销售量目标和销售额目标可以通过门店的标准化营运作业来实现。

2）防损目标

严格控制门店各环节的损耗费用，损耗的减少是提高经营绩效的一条捷径，同样成为门店营运与管理的主要目标。

3）发展目标

发展目标的决定因素主要是连锁企业管理体制和经营机制是否科学以及连锁企业各门店的经营素质高低，包括员工素质、技术素质和经营管理素质等。

@ 阅读资料1-2

节能+　助力门店的成本控制

随着连锁企业经营成本连年上涨，销售增长持续放缓的行业大环境趋于常态和深化，连锁门店的节能成效，正加速突显其助力企业管理提质增效、降本创收的贡献，节能环保也将成为门店持续有效运营的新常态。

大润发营运专员介绍大润发自2005年起致力于节能减排项目的推进。截至目前，已在设备投入、废料分类处理及回收、减量包装等方面进行了一系列改造与控管，并取得一定成效。2012年成功研发、架构开式能源管理系统，标志着企业向"智能能源管理"模式迈进，为能源考核与管理提供了基础与数据支持，为公司全方位管理提供窗口与平台。公司能源管理系统应用主要分为四个方面，包括能源管理进程、能源管理系统应用、能源管理成效以及未来目标与发展方向。2014年，LED测试成功并全面推进。2015年计划进行废弃物管理。在能耗方面，2015年比2014年降低4%~5%。未来将继续加大新型节能设备、新技术的考察及引进，挖掘节能管理潜力，关注绿色建筑设计、降低能耗、减少

排放，持续推动可持续发展进程。

作为超市、大型超市、便利店等业态企业的关键能耗点，冷冻冷藏一直为节能负责人所关注。冷冻设备专业人士认为要降低能耗应用，又要兼顾保证食品安排的能效，同时，维护维修需要合理地降低成本。冷柜柜体越来越窄，采用新技术来减少柜体占地面积，容积和存储量非但不会减少，反而会提升30%~40%，既保证食品销售，又减少店员上货频次，有效地减少店员上货时间，很好地提升门店的购物体验。解决方案：可以采用节省面积的冷链机组方式，门店测试结果降低20%~35%能耗，温度保持在零下20℃~30℃，提升可靠性。门店里的空调和冷冻冷藏密切相关，把空调的系统和冷冻冷藏结合起来，把两者的综合能耗整体降低。另外，空调和冷冻的过冷联动系统可以降低能耗13%。制冷的冷冻水，能够给中温机组提供预冷，很好地提升中温机组能效，综合节能量达到5%~10%。

万达商业管理有限公司管理人员认为所谓的节能就是两点，即不浪费和提高效率。万达广场有三套系统，包括超市、百货、商场。商管公司所负责的部分，重点方向就在空调和照明上。首先在做方案时，会对所有的系统进行分析，万达自主研发的慧云智能化管理系统现已上线。从空调系统上，有冷站群控，冷冻水大温差，一次泵变频，冷却塔免费供冷等等，冷站也是作为工作重点。通过充分应用，每个广场都能节省大量费用。自然通风包括夜间通风可以利用天然的冷源，夜间通风经过测试可以节能1%，是一种被动节能。照明对于商业建筑来说，并不是所有灯具都改成LED就好，一些商品的不同门类、不同种类，需要有商品特性，还需要不同光效做支撑。作为运营管理，通过能源监测系统，所有万达广场都建立了评价体系，设两级能源管理专员分析能耗。每周抽查广场，通过能源管理系统确定运行科学性，解决异常问题等。

专家认为，根据在中国香港、美国、日本、中国内地的实测、改造、设计经验，总结和提炼高端持有型商业综合体节能与可持续发展的关键问题。节能是以管理提升服务品质，是把设备用好。管理的"五有"即有细节、有流程、有人才、有基础、有目标，没有这些，节能、管理无从谈起。建立相应质量体系，建立自己的质量把控。

资料来源：中国连锁经营协会.节能+　助力门店的成本控制[EB/OL].[2015-06-26].http://www.ccfa.org.cn/portal/cn/view.jsp?it=1&id=419732.

1.2.2　连锁门店营运管理内容

1）连锁门店营运管理的作用

连锁企业采取连锁经营方式，通过对门店合理布局和规范化营运，组成具有标准化和专业化的连锁经营组织体系，实现连锁经营的规模效益。连锁企业门店营运管理的作用主要体现在以下方面：

（1）有利于连锁门店规划布局的统一

连锁企业通过对门店进行统一标识、统一店名、统一店面、统一商品陈列和统一服务规范等可以吸引顾客和树立良好的企业形象。

（2）有利于连锁门店营运管理标准的统一

保持统一的营运和管理标准是连锁企业得以在市场上占据主导地位并得以持久发展的关键。

（3）有利于连锁企业劳动效率的提高和营运管理目标的实现

连锁企业通过对门店实行经营管理，使门店营运能够进行专业化分工和简单化运作，实现销售量和销售额的最大化和损耗的最小化。

（4）有利于连锁企业投资和经营风险的降低

连锁企业通过对门店实行连锁经营管理，可以有效地规避单店投资和经营风险。

2）连锁门店营运管理的主要内容

（1）门店内外部环境布局设计

门店是连锁企业进行经营活动的主要场所，通过对门店内外部环境布局设计，可以指导门店管理，突出连锁企业特色、提高经营管理效率。

（2）门店商品陈列和商品销售管理

商品陈列和商品销售管理是门店营运管理的重要内容之一，是通过各种陈列展示商品的技巧和促销手段，可以起到刺激销售和实现销售目标。

（3）门店进存货和盘点作业管理

通过对门店进存货作业管理，可以指导和保证门店商品销售等经营业务活动的开展。盘点是衡量门店营运业绩的重要指标，通过对门店盘点，能真实地反映门店损益。

（4）门店工作人员作业化管理

门店工作人员作业化管理主要包括门店店长、各级主管、理货人员、销售人员、收银人员等工作人员的职业素质、工作能力、职责要求和作业规范等方面的管理。

（5）门店销售服务和顾客关系管理

门店销售服务和顾客关系管理是门店营运管理的重要内容，通过门店销售服务和顾客关系管理可以树立良好门店形象，提高顾客满意度和销售业绩。

（6）门店安全和损耗管理

门店作为连锁企业经营活动场所和服务顾客、社会的窗口，应加强安全管理。由于大卖场营业面积大，部门众多，商品性质各异，容易造成各种损耗，目前降低损耗已经成为广大连锁企业管理中的焦点和改善企业盈利的重要一环。

（7）门店员工配置、培训和经营业绩改善管理

连锁企业作为劳动密集型行业，门店工作范围涉及订货、理货、仓管、防损、促销、收银、客服等多个方面，企业销售额和利润最大化来源于不同岗位员工所创造的价值。门店机构复杂，人员众多，为保证整个连锁门店的顺畅运作，所有标准化流程能落实到位，应加强对员工的培训，提高员工素质。通过对门店经营绩效评估，及时发现问题，不断提高门店经营业绩。

1.3 连锁门店营运管理标准和标准化

1.3.1 连锁门店营运管理标准制定

1）总部制定门店营运管理标准

由连锁企业总部统一制定门店营运与管理标准，实质上连锁企业总部是决策中心，而门店则是作业现场。门店根据总部制定的营运与管理标准，实施具体的作业化程序，最终

实现连锁的协调运作。因此，总部制定的营运与管理标准，实质上就是详细、周密的作业分工、作业程序、作业方法、作业标准和作业考核。

2）制定门店管理标准的具体步骤

（1）确定作业的对象分工

具体作业分工，包括把何种工作、多少工作量、在什么时间内安排给何人承担。

（2）确立标准化作业的程序

门店作业人员流动率较高，如何区分作业内容管理，使门店作业不重复，并且能让新进员工在最短时间内交接每一工作环节，十分重要。

（3）记录作业情况

将确定的分工作业与标准化作业程序，用适当的时间，全面准确地记录不同岗位的工作运行情况。

（4）制定作业标准

标准化是连锁门店成功经营的基础。通过数据采集与定性分析、现场作业研究，制定出既简便可行，又节省时间、金钱的标准化的作业规范。

3）制定控制门店的制度与标准

制定对门店营运质量考核的制度与标准，主要有以下几个方面：

（1）商品布局与陈列控制

这主要包括商品位置的控制、商品陈列的控制，其重点是控制商品陈列的排面数是否发生变化和商品货架陈列位置是否发生变化。

（2）商品缺货率控制

商品缺货率应重点关注，发生缺货断档时，不允许用其他商品填补，以便分析原因和追查责任。

（3）单据控制

商品送到必须有送货单据，要严格控制单据的验收程序、标准、责任人、保管和单据期限等。保证货单一致，保证核算的准确性，防止舞弊现象。

（4）盘点控制

盘点控制是检查门店经营成果的控制手段，其重点是盘点前的准备是否充分；检查盘点作业程序是否符合标准，是否交叉盘点和建立复盘制度；实行总部对门店的临时性不通知的抽查制度。

（5）缺损率控制

失窃率和损耗率的统称，一般控制在5‰，各连锁企业可根据实际情况制定。

（6）门店服务质量控制

这主要包括增强服务意识教育与培训，实行明查和暗查相结合的控制方法。

（7）经营业绩控制

一般采取按月销售额计算工资与奖金的方法，月销售额目标要体现科学性，可以根据不同门店的实际情况来确定。连锁企业也可根据实际情况和零售业态的模式特征综合考核，确定明确的月销售额目标。

1.3.2　连锁门店营运管理标准化

连锁经营的最大特征之一就是具备可复制性，门店营运管理标准化是可复制的前提和关键，也是达成连锁经营所有目的的基础和保证。门店营运管理标准化是指把企业所有业务流程和所有岗位人员的作业流程都规范化和手册化，建立完整性的督导体系，并在门店营运过程中认真执行和督导。

1）编写营运手册

科学规范的营运业务流程，是连锁企业标准化管理的基础和核心，是保障连锁企业进行低成本营运的基本原则。通过编写连锁企业营业手册可以保证门店营运业务流程的标准化。营运手册一般由连锁企业总部编制，企业总部通过对门店营运作业流程进行分析研究和比较，发掘最有效的作业方法，以此作为标准，编写具体的营运手册。总部可以把营运手册作为培训材料对门店营运各岗位人员进行培训，门店也可以把营运手册作为日常经营活动规范和考核的依据。

下面以门店收银员每日的作业流程为例，说明营业手册的编写内容，门店收银员每日作业流程的编写见表1-2。

表1-2　　　　　　　　　　　　某门店收银员每日的作业流程

营业前	
收银台	服务台
清洁、整理收银作业区 整理、补充必备的物品 准备放在收银台之定额零用金 收银员服装仪容的检查 熟记并确认当日特价品、变更售价商品、促销活动，以及重要商品所在位置 早会礼仪训练	清洁、整理服务台 准备放在收银机之定额零用金 收银员服装仪容的检查 早会礼仪训练 补充当期之特价单、宣传单于服务台 准备当日的广播内容稿

营业中	
收银台	服务台
招呼顾客 为顾客做结账服务 为顾客做商品入袋服务 特殊收银作业处理 无顾客结账时要求： 　保持收银台及周围环境的清洁 　协助、指导新人及兼职人员 　保持收银台及周围环境的清洁 　收银员交班结算作业 　单日营业总额结账作业	招呼顾客 保持服务台及周围环境的清洁 顾客询问及抱怨处理 换货、退货处理 接听电话 顾客遗忘或未带走物品处理 发放店内的宣传单、特价单 商品包装服务 资料回收单

营业后	
收银台	服务台
整理作废发票 结算营业额 整理收银台及周围的环境 协助现场人员处理善后工作	整理作废发票 整理服务台及周围的环境 协助现场人员处理善后工作 关闭服务台各项电器用品，如音响、麦克风等电源

@ 阅读资料1-3

标准化对于连锁经营企业的作用及意义

1.标准化能实现企业的规范化

科学管控连锁经营企业成功的核心在于管理方式和业务流程的统一，只有各个门店和总店能实现业务操作流程的完全统一，方能对外提供无差别的产品和服务，确立连锁企业的竞争地位。标准化作为企业科学管理的基础，能帮助连锁企业根据工作实际和需要，总结自身的管理手段、业务流程、操作方法，并在此基础上进行优化，将其固化在日常运作中，形成企业管理、工作标准，从而建立标准体系，达到梳理工作流程、规范工作制度、管控工作操作的目的，解决因内部管控不严出现的门店经营随意混乱问题，实现连锁企业各门店与总店在生产、采购、配送、营销方式等方面的高度统一。

2.标准化能帮助企业实现规模经济

个性化的门店经营往往会导致单店运作难以保障产品和服务的质量，也无法保障营销计划、品牌推广的顺利开展，导致连锁企业的收益最终依赖于各个门店的自身经营成果，这势必给连锁企业的扩张带来压力和阻滞，失去了连锁经营本身存在的最大价值。标准化建设能帮助连锁企业将总店的成功案例进行复制，使各个门店统一按照成功模板规范运作，实现统一采购、统一营销、统一价格、统一配送，从而实现原材料的大规模批量采购，配送中心规模运作，降低物料和物流成本，提高整体运营效率，从而获取规模经济，改变原有的发展格局。

3.标准化能提高企业品牌形象

在连锁企业中，形象标准化和服务标准化是推广企业形象、打造企业品牌的基础工作之一。麦当劳之所以能成为餐饮行业的佼佼者，主要就是因为其品牌形象深入人心，在形象标准化方面，它通过Logo鲜艳的红黄色调搭配、麦当劳叔叔人物设定、餐厅内的桌椅款式、服务员的工作服等多方面进行统一展示；在服务标准化方面，它通过服务员的礼貌用语、服务态度、服务质量管控、投诉反馈渠道等方面进行渗透，从而奠定了它最大连锁经营快餐企业的国际地位。因此，标准化建设能为连锁企业建立统一标准的企业标识和风格，形成统一的服务理念，打造和提升企业品牌形象，强化消费大众对品牌的认知和感受程度，此外，标准化建设还能提升加盟商对连锁企业的信心，进一步扩大连锁规模，促进其发展。

资料来源：江文，林祎闽.我国连锁经营企业标准化建设初探[J].中国标准导报，2014（6）.

2）建立完整的培训系统

（1）职前培训

服务规范：把服务仪表、服务态度、服务纪律、服务秩序等作为培训的基本内容，让员工树立"顾客是上帝"、员工代表企业的思想。

专业知识培训：在帮助员工树立正确的工作观念的基础上，让员工理解各自工作岗位的有关专业知识，一般可分为售前、售中、售后三个阶段的专业知识。

（2）在职培训

培训内容主要按各类人员的职位、工作时段、工作内容、发展规划进行安排。

（3）一岗多能的培训

除让员工明了各自岗位所需的知识和技能外，许多情况下也需要员工发挥其"多能"。

3）标准执行过程中的监督机制

标准化的建立和传递可以说是连锁企业在门店中的标准形成的基础和过程，在长久的营运过程中，多方位的监督机制是门店中保持标准的一贯性能够持久的关键。

（1）营运顾问的监督

营运顾问的主要职责是在总部与各个门店之间，进行沟通传递信息以及组织训练、提供建议，纠正营运偏差等工作。

（2）上层人员的不定期探访

上层人员通过对门店不定期探访，研究门店在标准执行方面存在的问题以及改进措施。

（3）各种稽查工具的使用

为使门店工作能够进行定期的自检，以及保证建立连锁企业在门店中的标准化和统一化，连锁企业制作相应的稽查工具，对各个细节进行检查，以保证标准在出现最小偏差时就得以纠正。

案例精析

苏宁——成长靠连锁　既要连又要锁

经过连锁初期阶段的探索，通过分析研究国际商业成功的连锁经验，苏宁逐步认识到连锁就是标准化复制，连锁是既要连又要锁。要实现标准化，关键要有强大的后台，后台管理要规范化。为了规范化、标准化，苏宁提出"形象统一、进货统一、管理统一、采购统一、售后服务统一"。

连锁就是要在不同地区，依靠不同人员把固定模式无限重复放大，而且保证千店一面，不能走样。苏宁最初经营连锁时，由于经验不足，对于标准制定采取"最笨"的方法，让那些参与过筹建店面的人员进行一个环节一个环节的总结，尽可能做到细化，然后认真修订，经过反复修订和更多人的经验总结与完善，苏宁《连锁经营管理手册》出炉。在《连锁经营管理手册》中对店面装潢、人员培训、媒体公关、促销等都进行详细的规范。有了这些标准化的依据，苏宁开店速度一下子快了起来，并创造了独特的"苏宁速度"。通过连锁，苏宁的雪球越滚越大，在业界的影响力也与日俱增。2008年，苏宁连锁力量全面爆发，超越老对手国美，成为家电连锁行业的领头羊。2010年"五一"苏宁国内及海外新开和重开张店面达到90家，店面总数超过千家。

对于标准化，这是保证苏宁连锁速度的关键因素，对于每个环节、每个部门、每个岗位都要制定细而又细的、科学化的标准，整个形成一套环环相扣的流程。为了严格执行这个标准，苏宁提出任何一项流程都必须明确六大要素：

（1）目标，即要做成什么；（2）事项，即要明确要做的工作内容；（3）过程，即要完成的事项要经过的次序和步骤；（4）标准，即工作要达到的具体要求；（5）方法，即完成工作的手段与做法；（6）责任人，即谁来完成整个事项，承担最终的责任。

苏宁自从确立连锁经营以后，发展迅猛，现在苏宁的连锁标准化程度进一步完善，店面、客服中心、售后服务中心、物流配送中心等分别编写了《经营管理手册》，明确规定了各项服务职责、流程、制度、质量标准等规范。

资料来源：逸夫，于晓娟.苏宁管理模式全集[M].武汉：武汉大学出版社，2010.

精析：为了规范化、标准化，苏宁不仅提出"形象统一、进货统一、管理统一、采购统一、售后服务统一"，同时对于已经明确的流程，苏宁通过各种作业指导书和工作表单将其固化，只要按照流程做，不管是谁，最终结果都一样，保证了连锁的高效率和统一化，为苏宁快速发展奠定了扎实的基础。

职业指南

如何制定连锁企业营运的操作手册

在制定连锁企业营运的操作手册时应注意以下问题：

1.连锁经营系列操作手册应突出连锁经营的本质

各连锁企业（店）之间首先应该将母企业或盟主的企业文化全部吸收过去，然后再按各店所在区域特点进行必要的本土化（比如肯德基推出中国饭、全聚德推出品牌菜等），而不能只取其中的视觉和制度或行为层面部分，却丢弃企业文化的核心——理念部分。

2.手册要便于使用和具有实用性

一些连锁企业常常喜欢过度包装手册却忽视其实用性。连锁经营系列操作手册一定要有很好的读者界面，方便读者有选择性地阅读、学习、查找和使用。首先，系列手册应按照一定的标准进行分类。比如根据使用者的不同可以分为加盟商用手册和盟主自用手册；按照手册的内容可以分为营运手册、商品手册、培训手册、督导手册等。在单本手册的每一个具体章节上，也要有明显的标题、导读、索引、注解或说明之类的文字、图案或标志等多种编辑手段，以方便使用者迅速掌握和到达所要使用的部分，比如我们可以灵活地运用字体的大小、粗细、间距、形状等来区分重点和非重点。

3.树立变化观念，编写动态手册

作为企业经营方针、战略战术的经验总结的系列手册，其内容绝不是一成不变的。相反，手册的内容应该不断、及时地进行调整、修改与增删，使手册真正起到作为连锁体系这台超大机器的驱动软件的作用，而不能让手册成为束缚连锁企业发展壮大的桎梏。为此，手册的编写者与维护者一定要树立变化观念，编写动态手册。

本章小结

门店是连锁企业的基础，主要职责是按照总部的指导和服务规范要求，承担日常销售业务。根据连锁企业的经营方式、商品结构、服务功能，以及选址、商圈、规模、店堂设施和目标顾客等对连锁企业门店可以划分不同类型。由连锁企业总部统一制定门店营运与管理标准，门店根据总部制定的营运与管理标准，实施具体的作业化程序，最终实现连锁的协调运作。

主要概念

连锁门店　门店营运管理　营运管理标准化

基础训练

一、选择题

1.与单店相比,连锁企业门店具有的特点是( )。

A.业态多　　　　　　B.统一化　　　　C.规模化　　　　　D.非标准化

2.门店营运管理标准是由( )制定的。

A.总部　　　　　　　B.店长　　　　　C.经理　　　　　　D.主管

3.对员工服务规范培训的基本内容是( )。

A.服务仪表　　　　　B.服务态度　　　C.服务纪律　　　　D.服务秩序

二、判断题

1.连锁经营的最大特征之一就是具备可复制性。　　　　　　　　　　( )

2.门店营运管理要求标准化、程式化和统一化。　　　　　　　　　　( )

3.制定门店管理标准的第一步是确定作业的对象分工。　　　　　　　( )

4.便利店是指以满足顾客一站式需求为主要目的的零售业态。　　　　( )

5.编写连锁企业营运手册可以保证门店营运业务流程的标准化。　　　( )

三、简答题

1.连锁门店的特点有哪些?

2.连锁企业门店营运管理的作用是什么?

3.从哪些方面制定对门店营运质量考核的制度与标准?

实践训练

【实训项目】

项目一:识别便利店和大型超市的特点。

项目二:编写门店现场服务标准手册。

【实训场景设计】

根据当地实际情况,调查当地有代表性的便利店、大型超市。

【实训任务】

项目一:以小组为单位,选取不同的便利店、大型超市进行调查,分析便利店、大型超市各自的特点,并提交调查报告。

项目二:以小组为单位,观察2~3家超市现场服务情况,编写门店现场服务标准手册。

【实训提示】

项目一提示:不同的小组可以选取不同的便利店、大型超市进行调查,区分和总结各种类型门店的特点。

项目二提示:建议学生在现场观察的基础上查阅相关资料,参照编写门店现场服务标准手册。

【实训效果评价标准表】

调查报告评价表见表1-3。

表 1-3　　　　　　　　　　　调查报告评价表

项　目	表现描述	得　分
调查的对象和目的		
人员分工		
调查方法		
报告内容		
报告形式		
合　计		

得分说明：在调查报告评价表中，每个单项分值为 20 分，分为 4 档，每档分值为"20""15""10""5"，将每项得分记入得分栏，全部单项分值合计得出本实训项目总得分。得分 90~100 分为优秀；75~89 分为良好；60~74 分为合格；低于 60 分为不合格，须重写。

第 2 章　连锁门店的组织结构、人员配置和经营绩效管理

学习目标

通过本章的学习，了解连锁门店的基本组织结构和门店的经营绩效评价指标，熟悉连锁门店的人员配置和管理，掌握门店的经营绩效评价方法。

引例　　　　　　　　构建总部、区域、门店三重人力资源服务体系

连锁经营模式的特点，决定了公司在业务上须实行高度规范化和标准化的管理，因而在组织结构上也采取了以集中管理为主、分散管理为辅的管理模式，这既能保证整个公司内部操作的一致性，以及文化、政策执行的规范性和高效性，又能保证具体业务操作的灵活性和对市场反应的及时性。沃尔玛总部对门店实行"监控"和"支持"并重，在强调内部运作标准统一性的同时，也强调自上而下的整体协同效应，突出"既有清晰的专业职能线，又有顺畅的跨部门合作沟通渠道"的特点。在公司内部治理上，沃尔玛采用公司"宪法"的概念，在其指导下，鼓励各分区、各门店积极开发、应用各具特色的"最佳实践"，并鼓励相互分享、广泛推广。

不仅业务上如此，沃尔玛的人力资源管理部门和职能设置以及人力资源管理的政策和流程等方面也同样体现了连锁经营行业合规性和标准化的特点。公司特地编制了完善的人力资源管理手册，并建立了一套有效的内部人力资源稽核体系。具体可以用"业务专家中心"、"共享服务中心"和"前线业务伙伴"三个概念来概括沃尔玛的人力资源服务模型：

1. 总部人力资源部：负责制定公司的人力资源战略和策略，既为总部业务部门提供操作性的人力资源服务，又是整个公司人力资源部的"业务专家中心"。它在全国范围内提供专业性的支持和政策方向指引的同时，还负责人力资源业务流程的设计等，以确保为公司业务部门提供专业有效的人力资源服务。

2. 区域人力资源部：承担着"前线业务伙伴"和"共享服务中心"的双重角色。首先，它起着承上启下沟通桥梁的作用：一方面代表总部人力资源部向商场相关同事分享公司的人力资源战略和发展方向；另一方面及时向总部反映前线的需求，从而保证总部人力资源部与门店业务的紧密衔接，具有以顾客和业务为导向提供前瞻性方针策略的特点。其次，为了整合资源、提高效率，区域人力资源部也是"共享服务中心"，为前线同事提供直接、高效的人力资源服务及解决方案。

3. 门店人力资源部：是公司核心业务的"前线业务伙伴"，它服务于最前线的门店。零售行业是劳动密集型行业，员工的敬业度和工作态度对公司服务质量提升和业务发展至关重要。公司大力提倡人力资源部同事积极走到营运单位中去，更多地了解前线部门的工作状况。目前，有许多前线业务的改革点子都来自人力资源部，如根据运营的特点，在营运单位实行科学"排班"等。门店人力资源部作为"现场"人力资源专家，一方面为门店同事提供面对面的人力资源服务；另一方面帮助门店管理层持续提升技术和管理技能，如

人员发展、员工关系处理、员工活动组织、员工意见调查等。

正是总部、区域和门店三重人力资源管理部门的设置，使公司得以实现自上而下的协同效应，促进业务的不断发展。

资料来源：王粒权.沃尔玛HR：连锁性经营标准化管理[J].人力资源，2008（6）.

2.1　连锁门店的组织结构及责权划分

2.1.1　连锁门店的组织结构

1）组织结构的基本形式

组织结构的形式是组织结构框架设置的模式。它包括纵向结构设计和横向结构设计两个方面。通过机构、职位、职责、职权及它们之间的相互关系，实现纵横结合，组成不同类型的组织结构。常见的组织结构类型有直线制、职能制、直线职能制、事业部制、矩阵制和委员会组织等，具体见表2-1。

表2-1　　　　　　　　　　　　　组织结构的基本形式

名　称	含　义
直线制	它是一种最早的和最简单的组织形式。这种组织形式没有职能机构，从最高管理层到最低层实现直线垂直领导。适用小规模企业
职能制	它是指设立若干职能机构或人员，各职能机构或人员在自己的业务范围内都有权向下级下达命令和指示
直线职能制	它是把直线指挥的统一化思想和职能分工的专业化思想结合起来，在组织中设置纵向的直线指挥系统的基础上，再设置横向的职能管理系统而建立的复合模式。适用各类组织
事业部制	它是指在公司总部下增设一层独立经营的"事业部"，实行公司统一政策、事业部独立经营的一种体制。适用规模大、有不同市场的多产品（服务）的现代大企业
矩阵制	它由纵横两套管理系统叠加在一起组成一个矩阵，其中纵向系统是按照职能划分的指挥系统，横向系统一般是按产品、工程项目或服务组成的管理系统。适用变动性大的组织或临时性工作项目
委员会组织	它是执行某方面管理职能并实行集体决策、集体领导的管理者群体。适用需要集体领导或专项职能的组织

2）连锁门店的组织结构

连锁门店由于规模和业态不同，其组织结构也有所不同。小规模的门店如便利店等，其管理层仅有一层，店长负责全面管理；中等规模的门店如中型超市、专业店等，其组织结构一般为二级，由店长和部门主管负责；大规模的门店如大型综合超市和百货店，其组织结构一般为三级，具体如图2-1和图2-2所示。

2.1.2　连锁门店各部门责权划分

1）店长办公室的职责和权力

店长办公室主要负责门店的企业管理和服务管理工作。

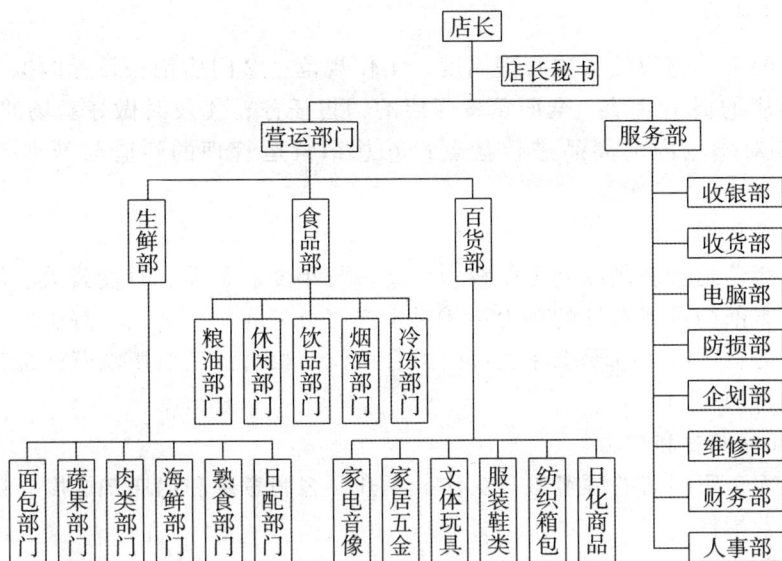

图2-1 综合连锁超市门店的组织结构

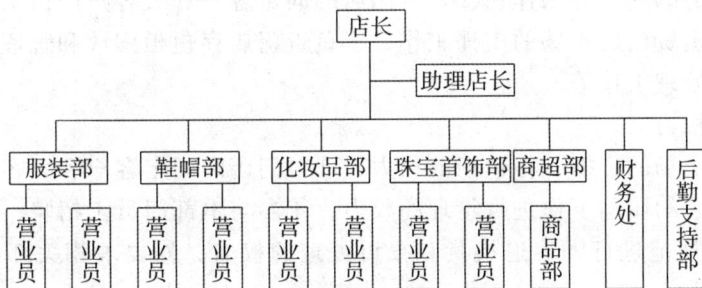

图2-2 百货连锁门店的组织结构

（1）店长办公室职责

①负责组织起草门店综合性的工作计划、报告、总结、通告、规章制度；②负责门店的信息收集、整理、编写、反馈及上报工作；③负责公文往来管理及信息沟通；④负责协调各部、室共同做好综合性工作，安排全场性会议；⑤负责门店的各类资料、文件档案管理；⑥负责门店的印章管理及各部、室使用情况监督管理；⑦负责门店的办公会议、巡场工作及其他有关会议的准备和组织工作；⑧负责与相关政府部门的协调、沟通及外事活动的安排和接待；⑨负责门店大事记的记录、整理和行政管理有关统计工作；⑩负责门店的法律事务等。

（2）店长办公室权力

①编制、实施综合性的工作计划、报告、总结、通告、规章制度的权力；②准备和组织门店的办公会议、巡场工作及其他有关会议的权力；③协调各部、室共同做好综合性工作，安排全场性会议的权力；④参与本部门人员的招聘、录用与解聘的权力；⑤开展内部工作的权力；⑥要求相关部门配合工作的权力等。

2）营运部的职责和权力

营运部主要负责卖场内的所有与商品销售有关的营运管理工作，确保门店的各项经营指标顺利实现。

（1）营运部职责

①建立、健全本部门的各项管理制度、工作规范；②门店销售目标的拟订、检查和修订；③组织门店的促销活动、全面负责门店的销售任务；④及时做好卖场的收货、理货、补货工作；⑤对卖场内的商品进行盘点；⑥总结营运管理的经验与教训，提出管理对策等。

（2）营运部权力

①参与门店营运管理制度制定的权力；②参与年度、季度、月度公关、促销计划制订的权力；③对本部门员工考核的权力；④对本部门员工雇用、处罚、解聘的建议权；⑤开展本部门工作的自主权；⑥要求相关部门配合工作的权力；⑦对影响营运部工作的其他人员提请处罚的权力等。

3）客服部的职责和权力

客服部全面负责门店的顾客服务工作，提升顾客满意度和门店知名度，协助门店的其他部门实现经营指标。

（1）客服部职责

①负责门店的顾客服务工作；②负责门店的固定客户和大客户回访工作；③负责门店的团购工作；④负责门店卖场的广播工作；⑤负责门店存包柜摆放和管理工作；⑥负责顾客退换货和投诉处理工作等。

（2）客服部权力

①管理门店卖场的广播、存包柜的权力；②对门店的固定客户和大客户进行定期回访的权力；③对门店的团购工作进行管理的权力；④参与本部门员工招聘、录用、解聘的权力；⑤按照服务规范进行顾客退换货和投诉处理的权力；⑥要求相关部门配合工作的权力等。

4）收银部的职责和权力

收银部主要负责门店的收银工作。

（1）收银部职责

①负责收银员的管理和培训，提高收银员工作效率和服务质量；②负责门店卖场的收银工作，确保货款及时、准确、安全上缴；③加强收银培训管理工作，确保资金安全；④妥善处理收银现场的突发事件；⑤与其他部门的协调、沟通等。

（2）收银部权力

①参与门店销售计划制订的权力；②对本部门员工考核、处罚的权力；③开展本部门工作的自主权；④要求相关部门配合工作的权力；⑤对影响收银部工作的其他人员提请处罚的权力等。

5）人力资源部的职责和权力

（1）人力资源部职责

①制订门店的人力资源发展计划；②门店的组织结构、部门职责与责权划分的研究、分析及改进建议的提出；③门店人事制度及作业程序研究、分析及改进建议提出；④门店人员编制的制定、控制及调整；⑤员工待遇、工作安全、福利、保险等办法的实施及改进建议的提出；⑥门店员工教育与培养计划的拟订与实施；⑦组织实施门店绩效考评；⑧门店人员的任免、考勤、奖惩、差假、迁调等事项的办理；⑨门店人事资料的调查、统计、

分析、整理及保管；⑩协调和指导各用人部门人事方面的工作等。

（2）人力资源部权力

①参与门店经营管理制度制定的权力；②根据店长和相关部门的需求，行使人事管理的权力；③对内部员工考核的权力；④录用、解聘员工的建议权；⑤开展本部门工作的自主权；⑥要求相关部门配合工作的权力等。

2.2 连锁门店的岗位设置与人员配置

2.2.1 连锁门店基本岗位设置

根据连锁企业管理需要，门店一般设有店长（经理）、副店长（经理助理）、部门主管、收银员、营业员、理货员等岗位。

1）店长

店长是连锁企业总部政策的执行者，按照总部的要求，对门店的运作进行统筹安排和管理，对门店的运行整体负责。

其主要职责是：①负责门店的经营管理，完成上级下达的各项经营指标；②制订门店的经营计划，督促员工贯彻执行经营计划；③监督门店的商品进货验收、仓库管理、商品陈列、商品质量管理、商品损耗等有关作业；④监督和审核门店的会计、收银作业；⑤门店员工考勤，服务规范执行情况的监督与管理，员工考核、晋升、降级和调动的建议；⑥组织员工进行培训，组织门店的促销活动；⑦处理日常经营中出现的意外事件，解决员工之间的冲突；⑧参加一些社区公益活动，成为门店的代言人；⑨顾客投诉与意见处理。

2）副店长

副店长负责协助店长做好整个门店的全面管理工作，分管各业务部门经营运作的指挥和领导工作。

其主要职责是：①协助店长安排门店的经营管理；②协助店长制订商品经营计划，必要时作为一个工作班组的负责人对本班组人员工作进行统筹安排并协调；③协助店长安排商品进货业务；④协助店长对人员进行考核，提出升级或调动的建议；⑤协助店长解决员工之间的冲突，协助店长进行商品防损或服务监督等工作；⑥在店长不在的时候代理行使店长职责。

3）部门主管

部门主管是门店各个业务部门和职能部门的主要负责人，负责本部门的作业管理。

（1）食品部、百货部部门主管的岗位职责

①协助采购主管，推行各项销售或促销计划；②对本部门理货人员的教育计划进行督导实施与成果核查；③本部门人员的在职教育及商品管理训练；④协助各组长安排商品陈列，检讨广告促销效果，联系促销部门；⑤核签组长所填的订货单及其他公司规定的表格，检查本科商品的销售情况，判断是否要更换陈列位置，或采取其他应变措施；⑥督导组长做好负责范围内的商品安全、卫生管理与设备维护等工作；⑦督导属员做好售货服务及顾客抱怨处理；⑧督导各营业组长完成开门前的准备工作及关门后的巡视工作；⑨控制

员工出勤，请、休假，加班，执行排班作业；⑩新进员工教导，培训工作。

（2）生鲜部等部门主管的岗位职责

①每日验货、收货，保证生鲜食品的品质良好，包装完好；②检查商品的补货、理货、缺货、商品品质、包装等，排面要求美观丰满；③负责制定和发送永续订单，订货合理、及时，补货及时，有效控制损耗，做好损耗品的每日登记；④保证人员、销售区域、设备、操作间、冷库等区域的清洁卫生达标，冷库、冷柜温度的控制及指导其他设备的正确使用和合理保养，安全操作，安全用电、煤气；⑤控制损耗和库存量，提高销售业绩；⑥组织实施盘点，并做盘点分析；⑦调查市场、了解竞争对手，及时调整商品结构与品项；⑧合理安排人力，做好排班表，检查人员考勤、着装、卫生清洁等。

4）收银员

收银员的主要职责是：①遵守公司的各项规章制度，服从收银组长的工作安排；②规范、熟练地操作，确保收银工作正常进行；③保管好收银台的配套物品和单据，严禁丢失；④熟记并确认当日特价品、变更售价商品、促销活动，以及重要商品所在位置；⑤优质服务、文明接待每一位顾客，对于货款仔细清点，做到唱收唱付，短款赔偿；⑥不擅离岗位或做与工作无关的事；⑦不带私款上岗，不贪污公款；⑧做好交接班手续，如数上交销售款。

5）营业员

营业员的主要职责是：营业员的主要职责是：①热情回答顾客的任何问题，并帮助顾客选购商品；②为顾客提供必要的服务，如开发票、换货、装袋等；③协助理货员进行商品陈列、商品盘点和价格标签的粘贴更换；④作为后备收银人员随时加入收银工作；⑤协助主管处理顾客抱怨问题。

6）理货员

理货员的主要职责是：①整理收货区、周转仓、库房环境整洁，并且将叉车、隔板等物品堆放整齐；②商品收货时应依照订货单内容逐一清点，并抽查商品内容看是否一致；③商品验收时发现有拆箱或有其他异状时，应予全部清查，生鲜品则须每项逐一检视；④商品验收时，凡商品不符公司收货验收规定的，须予以退回；⑤验收完毕，须将商品堆放在指定区域，不可与其他进货商品混淆。

@ **阅读资料 2-1**

人才先行，苏宁成就高速发展梦

苏宁电器已更名为苏宁云商，1990年开始在南京创业，经过多年发展，苏宁从南京走向海外。目前已在中国大陆、中国香港、日本等地600多个海内外城市拥有超过1 700多家连锁门店。

百年企业，人才先行。苏宁一直努力建造世界级零售人才大本营。苏宁员工总数已达18万人，是全国吸纳就业最多的民营企业之一。秉承"自主培养，内部提拔"的人才策略，苏宁的标准化人才培养体系设立了47个人才序列，通过"1200"应届大学生人才工程、百名店长工程、中层管理梯队工程、千名维修技工蓝领工程等人才培养工程的持续推进，培养了一大批精干、专业的管理人才和技术人才。他们建立了包含苏宁大学、区域培训中心、部门内训、在岗带教、E-learning系统、知识管理系统等在内的6大培训平台，从员工入职、在职提升、梯队晋升等发展路径建立了"新员工、企业文化、领导力、业务"四大类全方位的培训教育体系。不断提升员工的岗位专业技能和核心管理能力。目前，苏宁在全国建设北京、上海、南京、广州、成都5大区域培训中心。

为解决企业对知识型、管理型人才的需求，2002年苏宁启动了大规模应届大学生的招聘计划。第一年就招收1 200名大学生，之后就把这项目招聘命名为"1200工程"。在苏宁，不管是来自社会的成熟性人才，还是刚刚走出校门的应届大学毕业生，都可以在苏宁找到清晰的发展路径。其中"1200"员工，进入公司1~2年，快速融入并全面承担岗位职责；经过2~3年，80%以上能够成长为部长级以上的中层管理骨干；经过4~5年的锻炼，成长为公司的中高层管理干部；经过5~7年，成为公司的高管。

苏宁董事长张近东如是说："苏宁的高速发展得益于国家改革开放政策、得益于合作伙伴支持、得益于全体员工的共同努力。要成为最优秀的公司，首先要有一批又一批足智多谋、骁勇善战的人才，企业才有立身之本，公司才会基业长青。"苏宁倡导企业与员工共同成长、长久发展，在建立系统化的人才引进、培训、培养、晋升、薪酬、激励与保障体系的同时，营造大家庭氛围，建立了独具特色的企业文化。关心、关爱，提升了团队凝聚力，更激发了员工整体的积极性和责任心。

应该说，服务是苏宁的唯一产品，顾客满意是苏宁服务的终极目标。苏宁立志服务品牌定位，为顾客提供涵盖售前、售中、售后一体化的阳光服务。而为其支撑的是一支高素质的服务团队。

资料来源：朱波.人才先行，苏宁成就高速发展梦[N].江苏工人报，2013-04-25.

2.2.2　连锁门店的人员配置

门店的人员费用通常占商场营业额的6%~12%，占商场总费用的30%~50%，近年来有逐年上升之势。因此，只有做好适当的组织编制及人员配置工作，才能有效运用商场的人力资源，充分发挥每个员工的能力。

1）门店人员配置方法

门店人员配置的规模取决于顾客流量，以及门店为顾客提供的服务水平。

（1）从员工生产性指标来估算

以连锁超市为例，从员工生产性指标来估算人数的主要方法有两种：

①总员工数＝总目标销售额÷[每人销售额×（1＋工资提升率）]；

②总员工数＝目标销售总利益额÷每人目标销售总利益。

（2）从各部门各职务分析工作量来推算

①确立各单位内必要的工作；②将这些必要的工作分配到组织内的成员；③根据分工结果设定职务，并明确职务内容；④通过工作量的测定、宽裕时间的算定来设定各职务员工定额。例如，某门店一天的客流量为1 000人，购买商品的客户为30%，1名收银员1天可以接待100名顾客，那么该门店需要设置3个收银员岗位。

2）门店人员选择

确定门店作业人员的数量后，连锁企业可以选择其需要的作业人员。要恰当选择作业人员，必须确定选择标准和招聘的方式。在选择连锁企业作业人员时，最常用的鉴别标准包括考虑应聘人员的性别、年龄、个性、知识、智力、文化程度和经历等。招聘的方式包括从内部员工中招聘和从外部招聘。

（1）员工招聘标准

①性别、年龄标准。在鉴别、挑选作业人员的工作中，对申请人的性别、年龄的考虑是相当重要的。而不同的作业，对作业人员的性别、年龄的要求是不相同的。如，音像商店的主要顾客为20岁左右的青少年，因此，选用30岁以下的业务人员是有利于与顾客进行沟通、促进销售的。②个性标准。一个人的个性也在一定程度上反映了他的潜在能力。零售企业希望营业人员待人友好、自信、稳健和富有神采。这些个人品质，可以通过零售企业经营者与申请人的个别交谈，或有关个人的个性记载材料来了解。③知识、才智与文化程度。零售企业经营的品种种类繁多，而且门店销售的商品要求营业人员具备更丰富的、更专业的商品知识和行业知识。应聘人员的知识、才智和文化程度将决定其掌握和运用这些知识的能力，也决定了与顾客进行沟通的效率和成交的可能性。④经历标准。考察应聘人员业务能力的最可靠的依据之一，是他以前的工作经历，特别是从事销售工作的经历。但对于从未接触过销售工作的应聘者来说，其个人特点及适应能力和职业道德可作为评价的标准。

（2）管理人员的素质要求

①创造性思考问题的能力。管理人员必须能进行创造性思维活动，敢于创新、能辨别事物的发展规律，做到举一反三。创新是事业发展的不竭动力，每一种经营形式的创新都会带来事业的飞速发展。②发现、解决问题的能力。解决问题首先要发现问题，作为一个管理者，要善于发现问题，特别是零售企业管理对作业流程的分解、监控尤其重要，一个环节出问题会影响整体形象和服务效果，所以管理人员要能将问题消除于萌芽状态，同时对出现的问题有及时、妥善解决的能力，并且要从中找出根源，加以改进。③表达协调能力和谈判能力。管理人员必须能筛选、整理各种纷繁的信息，能在文字和口头上清晰地表达自己的观点，简洁地解释复杂的问题，能以理服人。零售卖场管理牵涉的面比较广，难免产生各种利益冲突，作为管理人员，必须进行协调，这就需要具备较强的协调沟通能力，能够谈判并与对方进行建设性的对话，引导对方一起解决问题。④团队精神。管理人员要能以成员和领导的身份与不同的群体一起有效地、创造性地开展工作。特别是零售卖场管理必须与总部各职能部门进行有效的交流和沟通，形成良好的工作关系。同时，团队精神体现在善于观察和听取下级意见，能对他人不同的背景和看问题的不同角度表示理解，善于知人，并获得他人的尊重、支持和合作。

（3）员工的内部招聘

由于连锁经营管理环境变化而对原来设置的部门进行重新组合，即对门店的组织结构进行调整，或是门店各部门岗位需要增加人员，或是某些职位出现空缺时，应当首先考虑在现有的门店从业人员中调剂解决，也可以在商场超市内按照有关标准考核提拔。调剂提拔解决不了的再进行外部招收。

（4）员工的外部招聘

门店员工的招聘与录用工作首先考虑到的是员工的来源。员工的来源与途径直接影响到所招收员工的素质与门店经营运转的效益，员工的来源在总体上可以划分为商场超市外部和商场超市内部。如果现有员工不能补充空职，门店需要考虑从社会上招聘员工。实际上，商场超市的大部分员工都需要从社会上招聘。

（5）员工的培训

培训内容主要包括技术性操作、经营管理知识和战略思维培养等。培训还应突出特色，如标准化设计、店内训练、便利性、创造利润、专业性、能实际操作、流程化等。

3）门店人员配置注意问题

①零售卖场的业务常因时间差别、日差别、周差别而使业务量有显著的变化，因此在设定定额时，要考虑到适当劳动时间的设定需要。②门店的人员编制工作除了量的考查外，还应兼顾质的配置，即要考虑员工的任职资格条件。③门店的员工数量配制还可以根据面积数大致估算。如，一项调查资料表明，在法国有的超市是按店铺面积来确定所需员工数量的。如120~400平方米小型超市，每100平方米配有一个店员；2 500平方米以上的大型超市，每28平方米配备一个店员。④作业人员和非作业人员的比例关系。员工在卖场直接从事与销售有关的业务活动的人员，一般视为作业人员，其他各类人员即为非作业人员。⑤基本人员和辅助人员的比例关系。⑥男员工和女员工的比例关系。⑦年龄结构比例关系等。

@**阅读资料2-2**

人才培养工程

立志要做百年企业的苏宁，正在努力发现、培养、使用各种人才。董事长张近东说，要成为国内外最优秀的公司，首先要使企业成为发现人才、培养人才的"黄埔军校"，有了一批又一批足智多谋、骁勇善战的人才，苏宁才会基业长青。为此，苏宁先后开展了"1200工程"、"千名维修技术蓝领工程"、"百名店长工程"、"中层管理梯队工程"等一系列人才培养工程。

资料来源：逸凡，于晓娟.苏宁管理模式全集[M].武汉：武汉大学出版社，2010.

2.3 连锁门店的经营绩效管理

2.3.1 连锁门店经营绩效的标准要求

1）具有挑战性而且可以达成

具有挑战性的绩效标准，一方面可以配合营业竞赛激励员工达成；另一方面可激发员工的潜力增加绩效。绩效标准必须是员工的能力所能达成，因为达不到的标准除了没有意义外，更会削弱员工的士气，产生反效果。

2）经过管理者及执行者双方同意

绩效标准必须经过高层管理者、绩效审核者及门店执行主管的共同调整，没有经过双方同意的绩效标准会减低它的效果，因为由营业部门所提议的绩效标准不一定能顾及整体的需求，而高层主管的意见则容易忽略执行细节与实施的困难，所以一定要综合两方的意见，寻求兼顾双方的平衡点。

3）具体而且可以评估衡量

绩效标准必须能加以数量化，无法数量化的标准在审核时会引起不必要的困扰及争端，如果标准是以个人意见或以经验来衡量，结果一定会因为不容易计算而使员工产生不满或困扰的情绪。

4）备有明确的期间限制

绩效标准应该附带明确的记录期间，以便提供评估审核，比如以每个月的销售额作为绩效评估的标准，一方面可以对以前同时期的数字进行比较，另一方面也可以对未来的同时期预估进行调整。

5）可以调整

绩效标准必须能够配合门店改变进行适当的调整，例如针对新产品的上市，门店内外部环境的变化，原有的绩效标准就要能够配合新情况而及时调整，绝不能采用不可能调整的绩效标准。

6）简单易懂，便于计算

如果是牵涉到奖金，则必须有一个人人可计算的公式，以减少因为计算困难所产生的纠纷。

7）有助于持续性改善

标准必须能对下一次评估有对比效果，这样才有意义。如果没有持续比较的功能，只能适用于某些特殊事件，并不适合一般的营运绩效标准。

2.3.2　连锁门店经营绩效的评价体系

1）连锁门店经营绩效评价体系的构成

一般连锁门店经营绩效的评价体系主要由顾客满意度、供应商满意度、过程评价、财务评价等方面构成，具体见表2-2。

表2-2　　　　　　　　　　连锁门店经营绩效的评价体系

评价体系构成	简　介
顾客满意度	顾客满意是顾客在消费了相应的产品之后感到满足的一种心理体验。顾客满意度指标是对满意程度进行界定的指数。顾客包括外部顾客和内部员工
供应商满意度	供应商满意度一般使用综合满意指数，反映的是各连锁企业在费用、信用、流程管理、营销等各方面的综合评价
过程评价	过程评价是指总部对分店的经营过程的监督检查，包括对服务质量、商品质量及环境质量等的监督检查
财务评价	财务评价从财务的角度反映了分店的经营业绩，目前常用KPI即关键绩效指标进行评价

2）连锁门店经营绩效评价体系的主要内容

（1）顾客满意度

①外部顾客满意度。外部顾客满意度可以从顾客对门店的商品、服务和信誉三个方面进行评价。外部顾客满意的形成受到企业和顾客两个方面影响，具体见表2-3。

表2-3　　　　　　　　　　外部顾客满意度指标及主要内容

外部顾客满意度指标	主要内容
商　品	主要是指商品的质量、价格和品种等方面
服　务	主要是指接待服务、售后服务、环境设施和投诉处理等方面
信　誉	企业的公共形象

②内部员工满意度。内部员工满意度反映了企业的士气、向心力和团队精神，是外部顾客满意的动力，具体见表2-4。

表2-4　　　　　　　　　内部员工满意度指标及主要内容

内部员工满意度指标	主要内容
生　理	主要是指薪资待遇、医疗保健、工作时间、福利保障和工作环境等方面
安　全	主要是指就业保障、退休养老保障、健康保障、意外保险和劳动防护等方面
社　交	上下级间沟通、团体活动、娱乐、教育训练和同事关系等方面
尊　重	薪水等级、晋升机会、奖励、参与、企业形象认同感、自豪感等方面
自我实现	参与决策、工作挑战性和发挥个人特长等方面

@ 阅读资料 2-3

五星电器三度蝉联"中国最佳雇主企业"大奖

2011年度中国最佳雇主年度评选颁奖盛典于10月22日在北京隆重召开。五星电器成功获得"2011年度中国最佳雇主企业"大奖，五星电器CEO王健被评为"2011年度中国最关注员工发展企业家"，这是五星电器连续第三年蝉联该奖项。

五星电器倡导"以顾客和员工为中心"的企业文化。近年来，五星电器在员工工资和奖励、员工培训、升职和个人发展、企业文化和工作环境、创新与未来、社会福利方面做了大量的工作，力求让员工快乐工作，与企业共同在挑战与变化中不断学习与成长。

五星还提倡全员培训，推出了新进大学生入职培训、家电顾问培训、店长学校、管理培训生、全国柜组长的职业技能培训、通用知识管理培训、英语培训、看电影学管理、领导力101培训等，帮助员工提升领导力和综合素养。

五星电器CEO王健表示："五星电器确保向雇员提供三件东西：第一，非常舒适的工作环境，让员工享受工作；第二，提供给员工今天和未来的丰富的职业生涯发展通道和晋升机会；第三，确保提供最具竞争力的工资。这三件东西一起帮助五星成为一个最受欢迎的雇主。"

资料来源：佚名.五星电器三度蝉联"中国最佳雇主企业"大奖[EB/OL].（2011-10-25）.http://news.cheaa.com/2011/1025/296875.shtml.

（2）供应商满意度

供应商满意度可以通过供应商满意指数对各连锁企业在费用、信用、流程管理、营销等各方面进行综合评价。①费用指数是供应商对于连锁企业进场费、管理费、陈列费、促销费、节庆费、DM（直接邮寄广告）费等诸多费用的综合评价；②信用指数是供应商对于连锁企业的合同履行情况、费用结算情况以及双方合作过程中其他一些涉及信用问题的总体评价；③流程管理指数是供应商对连锁企业的库存、配送和补货、市场信息的反馈、人员素质以及相互之间的沟通等方面的评价；④营销指数是供应商对连锁企业促销活动的创意及效果、出样、货架布置以及购物环境等方面的评价。被公认为供应商最为满意的连锁单店的共同特点是：管理规范、信誉度高、单店销售量大、营销出色、人员素质好、服务好。

@阅读资料2-4

长三角地区"2011供应商满意度调查报告"新鲜出炉
苏果综合满意度列内资企业前茅

近日，上海商情信息中心供应商满意度测评办公室发布了长三角地区"2011供应商满意度调查报告"。调查显示，苏果大卖场、超市业态信用指数在内资企业中排名第一，超市业态性价比指数排名第一，综合满意度在内资企业中名列第二。

1.百家供应商为零售商打分

"应该说这个结果是客观的。这次调查历时3个月，我们走访了超过百家的供应商代表，对70多家内外资连锁企业进行了综合打分，最后汇总成综合满意度指数。"上海商情信息中心有关负责人介绍。对于此次调查结果，苏果相关负责人在接受采访时表示"不觉得意外"。据介绍，"在和供应商的合作中，苏果一直严格遵守商务部颁布的《零售商供应商公平交易管理办法》中的相关规定。严格按照零供双方签订的合同履行责任和义务。同时，对公司内部的采购人员进行严格管控，凡出现损害供应商利益的行为将给予严厉处罚。"

2.信用指数高，从不超过法定结算账期

上海商情相关负责人告诉记者："在此次关于费用指标的调研中，苏果的费用率在所有参评企业中是最低的，比一些外资企业更是低了好几个百分点，而且数据表明供应商在苏果的费用投入产出比是超市业态中最高的。"记者在采访中也发现，很多供应商对于苏果也有着很高的评价。雀巢中国有限公司华东区总经理陈正告诉记者："和苏果长达10年的良好合作建立在互信的基础上，苏果从未利用自身渠道优势收取各种名目的费用，所有合作条款都在协商一致的基础上签订。"2011年原材料上涨不仅考验着供应商的资金链，同时也给连锁企业带来压力，零供之间的信用关系成为大家最关注的话题。苏果相关负责人介绍，苏果的账期最长不会超过60天，且不以任何借口拖延结算时间，符合《零售商供应商公平交易管理办法》中"最长不超过60天"的规定。东方食品集团董事长助理夏圣勤告诉记者："苏果从来不拖欠货款，销售旺季时，还能给战略合作伙伴提供'提前结款'的服务，以保证供应商正常的现金流。"此外，苏果对于一些特殊商品供应商采取"现款现货"、"先打款再提货"等零账期的结算方式，也极大提升了供应商的满意度。

3.构建和谐零售，苏果一直在努力探索

据介绍，多年来，苏果致力于建设和谐的零供关系，和众多知名厂商建立了战略伙伴关系。苏果相关负责人对记者表示，现代零售业要求零供双方的合作不能只局限在商品的交易上，要建立尊重、互信、共赢的伙伴关系，不因蝇头小利伤害彼此的合作。

目前苏果几千家供应商遍布全国各地，一大批供应商通过苏果广阔的平台扩大了品牌知名度，赢得了市场和消费者；而苏果在供应商的支持下，也快速发展成为区域市场占有率第一的连锁品牌。

资料来源：朱晓燕.长三角地区"2011供应商满意度调查报告"新鲜出炉[N].南京晨报，2011-10-11.

（3）过程评价

连锁企业总部应每季度或每半年对门店进行检查。由于这种内部检查带有规律性，容易受到门店的防备，故检查结果的真实性较低，连锁企业聘请神秘顾客对门店的环境、服务、商品质量进行检查，检查的结果较为真实。神秘顾客，一般是指企业聘请顾客或专业人员以顾客的身份、立场和态度来体验卖场的服务，从中发现卖场经营中存在的各种问题，从而制定出真正符合市场实际情况的工作方法和策略。

①神秘顾客的类型。第一种为"普通型神秘顾客"，即普通访问人员经过相关知识的系统培训以后长期进行连锁企业服务检测，这也是最为常见的一种形式。第二种为"专家型神秘顾客"，由本行业的专业研究人员或内行专家以普通顾客的身份在服务窗口进行消费或享受服务，进行直接观测和体验。第三种为"业余型神秘顾客"，没有任何行业研究经验的普通顾客在服务窗口按照事先设计的内容进行消费或享受服务，详细记录下发生的事件及自己的感受。还有一种就是由访问员在现场服务人员毫不知情的情况下，随机抽取那些正在消费、服务的顾客，对其进行即时调查监测。

②神秘顾客评价的标准。神秘顾客通过购买与退换某件商品的亲身感受，评价接待人员的接待服务、业务技能等。根据连锁门店的销售和服务特征，制定服务的评价标准，具体见表2-5。

表2-5 神秘顾客评价的标准

满意程度	评分	评价标准	
		接待服务	业务技能
很满意	5	形象得体、积极推销、令顾客宾至如归；对产品有新的了解从而产生购买欲望，可能会对亲朋好友称赞门店或该服务员	熟练掌握商品知识，推销积极主动，掌握顾客心理，善于和顾客沟通，在推销中善于应用各种技巧并能保持客观、公正
满意	4	形象得体、态度积极又不过火，令顾客感觉舒服，对门店留下好印象	对商品知识有足够了解，在推销中掌握主动，能引导顾客购买
一般	3	只机械服务，令顾客没有什么好或差的感觉，对门店没有留下什么印象	对商品知识了解不多，或未掌握顾客心理
不满意	2	服务较差、态度不积极、开小差、形象一般，顾客产生反感	对商品知识一知半解，无推介服务
很不满意	1	服务态度恶劣，给顾客留下极差印象	不了解商品，消极或强硬推销，引起顾客反感

资料来源：郑昕，盛梅.连锁门店运营管理[M].北京：机械工业出版社，2008.

@阅读资料2-5

"神秘顾客"超市里找茬 只为了让购物更放心

收银台不找零、服务台电话没有人接、肉类检验检疫证明没有及时更换……在"3·15"国际消费者权益日到来前夕，本报招募了多名"神秘顾客"和市民记者，昨天他们走进苏城的多家超市进行走访调查，为这些超市"挑刺"。而通过走访，这些"神秘顾客"和市民记者，也果真找到了大小超市存在的一些问题。这些市民也坦言，希望这样的"挑刺"能督促各个超市不断加强管理，提高服务质量，让顾客消费更放心，更满意。

听说晚报有招募"神秘顾客"给超市"挑刺"的活动，园区东港新村的丁阿姨第一个报名。退休后，身为家里的"大总管"，她张罗着全家老小的伙食。每周，她都要逛两次以上超市，为的就是精挑细选各类食材和生活用品。她说，尤其自家附近的欧尚超市，开店营业的第一天她就是这里的首批顾客。此外，一同报名的还有蒋亦农及钟斌两名男士，他们都带上了拍照手机，以便随时记录下发现的问题，为超市提意见。

2015年3月13日上午，由这三名"神秘顾客"和记者组成的体验小组，将目的地选在了园区中新大道西的欧尚超市。上午8点30分，在店门口集合后，分头进超市"挑刺"。丁阿姨先来到杯碗销售区选购瓷碗，她经验丰富，只见将碗叠放起来后，发现有个别的碗被碰出缺口，这些是小问题，但万一划伤人，可就是大问题了。

看过了杯碗，过道上的一大摊水渍引起她的注意，她看了下表，在旁边悄悄观察，一名店员经过，又一名店员经过，7分钟后，一名身穿蓝色工作服的工作人员匆匆赶来，提着拖把将过道拖干。在店里"挑刺"近一个小时，上午9点30分临出门，在服务台会合的"神秘顾客"发现，一袋豆制品包装袋上的生产日期非常不明显，他翻找了好几遍才看到；还有两种袋装鸡蛋的标签有可能是贴反了；某品牌烤肉味薯片三罐装的价格折算下来比单罐装的价格略高；还有一类肉制品包装的标签被撕去了一半，上面商品信息不全；此外，面包货架敞开着，没有封闭。

带着发现的问题，"神秘顾客"找到超市客服部门，负责人表示，感谢"神秘顾客"为超市提意见，个别有缺口的碗，店方会作报损处理，不会销售，并加强清理工作；地面水渍为部分顾客购买冷冻食品等留下，店方一直很重视，工作人员会来回不停清扫；对于生产日期不明显的这类豆制品，他们会向经销商进行反馈，对标签也会多加查看；至于某类薯片组合包折算比单罐略贵，是因为含包装的缘故，才会与一般购物观念不太相符，不过在调价时店方会采取价格联动的方式作相应调整；至于标签只有一半的肉制品包装，专区负责人解释称，该类肉制品的商品信息均在包装袋上，所以标签只留条形码部分；而面包架未封闭，负责人解释称按照超市要求，面包、蛋糕均封闭存放，对此也提醒顾客在自己选购完后，及时关闭翻盖，此外店员发现也会主动上前关闭。

总体而言，近一个小时的"挑刺"，大家对超市的商品及服务比较满意，丁阿姨注意到欧尚特有的带有轮子的小推篮，对他们这些老年顾客来说十分便捷，店员在作介绍时，态度也非常热情，"顾客的要求越来越高，他们的服务也比以前更完善了"。

同日上午8点30分，另外一名记者和七名"神秘顾客"来到了华润万家购物中心园区店。进入三楼的超市入口后，立即兵分三路，分别对普通家纺销售区、食品区、生鲜区进行了"地毯式找茬"。在床上用品柜台，市民顾阿姨非常认真地查看了一款床单的包装以及产品说明。"我以前帮女儿在一家超市里面买过一套，结果回家一洗发现颜色就掉了。"顾阿姨随后在毛巾、衣物等柜台认真查看了标签以及价格。

"我平时买东西，不光是为了便宜，还要看是不是临近过期，不然我们老两口吃不掉也是浪费。"在食品区查看的钟先生非常认真地检查两瓶用黄色胶带纸捆绑的蜂蜜。"这种买一送一的东西一定要认真看生产日期。"钟先生表示，临近过期的商品摆放在近期商品货架上打折销售可以避免浪费，同时也是提醒消费者这些东西快要到保质期了。钟先生查看了多款近期商品，均没有发现超过保质期的现象。

"这个重量是对的，这一盒也对的。"市民胡阿姨站在超市的电子秤前面，将货架上随机挑选的几盒包装好的菜重新过秤。结果和标签上的重量是一致的。"以前买菜，碰到过标签上的重量和实际重量不一样，所以我每次都要重新称。"核对过蔬菜重量之后，胡阿姨还认真地在随身带的小本子上记下了零售蔬菜的标价，随后让超市工作人员称重，最后核对了标签上的价格和实际价格是否一致。"有的超市可能会用散装的价格标注，结果称下来却用精品价格结算，当中相差不少，所以这一点我们不能马虎。"

当然，这些"神秘顾客"不仅仅针对超市可能存在的问题进行了"找茬"，还看到了不少让人满意的服务。"我看到一位销售员在清理一些顾客试吃后丢在地上的果壳。虽然那个销售员离水果柜台比较远，但是她看到了还是到前面去及时清理了。"市民邵先生对超市工作人员没有坚持"各扫门前雪"的行为表示了赞赏。

在暗访过程中，"神秘顾客"还对退货流程进行了体验，市民邵先生特意挑选了一款价值40多元的牙膏，在结账时表示买错了，收银员在输入价格完成结账程序之后，立即帮助邵先生现场退货。邵先生对此做法表示了赞赏。

经过一个多小时的暗访，"神秘顾客"对该超市的服务以及相关工作表示了"满意"。结束之前，"神秘顾客"给超市客服经理提出了两条建议：一个是增加几台扫条形码的机器，帮助顾客查询价格；二是增加直饮水设备，方便需要的顾客在逛超市过程中免费饮水。

同日上午9点，由其他记者和三名"神秘顾客"组成的体验小组，则来到了吴中区红庄新村附近的百家姓生活超市。"神秘顾客"在各个购物架前仔细地查看，看食品包装是否有损坏，尤其是对于一些折扣商品，大家更是看得仔细，看是否已经超过保质期。在调味品区，大家更是关注货架上的柴米油盐。这里的食盐品种挺齐全的，而且价格也相对便宜。不过，当来到熟食区时，大家却看到，色泽鲜亮的鸡翅、鸡爪、牛肉等卤味盛放在熟食陈列柜中，由于超市提供的是自选式销售方式，因此，熟食陈列柜是完全开放的，这些熟肉制品完全裸露在空气中，没有任何网罩或防尘罩，而负责销售的部分工作人员也没有按照要求戴上口罩和手套。"如果社区超市借鉴一下一些大超市的做法，熟食柜封闭，顾客点啥菜，工作人员可以从里面去取，那样就更卫生了。"

结束百家姓生活超市的走访，大伙又来到了龙西路上的好又多超市。走进超市，大伙发现，由于这家超市开张时间不长，因此里面的设施都比较新。在牛奶专柜，三位神秘顾客认真地检查牛奶的生产日期，看是否有过期的牛奶，一番寻找下来，没有发现过保质期的牛奶。在面包专柜里，一组特价面包引起了大家的注意。是要过保质期了，还是啥原因要特价卖？神秘顾客一边向边上的工作人员发起询问，一边认真地检查面包的出产时间。面包上的包装显示，面包的出产日期是3月13日。"这组面包是因为制作时，外观有点不好看，才特价销售的，并不是质量问题。"听到工作人员这样的解释，大伙心里终于有了底。不过，在该超市，大伙又遇到了几乎相同的问题，超市里的熟食柜也是敞开式销售，里面的各种熟食制品都直接裸露着。随后，几位"神秘顾客"又在超市里进行了认真寻访，均没有发现其他问题。

资料来源：谷雨，等. "神秘顾客"超市里找茬　只为了让购物更放心[N].姑苏晚报，2015-03-14.

（4）财务评价

从财务的角度反映门店的经营业绩，目前常用KPI即关键绩效指标进行评价。关键绩效指标主要包括：①地效和劳效。其中，地效是指销售总额与营业面积的比例，劳效是指销售额与正式员工人数的比例。②客单价，是指销售额与交易次数的比例。③收银效率，是指日均销售额与收银机台数的比例，或日均交易次数与收银机台数的比例。④周转率，是指平均销售额与平均库存额的比例。⑤毛利率，是指综合毛利率。⑥销售利润率，是指利润总额与销售额的比例。⑦费用率，是指费用总额与销售额的比例。⑧商品损耗率，是指损耗与销售额的比例。⑨每平方米单品数，是指单品总数与营业面积的比例。⑩自有品牌占比，是指自有品牌单品数与单品总数的比例。⑪统一配送商品占比，是指统一配送单品数与单品总数的比例。

另外，还有正式工占比，是指正式工人数与员工总数的比例；员工配置，是指营业面积与正式工人数的比例等。

2.3.3　连锁门店自我诊断评估方法

连锁加盟企业越来越多地外聘专业管理咨询公司来为企业所属的店铺进行诊断评估，一方面准确客观，另一方面可以对所属店铺提供迅速的回应。

@ 阅读资料2-6

保龙仓德州店正经受着前所未有的考验
——调查分析　对症下药

1.竞争加剧

保龙仓德州店卖场营业面积7 000多平方米，是较早进入德州市的商业企业，当时主要竞争对手为天衢购物中心和德百商场，形成三角竞争之势，由于业态的定位差异，保龙仓面临的竞争压力并不是很大。但是随着华联商场、济南银座百货的强势进入，竞争格局发生了重大改变，尤其是银座百货，同时在原来三家商超附近各开一家新店，直接加剧了德州商业市场的竞争。

2.内部现状

保龙仓德州店总的建筑面积为1.3万多平方米，其中地下一层3 000多平方米，一层面积在10 000平方米左右。那么，怎样更合理地利用地下一层作为外租区，作为一层超市经营区域的有效补充，同时增加整个购物中心的辐射力？

3.专家观点

改造升级势在必行。竞争格局未变之前，这家店的经营应该说是不错的，最起码是正常运营。但是随着外界竞争对手的强势进入，整个德州市商超竞争形势发生了重大变化。那么，作为原来的可以说是德州超市行业领头羊的保龙仓来说，改造升级就势在必行了。

市场竞争没有一招制敌的绝杀，尤其在遭遇到强大的竞争对手时，只能保持清醒的头脑，冷静分析主客观条件，从强大自我开始。以保龙仓的卖场布局结构为例，针对地下一层3 000多平方米的招商区域，可以尝试在德州市区范围内做一次简单的市场调查，目的是得到德州市民对哪方面的消费更感兴趣，也可以考察借鉴一下经营比较好的其他招商案例，争取充分发挥地下3 000多平方米区域的辅助聚客的效力。

另一方面，就要在自营的7 000多平方米的卖场上发力，加强市场调查的频次，有针对性地对商品配置作出调整，不断改善整个卖场、各处、各课、各部组乃至各个分类的商品组合结构。保持自己的优势，缩小在劣势方面与竞争对手的差距。

另外，在卖场布局、设备、店内装饰、购物环境等软硬件方面也要不断进行调整。总的来说，旧店的升级改造早已不是原来凭一时冲动作出的简单店面改装的概念了。作为经营管理者，尤其是初具规模的一些大企业，必须要把"升级改造"当成商品经营起来，当作公司长远的经营战略。

资料来源：刘朝龙.旧店升级：在变革中提升绩效[N].超市周刊，2009-04-27.

1）连锁门店内外条件诊断

门店的内外环境会影响到门店的经营绩效。虽然在新开幕以前，对于门店的所在商圈、立地的条件、周围的各种业态，都会有一定程度的调查分析，而且对于门店内部的设计，绝大部分连锁门店已经发展出一定的规格，但是，随着时间的改变，原本对门店的有利条件也许会出现变化，例如新竞争同业的设立、道路工程的施工等。所以门店内外条件的自我审查，是必须长期而且定期进行的工作。门店内外条件可以分为外在环境及店内状况两部分。外在环境变化主要包括商圈形态、业种分布、商业特征、人口分布等的改变。

@阅读资料 2-7

广州商场加速调整转型并初见成效

近期商务部将从三个方面加大力度推动实体零售企业转型创新：一是推动经营模式转变，支持开展品牌商品联合采购，从"二房东"的联营模式向联营、自营、自有品牌混合发展的模式转变。二是促进线上线下融合。引导传统零售企业主动拥抱互联网，发展网订店取、网订店送、线下体验、线上下单、在线支付等融合发展模式。三是引导多业态协同发展。丰富餐饮、教育、休闲、娱乐等服务功能，满足不同层次的消费需求。

业内人士指出，当前传统零售业正处于加快变革、转型的时期，既是经济结构调整和消费需求变化的直接体现，也符合零售业发展的客观规律。

记者调查发现广州多家大型购物中心近年来都已开始调整业态。正佳广场缩减零售面积、增加时尚轻奢品牌、提升餐饮业态占比，开设科技馆、艺术馆、海洋馆等体验区，最大化突出体验型消费；万菱汇开业以来人气一直不佳，所以近期也调整定位，以城市白领小资消费群体为主要目标消费群，与太古汇、正佳广场形成错位经营，定位为艺术购物中心；维多利广场最大的变化是转型快时尚，自从引进优衣库旗舰店后，商场内其他区域的品牌也进行了较大调整；丽影广场"蝶变"，增加了主题和文化等元素，进行了品牌和服务升级等；5号停机坪增加餐饮、儿童、休闲娱乐等体验业态，原来的八大主力店更换了两家，还新增了不少餐饮、休闲娱乐、儿童业态；西城都荟则大打儿童牌，不仅引入了爱婴岛、猪猪侠等儿童乐园，还引入"孩子王"婴童主题商城。

资料来源：吴燕音.广州商场加速调整转型[N].信息时报，2015-08-21.

2）连锁门店经营效率诊断

主要依照各种经营绩效数据，以诊断门店绩效的优劣。

（1）系统组织效率

对总部与门店间各种联络系统功能的效率进行审核，例如资讯传输的时间、物流程序的处理时间、存货周转率、门店存货量等。

（2）工作效率

主要对门店工作人员的效率进行审核，例如平均人员贡献、平均加班费及加班时数、平均绩效奖金等。

（3）管理系统诊断

主要是依各种管理制度的效能来诊断店铺绩效的优劣，重点在资金流、物流、资讯流等各类的管理程序及制度，可以应用的绩效评估数据包括营业时间、人员流动率、零用金支出、商品器具维修金额等。

3）连锁门店顾客诊断

消费者对于顾客满意的要求越来越高，连锁门店的重要利器之一，就是以顾客为导向。但随着顾客满意逐渐被重视及其他企业形象的诉求，连锁门店比以前更加注重形象及顾客满意的诊断，专职的顾客满意部门、定期的顾客调查及顾客分析都表现了此趋势。门店除了配合整体的顾客调查外，也要针对门店的顾客作定期调查，以保持营业绩效的潜力，调查的重点包括顾客满意度、门店形象、门店服务等。

（1）顾客满意度

顾客满意度可以显示员工的服务品质及效率，许多连锁门店都有相应的《顾客满意度调查表》或定期的顾客满意度调查，以诊断门店的顾客服务品质。

（2）门店形象

许多连锁企业会定期进行问卷调查、市场调查或座谈会，来确定本企业形象在顾客心中的定位，回收资讯来改进本身的服务、形象策略、活动方向及方式等。门店员工也可以对门店的固定顾客进行口头或电话询问，以作为门店改进的参考。

（3）门店服务

除了特别的问卷或特定的座谈会外，门店可以用一些门店内部的绩效评估数据，来审核门店的服务是否还有改进的空间。例如会员数量（如果有会员贵宾卡制）、顾客抱怨次数、退货百分比等。

唯有做好营运绩效的评估与奖励，并且落实门店自我评估，才能使连锁门店的营运效益提升至最高点。

案例精析

沃尔玛的管理人才与基层员工培训

1.管理人才：坚持内部培训和提升

沃尔玛商场的管理层约有80％都是从内部成长起来的。沃尔玛鼓励员工本地化，当一个新城市开新店时，许多在外打工的员工就有机会回到在家乡新开的沃尔玛门店；同时，对于很多已在现有门店接受了系统培训并积累了丰富经验的同事，也将有机会在自愿的基础上升职或转职到新的商场，从而获得职业生涯的新发展。随着沃尔玛在中国开店数目的不断增长，员工获得沃尔玛内部升职、转职的机会将越来越多。内部提升的人员能够很快地胜任更高的管理职位，离不开沃尔玛完善的人才培养体系。针对管理人才的培养主要有以下几大项目：

（1）继任计划。该计划通过员工测评系统，从公司文化、专业能力、领导力三方面全方位地对管理人员的能力进行公正、客观的综合测评，以从中发现管理人员的潜能和差距。继任者被分为三类：有明显潜力可以马上得到提升、需要经一年培养才可提升和需要两年培养才可提升。与之相配套的是为各类人员度身定做的发展计划。与继任计划相应的还有专门针对中层管理人员的"员工发展计划"，主要通过每季度与部门主管回顾人员状况及关键管理职位的继任情况，作出分析及相应的行动计划。继任计划不是停留在表面的工作，而是一系列准确到具体日期，继任者要完成怎样的培训和发展活动，阅读完哪些书等细致的工作。

（2）领导力培训课程。根据不同层级的岗位要求，沃尔玛从三方面设计了相应的培训课程帮助管理层提升综合能力，例如，在专业能力方面，针对主管、副总、总经理分别设计了"成长之星"系列课程；在领导力方面，设计了基础领导艺术、传奇服务、沃尔顿学院、高级领导艺术等课程。当公司员工被提升到新的岗位上时，公司会根据该岗位的能力要求，为员工提供相应的培训。为了帮助管理层在领导力各个方面的能力得到提升，公司还开发了领导力专题系列课程，如演讲技巧、时间管理、团队管理等两到三个小时之内的课程，作为大型领导力课程的衔接项目推向不同层级的员工。此类课程因其实用、高效的特点而深受员工喜爱，被大家称为"成功之路"。

（3）"新星扶持计划"。该计划专门为新就职的副总经理以上级人员制定，人力资源部将在半年的时间内跟踪其培训进度和工作表现，以确保这些新上任的高级管理者在遇到问题时都可以得到及时支持与帮助，同时也确保其行为和理念符合沃尔玛的企业文化要求，以避免因一开始不适应新的工作环境或某些误会而离职。

2.基层员工：多渠道招聘+全方位培训

新店开张，除了管理层员工的合理配置，同时需要大量的基层员工。人力资源部基于沃尔玛自有的资源、连锁经营行业的特性以及一些常规方式，不断地开发出更多的招聘渠道以满足业务拓展的需求。比如，在沃尔玛商品促销彩页上固定刊登招聘广告、商场海报宣传或现场招聘、与当地社区合作进行招聘、建立校企联盟，尤其是有各类技工和连锁经营管理专业的技校、与人才市场或第三方人才机构合作、报刊/电视台等媒体广告、车体/横幅/电子屏幕/宣传单页/短信/海报等其他广告、校园招聘/实习生/勤工助学、网络招聘、内部推荐等。连锁企业最大的特点就是标准化，为了提供全国一致的服务，新招聘的基层员工在上岗前以及上岗后都须陆续接受相关培训：

（1）岗位职能培训。沃尔玛针对不同的岗位为新员工设立了相应的培训体系，从基本岗位职责、工作流程、基本岗位技能等方面对员工进行上岗培训。在培训期间，采用理论和实际操作相结合的方式，通过老员工"教练"一对一的言传身教，帮助新员工在实践中掌握岗位的基本技能。

（2）"30-60-90计划"。就入职培训而言，沃尔玛并没有拘泥于一般意义上的课堂讲授，而在全国各地的门店实施了"30-60-90计划"。被沃尔玛录用的新员工在接受一到两天的入职培训后，还将分别在第30天、60天和90天与管理层或人力资源部的负责人一起，进一步熟悉沃尔玛的企业文化和规章制度。这样，既可以了解新员工对企业文化的适应度和上下级间的融合度，又能帮助其更快适应并融入沃尔玛团队。

（3）交叉培训。沃尔玛还非常重视员工的交叉培训。一个部门的员工可以到其他部门学习、实践，这让员工能更全面地了解其所处的零售环境和与工作有关的其他技能和知识，从而使员工人人都可以完美、快速地随时回答顾客的咨询，让其轻松愉快地度过购物时间；而且销售旺季，随时都可以抽调其他岗位员工到前台收银，以便让顾客快速结账，节省购物时间。

（4）鲜食学院培训。沃尔玛独创性地成立了鲜食学院，针对鲜食技工，专门开发了熟食专业技能培训、面包专业技能培训等系列课程，以提升技工产品生产的操作技能，保证鲜食品质。培训覆盖全中国所有的鲜食部分，包括鲜食卫生、鲜食标准、供应商、供应商鲜食情况、新品开发等，以及商场的采购、营运这两大部门里面有关鲜食方面的其他工作。

资料来源：王粒权.沃尔玛HR：连锁性经营标准化管理[J].人力资源，2008（6）.

精析：沃尔玛能创造出骄人的经营业绩，与其重视门店人员配置和员工管理有着密切关系。沃尔玛非常重视从原有员工中培养、选拔优秀人才。为员工安排了一系列培训：入职培训、技术培训、工作岗位培训、海外培训等，所有的管理人员还要接受领导艺术培训。沃尔玛经常要求各级主管轮换工作，通过担任不同工作来掌握各种技能。沃尔玛通过对员工进行科学的管理，使各个岗位的工作人员和管理人员都能努力工作，为顾客提供更优质的服务。

【职业指南】

怎样成为一名优秀的部门主管

1.熟知商品结构、服务规范和质量标准，通晓商品对外销售的组合概念、广告艺术、促销策略和商品价格策略；

2.具有较强的管理能力，熟悉本部门工作，能对下级进行有效的领导，协调各有关部门之间的关系；

3.具有一定判断、决策、创新、应变及组织协调能力，能根据掌握的数据和信息，果断地作出分析，制定策略，制定和调整商品组织结构；

4.掌握市场动态，熟悉企业经营策略和顾客需求知识，了解行业竞争手段、价格水平、客户状况，善于提出应变措施；

5.熟悉本部门业务工作，掌握市场营销的技能、技巧及一定的市场营销知识，具有丰富的实践经验；

6.掌握计算机应用知识，熟悉商业系统的使用。

本章小结

连锁门店的组织结构设置是否科学、人员配置是否合理、各部门责权划分是否清晰都影响着门店营运质量。连锁门店的组织结构由于门店的规模和业态不同，其组织结构也有所不同。根据连锁企业管理需要，门店一般设有店长（经理）、副店长（经理助理）、部门主管、收银员、营业员、理货员等岗位。门店人员配置的规模取决于顾客流量，以及门店为顾客提供的服务水平。

做好营运绩效的评估与奖励，并且落实店铺自我评估，才能使连锁门店的营运效益提升至最高点。一般连锁门店经营绩效的评价体系主要由顾客满意度、供应商满意度、过程评价、财务评价等方面构成。连锁门店自我诊断包括内外条件诊断、经营效率诊断和顾客诊断。

🔮 主要概念

直线职能制　神秘顾客　部门主管

🔮 基础训练

一、选择题

1.商场的人员费用占商场的总费用的（　　　）。

A.30%～50%　　　　B.60%～80%　　C.10%～30%　　　　D.不超过5%

2.零售商店人员配置中应注意的几组比例关系包括（　　　）。

A.作业人员和非作业人员的比例关系　　B.基本人员和辅助人员的比例关系

C.男员工和女员工的比例关系　　　　　D.年龄结构比例关系

3.顾客满意度指标包括（　　　）。

A.社交　　　　　　B.商品　　　　　C.服务　　　　　D.信誉

二、判断题

1.多配备一些辅助人员，可以提高人员劳动生产率。　　　　　　　　　（　　　）

2.年龄对作业效率的影响也很大。一般而言，20岁左右的人员，在正常状况下，作业效率最高。　　　　　　　　　　　　　　　　　　　　　　　　　（　　　）

3.门店的内外环境会影响到门店的经营绩效。　　　　　　　　　　　（　　　）

三、简答题

1.如何通过员工生产性指标来估算零售企业的员工人数？

2.门店营运部的职责和权力分别有哪些？

3.门店经营绩效的评价体系主要包括哪些内容？

🔮 实践训练

【实训项目】

项目一：调查连锁企业门店，了解不同业态门店的组织结构和人员配置情况。

项目二：扮演神秘顾客，评价门店接待人员的接待服务、业务技能。

【实训任务】

项目一：通过调查不同业态门店，掌握门店的组织结构和人员配置内容。

项目二：通过实地扮演神秘顾客，掌握如何评价门店接待人员的接待服务、业务技能。

【实训提示】

项目一提示：

1.划分小组，以小组为单位对当地连锁门店进行调查；

2.分不同时间段对门店的各个区域人员配置进行统计；

3．汇总各小组的调查和统计情况。

项目二提示：

1．制定具体考核和评分要求，主要包括店员仪表举止、商品介绍、待客用语、商品陈列和清洁程度5个方面；

2．划分小组，以小组为单位进行实地扮演神秘顾客；

3．提前预习其他相关章节内容；

4．每个小组要召开小组座谈会，充分讨论发现的问题，在座谈中要总结每个人的检测体会。

【实训效果评价标准表】

"神秘顾客"实训项目评价表见表2-6。

表2-6　　　　　　　　　　　　"神秘顾客"实训项目评价表

项　目	表　现　描　述	得　分
仪表举止		
商品介绍		
待客用语		
商品陈列		
清洁程度		
合　计		

得分说明：通过实地扮演神秘顾客，将门店接待人员的接待服务、业务技能满意程度分为"很满意""满意""一般""不满意""很不满意"，相对应得分分值为"25""20""15""10""5"，将每项得分记入得分栏，全部单项分值合计得出本实训项目总得分。得分90~100分为优秀；75~89分为良好；60~74分为合格；低于60分为不合格；低于45分（含45分）为较差。

第3章　连锁门店店长的作业化管理

学习目标

通过本章的学习，了解连锁门店店长的地位及资质要求，熟悉连锁门店店长的工作职责和作业流程，掌握连锁门店店长管理的重点，学会进行店长职业生涯设计。

引例　　　　　　　　　　　　从"金牌店长"看门店变化

2006年10月，中国连锁经营协会首次推出零售业"金牌店长"推选活动，通过总结与分享金牌店长的先进经验，为连锁零售企业培养更多的优秀店长起到了促进作用。CCFA"金牌店长"活动已连续举办9年了，至今累计评出1 114位"金牌店长"。部分"金牌店长"已经走上了更高的岗位，负责整个企业（区域）的营运或采购业务，更充分地发挥了个人能力。

2012年"金牌店长"论坛上，部分"十佳金牌店长"剖析了各自成功的经验。如，成都伊藤洋华堂双楠店的董店长介绍了"红豆饼挑战计划"，通过科学的作业分工，将加工操作、配料、备货、试吃、支援和销售明确到个人，精确到每一个小时和排班，最终将红豆饼单品的日销售量由2 060个提高到4 108个，同时将成功经验推广到更多的单品，如双层芝士蛋糕、鳗鱼海苔卷饼、烤中翅等等。步步高商业岳阳店的店长分享了百货品牌日活动案例，介绍了方案确定、动员、宣传、后勤保障及活动现场等各个环节，最终创造了单日销售1 500万元的纪录。大中电器中塔店的店长以企业十周年庆为例，分享了大型促销活动的全过程，为期10天的十周年庆每天一个主题，宣传期长达22天，其他核心工作还包括促销资源组织、户外布置、应急预案制定等等，销售额最终达到1.43亿元。

2013年"金牌店长"论坛上，17位金牌店长分享了他们管理高销售、高毛利商品的心得。例如北京超市发北清路店的店长介绍了新希望香蕉牛奶的引进、厂商沟通、关联与点式陈列、导购与品尝等方面的经验，破解了因奶源紧张导致一线品牌缺货的难题。上海城市超市虹梅店的洪店长介绍了进口香槟酒的精准营销和体验营销，培养了一批忠实的香槟消费群体，单月实现销售额4万元，超出平时30多倍。伊藤洋华堂春熙店的漆店长介绍如何利用自有品牌PBI解决女装同质化的问题，9个月实现毛利额2 152万元，毛利率为40.6%，同期其他女装品牌毛利额最高的为1 242.7万元，毛利率为16.5%。

资料来源：王升.2014年度"CCFA金牌店长"揭晓——从"金牌店长"看门店变化[EB/OL].（2014-10-14）[2015-11-24].http：//www.ccfa.org.cn/portal/cn/view.jsp？lt=71&id=416893.

3.1 连锁门店店长素质和岗位职责

3.1.1 连锁门店店长素质

1) 店长的职业定位

（1）店长的角色认知

连锁门店店长主要是指连锁企业下属直营门店的最高负责人，又被称为"零售业职业经理人"。店长作为门店的最高管理者，发挥着火车头的作用。优秀店长既是出色的管理者，也是杰出的领导者。

（2）店长的职业化

门店易开，店长难求，目前许多连锁企业都意识到强化店长的职业化培训。店长的职业化主要包括工作状态的标准化、规范化和制度化。即店长在合适的时间、合适的地点，以合适的方式说合适的话、做合适的事。店长的职业化可以从职业素养、职业行为和职业技能等方面入手。

（3）店长的角色地位

店长的角色地位主要表现为以下八个方面：

①门店的代表者。就连锁企业而言，店长是代表连锁企业与顾客、社会有关部门的公共关系，就员工而言，店长是员工利益的代表者，是门店员工需要的代言人。

②经营目标的执行者。连锁门店既要能满足顾客需求，同时又必须创造一定的经营利润。对于总部的一系列政策、经营标准、管理规范、经营目标，店长必须忠实地执行。

③卖场的指挥者。连锁门店的区域有卖场、后场之分，其中以卖场最为重要，因为顾客每天接触最频繁的场所就是卖场，故店长必须负起总指挥的责任，安排好各部门、各班次服务人员的工作，指示服务人员，严格依照总部下达的门店营运计划，将最好的商品，运用合适的销售技巧，在卖场各处以最佳的面貌展现出来，以刺激顾客的购买欲望，提升销售业绩，实现门店销售的既定目标。

④门店士气的激励者。店长应时时激励全店员工保持高昂的工作热情，形成良好的工作状态，让全店员工人人都具有强烈的使命感、责任心和进取心。

⑤员工的培训者。员工整体业务水平的高低是关系到连锁门店经营好坏的一个重要因素之一。所以店长不仅要时时充实自己的实务经验及相关技能，更要不断地对所属员工进行岗位训练，以促进门店整体经营水平的提高。

⑥各种问题的协调者。店长应具有处理各种矛盾和问题的耐心与技巧，如与顾客沟通、与员工沟通、与总部沟通等方面。沟通是店长万万不能忽视的，店长应尽量注意运用技巧和方法，以协调好各种关系。

⑦营运与管理业务的控制者。为了保证门店的实际作业与连锁企业总部的规范标准、营运计划和外部环境相统一，店长必须对门店日常营运与管理业务进行有力的、实质性的控制。

⑧工作成果的分析者。店长应具有计算与理解门店所统计的数值的能力，以便及时掌

握门店的业绩，进行合理的目标管理。

2）店长的资质要求

（1）店长的素质要求

店长是具有特殊性质的管理者，他拥有的是范围宽广的职务，他既是门店的全面负责者，但又不是一个具有各方面决定权的决策者，因此，店长这一特殊职务必须具备的素质条件包括：

①身体方面。门店店长最好是年轻力壮者，他能承受得住长期疲劳的考验，能够承受满负荷的紧张工作所带来的压力。

②品格方面。领导者的品格主要包括道德、品行、人格、作风等，优秀的品格会给领导带来巨大的影响力。诚实的品格是门店店长最基本的素质要求，是一切能力的基础，店长必须注意品格与修养。

③性格方面。拥有积极的性格、拥有忍耐力、拥有开朗的性格和拥有包容力。

④技能方面。拥有优良的商品销售技能、拥有实干的技能、拥有良好的处理人际关系的能力、具有自我成长能力、拥有教导下属的能力和具备卖场管理的基本能力。

⑤学识方面。拥有观察消费者变化的知识、零售业变化的知识、经营与管理技术的知识、公司制度和理念的知识、教育方法与技术的知识、制定门店发展策略的知识、分析统计数值的知识和法律知识等。

（2）店长的能力要求

店长是门店的灵魂，店长自身所具备的能力在很大程度上影响到整个门店的经营绩效。店长必须具备的能力要求包括：①专业能力；②领导能力；③协调能力；④组织能力；⑤危机处理能力；⑥自我提升能力。

（3）店长的态度要求

①成为门市的榜样；②赢得下属的信赖和尊敬；③自我检讨，改掉缺点；④改善工作方法；⑤促进组织内的良好沟通。

@阅读资料3-1

与成功者同行——金牌店长经验分享

体会之一：作为店长，在日常工作中，注重"三事、四精、五细"。作为店长，既要低头拉磨，还要抬头看天。三事就是：执行（不折不扣执行指令）；服务（从上到下，从内到外）；销售（大处着眼，小处着手）。四精就是：服务上要精心；经营上要精明；业务上要精通；管理上要精细。五细就是：货要点细、质量看细、服务仔细、投诉问细、账要算细。

体会之二：门店总经理在管理上的角色是什么？在沃尔玛的企业文化里，是公仆领导。从团队的业绩、士气、人才等三方面入手，进行激励服务。公仆：为人民服务，为员工服务，为员工排忧解难；为员工提供必要的帮助。领导：影响的艺术或过程。领导不同于管理，领导是领而导之的作用，管理就是把它管住，好的领导肯定是一个优秀的管理者，一个优秀的管理者不一定是个好领导，所以领导的层次要比管理者高。一个团队里的领导应该具备：

- 专业技能——管理能力；
- 勇于决策——敢于承担责任；
- 人际关系——擅长沟通和协调；
- 精于计划：提高执行效果。

资料来源：佚名.金牌店长与成功者同行分享经验[EB/OL].（2011-02-14）[2015-11-26].http://manage.tbshops.com/Html/news/44/21952.html.

3.1.2 连锁门店店长工作权力和岗位职责

1）门店店长的工作权力

（1）在人力资源管理方面的权力

①有权参与门店人员的招聘及录用；②有权对员工给予奖励和处罚；③有权辞退不符合要求或表现恶劣的员工；④有权根据员工表现提出调动、晋升、降级、辞退的意见；⑤有权对员工的日常工作表现进行检查和评定；⑥有权对员工进行教育、指导和培训；⑦有权对突发事件进行处理。

（2）在商品管理方面的权力

①有权对总部的配货提出意见和建议；②有权拒收有质量问题的货品；③对货品调配有决定权；④有权对门店布局和商品陈列进行检查、指导和督促；⑤有权对商品损耗情况提出意见。

（3）在销售管理方面的权力

①有权对促销商品和促销活动进行检查、分析和总结；②有权根据实际情况对商品价格进行调整；③有权对销售日报表、销售排行表、供应商结款报表和盘点结果进行分析、总结。

（4）在财务管理方面的权力

①有权制定门店财务预算；②有权监督收银员的收银工作，严格控制差错率；③有权检查核实本店进货票据；④有权进行各项费用和损益分析和管理。

（5）在资产管理方面的权力

①有权进行门店的资产管理；②有权进行门店的设备维护和维修管理；③有权进行门店新设备的投资和管理。

2）门店店长的岗位职责

门店店长的岗位职责概括起来有三大主要方面：

（1）对整个门店负责

店长是门店的最高领导者，在整个门店卖场内，对卖场的资产、商品、人员、销售现场和财务等方面负有全部责任。店长应监督门店的商品进货验收、仓库管理、商品陈列、商品质量管理等有关作业。

（2）对全体员工负责

制定门店管理的各项规章制度，并严格执行。依据工作情况分配人员，对门店员工考勤、仪容、仪表和服务规范的执行情况进行监督与管理。按时评估员工的表现，实事求是地向总部人事主管提交有关员工的人事考核、提升、降级或调动的建议，对员工的工作表现进行检查和评定，认真进行员工绩效管理。

（3）对经营业绩负责

门店店长的最高职责是经营目标的实现，店长应对商品采购、陈列、销售、防损和安全等方面负责，店长要掌握每日、每周、每月的销售目标的完成情况，按时向总部汇报门店销售动态、库存情况以及新产品引进销售状况，并对门店滞销商品的淘汰情况提出对策和建议，帮助总部制订和修改销售计划，降低损耗、减少费用、提高业绩。

门店店长的岗位职责具体见表3-1。

表3-1 门店店长的岗位职责项目和内容

店长的岗位职责项目	店长的岗位职责内容
执行总部各项指令规定	传达、执行总部的各项指令和规定；负责解释各项规定、营运管理手册的条文
完成总部下达的各项经营指标	营业目标；毛利目标；费用目标；利润目标
门店日常经营管理	监督门店的商品进货验收、仓库管理、商品陈列、商品质量管理等有关作业；执行总部下达的商品价格变动；执行总部下达的促销计划与促销活动
门店销售管理	掌握每日、每周、每月的销售目标的完成情况，并按时向总部汇报门店销售动态、库存情况以及新产品引进销售状况，并对门店滞销商品的淘汰提出对策和建议，帮助总部制订和修改销售计划
门店损耗管理	针对本门店的主要损耗商品进行重点管理，将损耗降到最低
监督和审核门店的会计、收银等工作	做好顾客意见表、盘点记录表、商品损耗记录表和进销商品单据凭证等各种报表的管理，以加强监督和审核门店的会计、收银等工作
门店员工的安排、管理和激励	依据工作情况分配人员，对门店员工考勤、仪容、仪表和服务规范的执行情况进行监督与管理；按时评估员工的表现，向总部人事主管提交员工的人事考核、提升、降级或调动的建议
信息的收集和传达事情的管理	有关商圈的动向、竞争店、顾客、商品等各种信息的收集；公司的方针、指示事项的传达等
维护门店的清洁卫生与安全	店内主要设备的维护、门店卖场与后场的环境卫生检查落实
顾客投诉与意见处理	正确对待、恰当地处理顾客各种各样的投诉和意见，保持与消费者经常性的沟通和交流
各种突发事件的处理	应准确判断和迅速处理如火灾、盗窃等各种突发事件，做好与门店周围社区的各项协调工作

资料来源：肖晓春.店长终端管理工作手册[M].北京：北京大学出版社，2009.

3.2 连锁门店店长作业流程和管理重点

3.2.1 连锁门店店长作业流程

门店店长工作流程分日流程、周流程、月流程和年流程等。门店店长必须在有限的时间内把握住门店营运与管理的重点，严格执行工作流程。

1）门店店长工作日流程

一般超市的营业时间为早上7：00到晚上10：00，总计15个小时。通常店长为确保开店的态势良好，以及快速了解昨日营业状况，通常是早班出勤，其上班时间为早上

6：30至晚上7：30，充分掌握中午及下午两个尖峰销售时段的工作，门店店长工作日流程具体见表3-2。

表3-2　　　　　　　　　　　　门店店长工作日流程

时　间		内　容
6：30—9：30	早　会	各项工作要项的宣达（通常每周一次）
	人员检查	出勤、休假、人力配置、员工仪容及精神状况检查
	卖场外检查	大门口卫生、室外海报、宣传栏、休闲椅和进货区状况检查
	卖场巡视	果蔬、鲜活到货及上货情况；日用品、食品商品陈列、补货；卫生状况、排水排烟状况；价格准确、到位；卖场促销活动、堆头、货架；背景音乐音量及广播宣传情况；卖场灯光、空调；卖场通道是否畅通、购物车准备等检查
	后场库存	仓库、冷库、库存品种数量及管理状况的了解及指示；进货/退货抽查
9：30—10：30	营业管理	检查昨日的营业报表，并进行分析，列出本日工作重点
	高峰期前的准备	督促补货、理货；检查电子秤、打包机、包装袋等用具用品；人员的调整；零钞的准备
10：30—12：00	营业高峰期	促销活动的展开；到各区域巡查、指导，重点在收银台；及时疏导人流；解决临时发生的事故
12：00—13：30	午间安排	中午轮班午餐；抽查各部门员工换班午餐情况
13：30—15：30	卖场巡视	检查各区域交接班情况、员工的仪容仪表；填写报表、报告等
15：30—16：30	高峰期前的准备	督促补货、理货；检查电子秤、打包机、包装袋等用具用品；人员的调整；检查鲜活商品的情况
16：30—18：30	营业高峰期	促销活动的展开；到各区域巡查、指导，重点在收银台；及时疏导人流；解决临时发生的事故
18：30—19：30	下班前安排	检查当日销售目标的完成情况；写好工作日志、交代值班经理未完成事项及晚间应注意事项

2）门店店长工作周流程

门店店长工作周流程具体见表3-3。

表3-3　　　　　　　　　　　　门店店长工作周流程

周一	上午工作总结，检查卫生；下午参加总经理例会
周二	做好总经理例会的工作安排，检查陈列、保质期
周三	分析市场调查结果，以顾客满意、价格为重点
周四	检查缺货率，市场调查以竞争对手的促销、卖场布局为重点
周五	检查周末备货情况，协调与其他各部门的工作，重点检查服务
周六	作库存分析
周日	总结一周经营、管理情况，制订下周工作计划，重点检查服务

资料来源：范征.连锁企业门店营运管理[M].北京：电子工业出版社，2007.

3）门店店长工作月流程

门店店长工作月流程具体见表3-4。

表3-4　　　　　　　　　　　　　　门店店长工作月流程

1—3日	将上月工作总结、本月工作计划上报人力资源部
4—6日	向总经理汇报工作，与各部门协调工作安排
7—20日	市场调查总结及竞争对手月末分析
23日	绩效考核总结分析报人力资源部
24日	进行经营情况分析（促销敏感商品转换）
25日	与防损组、作业组组长进行库存分析
26—30日	汇总本月工作，制订下月工作计划

资料来源：范征.连锁企业门店营运管理[M].北京：电子工业出版社，2007.本表根据资料进行整理.

4）门店店长工作年流程

门店店长工作年流程具体见表3-5。

表3-5　　　　　　　　　　　　　　门店店长工作年流程

3—4月	员工培训、"3·15"活动安排
5月	"五一"节日促销
6—7月	"六一"节日活动、商品结构调整
8—9月	竞争对手调查、中秋节日促销
10月	"十一"节日促销
11—12月	营造冬季卖场气氛布置；春节销售调查与备货
1—2月	营造元旦、春节卖场气氛布置；元旦、春节、元宵节促销

资料来源：范征.连锁企业门店营运管理[M].北京：电子工业出版社，2007.

3.2.2 连锁门店店长管理重点

1）员工管理

（1）团队建设

一个门店的成功需要每个员工的辛勤工作和全体员工协作互助才能实现。店长要能够增强员工的信任感、增强自身的说服力、激发员工的工作欲望，不断提高每个员工的工作速度和工作质量，发挥团队力量，达成门店经营目标。

（2）出勤管理

店长如果抓不好门店的出勤状况，就会直接影响门店的进货、出货、补货陈列、服务水准等日常工作，难以维持较佳的营业状态。店长应每天掌握员工出勤人数、休假人数、排班表、迟到、早退等状况，严格执行卖场管理制度。

（3）服务管理

良好的服务品质能够成为门店现场经营的优势，店长应对员工的仪容仪表、礼貌用语和服务态度等方面进行严格要求，以优质的服务吸引顾客。

2）商品和销售管理

（1）缺货管理

缺货是造成营业额无法提升的直接原因，因为缺货使顾客的需求无法获得满足，而不得不花费更多的时间再去别处购买；故卖场若常有此现象，顾客必定会大量流失，营业额亦会急剧下降。因此，如何控制门店缺货率，是店长管理各部门商品的重点。

（2）鲜度管理

卖场的主力商品是生鲜食品及日配品，卖场非常重视鲜度管理，如何能使商品自厂商到卖场整个流程都能维持在恒温状态下，并以新鲜之姿卖给顾客，而且使损耗降至最低，是商品管理的重点。

（3）陈列管理

商品陈列是连锁企业商品促进销售的利器，商品陈列的优劣决定着顾客对店铺的第一印象，使卖场的整体看上去整齐美观、商品丰富，是卖场陈列的基本思想。陈列还要富有变化，不同陈列方式相互对照效果的好坏，在一定程度上左右着商品的销售数量。

（4）损耗管理

门店损耗通常分为内部损耗和外部损耗。损耗管理是节流管理中相当重要的一环，控制损耗，就是在增加盈利。

3）收银管理

现金管理是非常重要的，必须谨慎行事，连锁门店的全部工作最终要在收银台的交易中实现。连锁门店的直接盈利来自门店的销售收入，因此店长对现金管理的重点就是收银管理。收银台是超市现金进出最频繁的地方，亦是现金管理最重要的地方。熟练的收银员，其收银差异率可控制在万分之四以内，而新进的收银员，其差异率则往往超过万分之十。

4）信息管理

门店目前大多采用POS系统，提供及分析各种营运相关信息。店长应定时（日、周或月）分析各种报表，以掌握营运动态。

（1）营业日报表（部门别、时段别、销售比、营业额、来客数、客单价、客品项、品单价等）

（2）商品排行表（销售额别、销售量别、交叉比率别、周转率别、毛利率别等）

（3）促销效果表（营业额、来客数、客单价、促销品、毛利率等促销前后的差异）

（4）顾客意见表（抱怨项目、抱怨件数、抱怨部门、支持项目、支持件数、支持部门等）

（5）费用明细表（各项费用金额、周转率等）

（6）盘点记录表（部门存货额、周转率等）

（7）损益表（营业额、毛利额、损耗额、费用额、损益额等）

5）顾客管理

（1）顾客对门店的意义

①对任何门店而言，顾客是最重要的人；②并非顾客依赖我们，而是我们依赖顾客；③顾客并没有打扰我们的工作，接受顾客的"打扰"是我们工作的目的；④当顾客叫我们时是在帮我们，提供服务是应该的，而不是我们在帮助他；⑤顾客是我们事业的中心，而

非排除在外；⑥顾客不是冰冷的统计数字，而是有血有肉的人，和我们一样有情感；⑦顾客是一群对我们提出各种需求的人，我们的工作就是要满足他们的需求；⑧顾客要的礼遇和殷勤的招待是理所当然的；⑨顾客是让你获得酬劳的人；⑩顾客是所有门店的生机。

（2）顾客管理的主要内容

①顾客来自何处；②顾客需要什么。

（3）建立顾客档案

为了掌握顾客活动管理的重要资料，与顾客建立长远关系，要建立规范的顾客档案。

（4）加强顾客服务管理，提高顾客忠诚度

案例精析

十佳店长成功二字诀：用心

刚刚获得"全国商业零售业十佳店长"荣誉的家润多朝阳店店长周鹏，从事零售业已有14个年头，担任店长也有10年。从其2005年担任家润多朝阳店店长至今，该店每年都能超额完成任务，并且净利润增长速度一直居于长沙同类卖场前列。

经验之一：面对工作压力不要轻言放弃。

他解释说，现在很多企业都说人才难求，但其实换一个角度想，为什么企业总是留不住人才，关键的问题还是企业要为人才提供一定的平台，对人才进行系统培训，同时也要不断地使用人才，留而不用是很难让人才有归宿感的。

他举例说，大学刚毕业那年从事的第一份工作就是在办公室当秘书，但这份看上去似乎很轻松的工作却并不轻松。在一年的时间里，每天工作16个小时是常有的事情，而搬家具、布置会场、楼上楼下送文件都干过，确实是很辛苦，但他没有放弃，反而会很用心地做每件事情，很快，他就得到了提升，因为辛勤的付出，周边的人都能看得到。

经验之二：始终坚定不移。

在首届"全国商业零售业优秀店长选拔大赛"中，周鹏一路过关斩将，经过预赛、决赛，经过理论知识考试和实际操作能力综合考核后，从54名全国同行中脱颖而出，最终与外省另9名选手成为首批"全国商业零售业十佳店长"，也是湖南首位"全国商业零售业十佳店长"。

辛勤的付出和努力，终于获得丰厚的回报，虽然这种回报更多地体现在精神领域，但周鹏说，自己已经很幸运，他把今天的成功更多地归功于企业。

从周鹏的工作经历来看，大学毕业后至今，在长达14年的工作历程中，一直都在为友阿集团工作，期间并非没有跳槽的机会，但他始终坚定不移。

成功离不开"用心"二字，这似乎是相当浅显的道理，在工作中，能真正将之刻骨铭心的人并不多，但周鹏做到了。今年34岁的周鹏，目前在营业面积达2万平方米的家润多朝阳店领导着1 000多人的团队。在他看来，店长不是什么官，更多的是一个导演，让店内各个部门的工作衔接得更为流畅，而在总结自己成功的经验时，他说得最多的就是：用心做事，用心学习。

资料来源：张莉.十佳店长成功二字诀：用心[N].潇湘晨报，2008-04-09.

精析：要想由一名普通员工升至店长，并能成为优秀店长，不仅要具备店长的基本素质和能力，而且要在实践中不断提高自身的素质和能力，始终坚定不移地用心做事、用心学习，终有一天也会像周鹏一样成为一名优秀的店长。

职业指南

店长职业生涯规划

职业生涯规划就是一个人对自己所要从事的职业、要去的工作组织、在职业发展上要达到的高度等作出规划和设计，并为实现自己的职业目标而积累知识、开发技能的过程，它一般通过选择职业、选择工作组织、选择工作岗位，在工作中技能得到提高、职位得到晋升、才干得到发挥等来实现。连锁经营管理专业大学生在进行店长职业生涯规划时应注意以下方面：

1.构建合理的知识结构

在职业生涯设计时，大学生要能够根据职业和社会不断发展的具体要求，将已有知识进行科学的重组，建构合理的知识结构，最大限度地发挥知识的整体效能，培养职业需要的实践能力。综合能力和知识面是用人单位选择大学生的依据。用人单位不仅考核其专业知识和技能，还考核其综合运用知识的能力、对环境的适应能力、对文化的整合能力和实际操作能力等。大学生进行职业生涯设计，除了要构建自己合理的知识结构外，还要培养从事本行业岗位的基本能力和某些专业能力。

2.参加有益的职业训练

职业训练包括职业技能的培训、对自我职业的适应性考核、职业意向的科学测定等。大学生应主动积极地参加有益的职业训练，更早更多地了解职业，掌握职业技能，正确引导自己的职业设计。

3.培养良好的道德修养和健康的心理素质

大学生在进行职业生涯设计时，应培养自身道德修养和心理素质，比如正确对待择业挫折的心理素质和敢于竞争、善于竞争的心理素质等。

本章小结

店长作为连锁企业门店的最高负责人，其自身素质和作业化管理水平，直接影响门店的营运效果和效率。因此，店长要明确其岗位职责，按照作业流程开展各项工作，重点加强员工管理、商品管理、销售管理、信息管理和顾客管理，最终实现门店的销售目标和利润目标。

主要概念

店长　店长的职业化　缺货管理

基础训练

一、选择题

1.店长的素质要求包括（　　　）。

A.身体方面　　　　B.品格方面　　　C.技能方面　　　　D.学识方面

2.店长的能力要求包括（　　　）。

A.领导能力　　　　B.专业能力　　　C.协调能力　　　　D.自我提升

3.店长的工作流程包括（　　　）。

A.日流程　　　　　B.周流程　　　　C.月流程　　　　　D.年流程

二、判断题

1.店长和店主一样，既是门店的所有者，又是门店的管理者。　　　　　　　　（　　）

2.优秀店长既是出色的管理者，也是杰出的领导者。　　　　　　　　　　　（　　）

3.门店店长的最高职责是经营目标的实现，店长应对商品采购、陈列、销售、防损和安全等方面负责，降低损耗、减少费用、提高业绩。　　　　　　　　　　　　　（　　）

三、简答题

1.店长的地位主要表现在哪些方面？

2.门店店长的主要工作职责有哪些？

3.门店店长的主要工作重点有哪些？

🌀 实践训练

【实训项目】

项目：根据所给资料——不胜任的店长类型，找出错误。

【实训任务】

项目：通过找错误，掌握门店店长应具备的素质和能力。

【实训提示】

项目提示：

1.划分小组，以小组为单位进行，各小组之间进行比赛。

2.针对不胜任的店长的不同类型，找出错误，分析不胜任的原因，提出改进措施。

【实训效果评价标准表】

"不胜任的店长"实训项目评价表见表3-6。

表3-6　　　　　　　　　　　**"不胜任的店长"实训项目评价表**

类　型	找出错误	改进措施	得　分
推诿责任的店长			
不栽培部属的店长			
报喜不报忧的店长			
有功独享的店长			
合　计			

得分说明：各小组针对不胜任的店长的不同类型，找出错误，分析不胜任的原因并提出改进措施。提出的改进措施的情况分为"很好""好""一般""较差""差"，相对应得分分值为"25""20""15""10""5"，将每项得分记入得分栏，全部单项分值合计得出本实训项目总得分。得分90~100分为优秀；75~89分为良好；60~74分为合格；低于60分为不合格；低于45分（含45分）为较差。

第4章　　　　　　　　　　　连锁门店卖场的布局和管理

学习目标

通过本章的学习，了解卖场布局的原则与作用，熟悉卖场布局的内容，掌握卖场布局方式的运用、卖场磁石点的规划与管理，并培养一定的卖场组织管理能力。

引例　　　　基于消费者购买心理的大型超市卖场布局和商品陈列研究
——以重庆永辉超市为例

一、大型超市消费者购买心理分析

（1）关注商品的价格和质量。超市销售的商品大多是生活日用品和食品，主要满足消费者基本的生活需要。消费者主要关注商品是否实用和购买成本的高低。

（2）注重购买方便。与百货商店、商业街、购物中心相比，超市消费者对方便性的要求更高。

（3）重视感性消费。近年来，由于经济持续快速增长，我国城镇居民生活水平逐步提高，除了物质需求得到满足外，越来越多的人开始重视精神和心理需求的满足，即注重感性消费。

（4）消费经验丰富，购买决策能力强。

（5）对超市忠诚度较低。根据中国连锁经营协会组织的相关调查，在中国超市业，只有18%的消费者表示在通常情况下，自己只固定去一家超市，而固定去2~3家超市的消费者占到44.4%，消费者的忠诚度偏低。

二、重庆永辉超市西城天街店卖场布局和商品陈列的优点

永辉超市于2003年进入重庆，13家已开张营业的店铺在重庆均取得良好的业绩。2008年8月永辉超市西城天街店正式开业，该店定位为永辉超市的重庆旗舰店，采用其最新的第四代店铺装饰风格，并邀请英国知名的专业卖场设计公司进行店铺规划和装修，力图给消费者创造全新的购物环境和购物享受，同时也使西城天街的业态更趋完善。永辉超市西城天街店属于规模面积较大的一间，经营面积7 673.87平方米，员工80多人，在全市13家永辉超市门店中，每月销售额均位居前五，2010年实现销售收入1.4亿元。永辉超市西城天街店卖场可分为前场和后场，前场是消费者看得见的区域，包括陈列区、服务区、交通区、顾客出入口，陈列区分为生鲜食品部、食品用品部（超市部）、服装部、加工部四大部门；后场是封闭的区域，包括办公区、设备区、库存区、收货区。

（1）卖场布局总体比较合理。超市的主副通道安排合理，层次分类比较明确。由于永辉超市以生鲜食品区为重点区域，它占地面积较大，设置在超市的最内侧，在布局上比较合理，无论沿主副通道都能很快抵达，且在生鲜食品区旁边专门设有鱼、肉类等产品的处理加工点。

（2）货架摆放充分利用空间，布局紧凑。超市的货架摆放基本与右入口处主通道平行，整体而言，对空间利用比较充分，也符合面向中低收入消费者群的定位，但在购买高峰期会显得相对拥挤。

（3）商品陈列形式多样。超市的服装和鞋类采用步入展厅式，类似于百货业的陈列方法；烟酒类采用柜台陈列方式，配置2～3名导购人员；散装称量食品采用岛式陈列；促销商品采用堆头陈列；生鲜食品区采用传统的大量堆积和堆头陈列，让消费者感觉商品量足又新鲜。

资料来源：刘念.基于消费者购买心理的大型超市卖场布局和商品陈列研究：以重庆永辉超市为例[J].企业导报，2013（18）.

4.1　连锁门店卖场布局的原则和作用

连锁门店卖场是企业与顾客以商品进行交换的场所，一般指门店内陈列商品供顾客选择的营业场所。卖场布局是一项十分复杂的工作，卖场布局成功与否直接影响顾客的购买行为和门店的经营成果。因为不同的卖场布局在顾客心中产生的效果是不相同的，对商品销售的作用也是不同的。尤其是从连锁企业的经营方针来看，卖场的布局技术更是重要的一环，它充分体现了连锁企业的经营方针。从实质上来说，卖场布局就是一个如何使商品、设施、操作有机结合起来的问题。

4.1.1　连锁门店卖场布局的原则

连锁门店卖场布局的主要目的是能够有效地吸引顾客走进卖场，使顾客愿意在舒适的环境中自由地选购商品。为此，连锁门店卖场在设计布局时应遵循以下基本原则：

1）要充分体现科学性与艺术性的有机结合

卖场布局应该充分体现科学性与艺术性的有机结合，它是一个比较复杂的问题，涉及光学、声学、心理学、美学等多门学科。合理考虑商品种类、数量、经营者的管理理念、消费者的消费心理、购买习惯，以及卖场本身的面积大小等因素。如，根据消费者的购物习惯、消费心理和格调品位来安排货位；根据人流、物流的大小方向、人体力学等来确定通道的走向和宽度等。

2）要突出卖场自身的特色

连锁企业可以有不同的市场定位和企业形象定位，但是成功的经营者总是把突出自身特色，将消费者牢牢吸引到卖场里来，作为企业形象设计和卖场布局的一个基本内容来考虑。善于创造自身经营特色，善于突出自身与竞争者的不同之处，才能给消费者留下有利的、深刻的印象，才能在竞争中立于不败之地。例如，日本品川区的茶叶、海苔店在店前设置了一个高约1米的偶像，其造型与该店老板一模一样，只是进行了漫画式的夸张，它每天站在门口笑容可掬地迎来送往，一时间顾客纷至沓来，喜盈店门。

3）要充分运用CIS理论

大部分零售卖场是由专家进行规划设计的，大型卖场都设有企划部，有些则支付服务费用，聘请有关部门代为设计。无论采取哪种形式，都应该充分体现CIS理论在超级市场中的运用，坚持做到有机的统一，也就是说内外形式统一、内在服务质量与外在服务形式统一、行为识别与经营理念统一等。

4）卖场的规划设计要满足足够的空间需求

在进行卖场规划设计之前，经营者应该认真核算所需要的面积，所包括的商品、部门、组区、种类、数量等，要做到心中有数。同时，服务性设施所需的面积，如后勤区、收银台、办公室、收货区、通道等也应该计算出来。这样，在规划设计和建筑中，才能留有足够的需求空间。

5）要充分发挥促销工具的作用

卖场布局的目标就是尽量使卖场对消费者有强烈的吸引力和极大的方便性。在有效的空间内获得满意的销售量和利润。因此，在本质上卖场的规划设计就是促进销售的一种工具，也就是借助规划、布局的调整，获得多种功能的充分有效利用，以求商品最大程度地得到展示。

4.1.2　连锁门店卖场布局的作用

连锁门店卖场布局的作用可以概括为以下几个方面：

1）彰显特色，吸引消费者注意

门店经营的结果取决于消费者的光顾次数和购买力。科学合理的卖场布局可以营造卖场的环境与气氛，给消费者留下美好的印象和感受，吸引消费者，激发消费者的购买欲望，促进消费者购买行为的形成。

2）便利购买，方便顾客

门店卖场是消费者购物的场所。消费者穿行于卖场之间，边欣赏各式各样的商品边进行挑选。假如卖场布局不合理就会对消费者自由选购设置障碍，而科学合理的规划可以极大地方便消费者流动，使消费者在浏览与选购中感到便捷。

3）合理分配面积，最佳利用空间

一般而言，门店卖场的面积中包含"前方设施"、"中央设施"和"后方设施"等。科学合理的布局可以有效地分配面积，使布局符合最佳的经营要求。通常运用8：2原则，将前场与后场的面积进行分配，以最大限度来满足顾客选购的空间和适应物流系统的要求，降低成本，增加营业额。

4）增强形象识别，营造卖场销售气氛

有创意的卖场布局可以将商品的陈列、灯光色彩以及音响纳入其中，产生综合效果。消费者可以在浓郁的专卖气氛中轻松、自由地参观选购商品，极大地缩短了卖场与消费者的距离，使卖场变得更加温馨。

4.2　连锁门店卖场外部布局

连锁企业门店外部布局是指卖场的外观环境规划要对消费者产生强烈的吸引力。为此，要特别注重卖场外观的精心规划设计。

4.2.1　连锁门店的门脸设计

一般而言，在繁华地段建起来的连锁店铺不像有些企业那样有极大的空间来表现外观，外观设计的资源空间有限。因此，在整体外观设计上，更要极力突显所经营店铺的特色，以图像、色彩等各种表现方式的运用来制造一个具有吸引力的门脸。

1）店门的基本类型

（1）封闭型

这种类型的门店面向大街的一面用橱窗或有色玻璃遮蔽起来，入口尽可能小些，顾客进出要开关门（或自动启闭）。封闭型门脸突出了所经营贵重商品的特点，设计别致、用料精细、豪华，使进店的顾客产生一种与众不同的优越感，突出门店的格调和档次。一般来说，黄金珠宝、名表店及高档次百货店多采用封闭型门脸。

（2）半封闭型

半封闭型也称半敞开型。这种形式的店面设有商品陈列橱窗，门店入口适中，玻璃明亮，使顾客可以在路过商店时很清楚地看到商店的内部情景。经营化妆品、服装等中高档商品的门店多采用这种形式。这种形式也适合顾客购买频率不高，但顾客逗留时间较长的门店，如专卖店等。

（3）开放型

这种门脸正对大街的一面全面开放，没有橱窗，顾客出入方便，可以极大提高顾客购买频率和速度。此种形式适合出售日常生活用品、食品、顾客购买次数多、客流量大、商品价格低廉的门店，如连锁超级市场门店等。

2）门脸设计应注意的问题

（1）中高档门店的店面设计

中高档店铺一般店门比较大，店面设计就成为重要的一环。店面的设计必须符合自身的行业特点，从风格和外观上要反映出店铺的经营特色，要符合店铺定位的客户的品位。

（2）店铺装潢有不同的风格

店面的装潢要充分考虑到原建筑风格与周围店面是否协调，不能为了差异而差异。大门店、大商场有豪华的外观装饰，具有现代感；小店铺、小商场也应有自己的风格和特点。在具体设计与操作时，必须根据店铺的具体情形而定。

（3）在设计店门时，不能仅仅考虑店门的门扇本身，同时要考虑店门周围的协调

也就是说，要以人为本，方便顾客。如果店门处有楼梯的话，顾客就必须注意脚下，这样就会给顾客一定的阻力感，特别会给老年人和残疾人带来不便。所以，当店门与路面有落差的时候，要利用斜坡过渡，或者设立扶手。

（4）要在门口采取安全措施

大理石地板虽然漂亮，但在湿滑的情况下，容易使人摔倒，所以门口最好采用防滑材料铺设。出入口要放置蹭鞋垫（上面刻有店铺的名字），它可以避免顾客把脚上的泥土带到店里，而且还可以防止灰尘落到商品上，减少清扫的麻烦。

（5）店门设计要注意与有关的设备设计相配套

例如，夏天为防止苍蝇进店，就要挂上塑料门帘。有的店铺在门上安装空调，夏天保持店铺内部较低的温度，使冷气不外泄；冬季供应暖风，门要经常关闭。如果采用滑动拉门式全开放门的话，顾客进出的时候店门打开的程度比较大，所以会大大影响暖气的效果。在这些地方使用斜拉门可以减少店内和店外空气的流通，有助于室内保暖。

4.2.2　连锁门店橱窗设计

现代商业活动中，橱窗既是一种重要的广告形式，也是装饰商店的重要手段。一个构思新颖、主题鲜明、风格独特、方法脱俗、色调和谐、装饰美观的商店橱窗，与整个商店建筑结构和内外环境构成的立体画面，能起到美化商店和市容的作用。而橱窗设计的重点，就在于怎样作出有创意的、令人耳目一新的橱窗。

@ 阅读资料4-1

卖场的眼睛——橱窗展示设计

橱窗具备传递信息、展示产品、营造格调与品位、吸引顾客视觉冲击等作用，橱窗展示可谓品牌的灵魂所在。如果把卖场比喻成一个人，那橱窗便是眼睛，从您漂亮的橱窗，然后走到您的门口的时候，一定会走进去逛一逛。橱窗设计是整个卖场布局中的最亮眼的部分，好的橱窗设计能够瞬间使人们的视觉集中在此，提升卖场整体的好感度。橱窗便可以看出整个卖场风格、品牌风格。

橱窗展示设计是一门实用艺术，综合性强，需要设计师具有创造思维和艺术修养以及工艺制作水平，还要充分利用现有科技水平、熟悉各种装饰材料、了解各种制造工艺，并进行综合运用。橱窗展示如同舞台剧，商业竞争导致商品陈列的竞争。橱窗是陈列的重点，是销售信息的前哨，是吸引人、激发人购买欲的开场戏。如果橱窗扮靓了，必将带来更多的商机。橱窗展示毕竟是商场一角，舞台虽小，但想要扮靓它，却蕴含着许多学问。橱窗展示同舞台表演一样，可看成是一个剧照，是一个静态的舞台。橱窗的构成少不了背景、道具、灯光、主体和造型等要素。

为什么我们不可以借鉴舞台剧的手段来设计橱窗呢？展示的主体就是舞台中的主人翁，其他基本相同。如果橱窗的主题确立之后，作为设计人员就应像导演一样去经营。

扮靓橱窗的方法是，首先要做好基础设施，如灯光、地台、背景布和相关道具，必要时还得现场发挥，用手工制作；其次是根据设计效果逐一落实到位，将展示对象固定好；最后是进行彩排，将基础细节逐步完善。运用形式美法则调动一切因素来营造气氛，突出主题，展示主体。协调好各部分的关系，直到形成预先设计的效果为止。让橱窗成为舞台剧的某个相关情景的瞬间剧照。检验橱窗展示成功与否的标准，大概是突出主题，艺术性强，情景生动，画面和谐，或者说准确传达商品信息，用艺术营造商品气氛，具有生动而和谐的视觉效果。

资料来源：董丽娜.卖场的眼睛——橱窗展示设计[J].文艺生活，2011（4）.

1）橱窗的分类

（1）综合式橱窗陈列

综合式橱窗陈列是指将许多不相关的商品综合陈列在一个橱窗内，以组成一个完整的橱窗广告。由于商品之间差异较大，设计这种橱窗陈列一定要谨慎，否则会给人一种"大杂烩"的感觉。

（2）系统式橱窗陈列

大中型连锁门店的橱窗面积较大，可以按照商品的类型、性能、材料、用途等因素分别组合陈列在一个橱窗内。

（3）主题式橱窗陈列

主题式橱窗陈列是指以一个广告主题为中心，围绕某一特定事情，组织不同品牌或同一品牌不同类型的商品进行陈列，向媒体大众传输一个诉求主题。如，节日陈列、绿色食品陈列、奥运商品陈列等。

（4）特定橱窗陈列

特定橱窗陈列是运用不同的艺术形式和处理方法，在一个橱窗集中介绍某一关键产品。主要有单一门店商品特写陈列和商品模型特写陈列等，这类陈列适用于新产品的广告宣传，如只陈列一台新型电脑或摆上汽车、酒瓶模型等。

（5）季节式陈列

季节式陈列是为季节性商品而设置，通常在季节更换或重大节假日来临前一段时间，根据顾客需求的交替及消费习惯，展示出适应季节及节日需求的商品，向顾客提示季节或节日的来临，提醒顾客及早购买相应商品，并通过更新橱窗陈列给顾客一种新鲜的感觉，指导、刺激消费，方便、引导顾客购物。

2）橱窗的建立与设计

橱窗应在专人或专门机构的管理下，有计划、有重点地合理装饰布置。

（1）橱窗的建立

橱窗横面的中心线最好与顾客的视平线处于同一水平面。这样，整个橱窗所陈列的商品都容易进入顾客的视野。

（2）选定橱窗的陈列对象

无论何种类型的橱窗设计，其最终目标只有一个：展示商品，吸引消费者注意，扩大销售，提高卖场形象。商品是设计的核心及展现的主体，因此，橱窗设计的第一步是商品的选择。一般选择下列商品作为橱窗陈列：

①能充分代表商家经营特色的主打商品；②新性能、新款式、新包装等新产品；③换季之前或节日来临之际，需提醒顾客注意以便及时购买的商品；④货源充沛，需要重点宣传及大力推广的商品；⑤滞销积压品，可根据原因对症下药，重新树立产品形象，使顾客改变认识，建立起对商品的信心；⑥符合消费趋势的流行性商品或名牌商品。

（3）陈列主题的构造

由选择的陈列对象及其相互之间的联系，展开大胆而丰富的联想，巧妙确立陈列主题。在此基础上，运用对称均衡、不对称均衡、重复均衡、主次对比、大小对比、远近对比等艺术手法，勾勒出均匀和谐、层次分明、疏密有致、排列新奇的具体商品整体陈列蓝图。

（4）陈列前的准备

首先要准备好陈列用的道具。陈列用具能使陈列对象更醒目、美观、有序，常用的陈列用具种类见表4-1。

（5）陈列操作布置

按构想的蓝图布置橱窗，操作时应注意以下方面：

①突出商品。商品应处在显眼部位，是宣传的重点，切忌其他装饰喧宾夺主，商品陈列位置要适中，使顾客由远到近，由正面到侧面都能看到商品全貌；商品数量适当，系统地分类，依主题陈列，使陈列效果干净利落，一目了然。②合理照明。橱窗的灯光应照射在重点商品上，灯色与商品及橱窗的色泽应和谐。灯光的强度依白天或黑夜及所陈列商品、商家的档次灵活确定，通常比卖场高出2～4倍，既要有足够的亮度，促进销售气氛和购物意愿，又不能太刺眼。③适当选择动态设计手法。运动的事物易刺激神经，将顾客的视线迅速引向橱窗。因此，应善于运用物理手段及多种电子设备来增强橱窗的动感。

表4-1　　　　　　　　　　　　　　陈列用具种类

陈列用具		特点/例子
背　景	固定背幕	原有的背板如木板或玻璃板
	活动背幕	布景、图画、屏风
人体模型、布架、衣架		用以陈列各种纺织品，布架、衣架一般用镀镍金属制成，模特可用硬塑制成
小型支架		多为镀镍金属制成，用于陈列领带、毛巾、提包等物件
托　板		以陈列乐器、五金用品、化妆品、文具、瓷器、食品等，可用木板、有机玻璃制成
堆码台		用于陈列小型商品，通常由木料外涂浅色油漆制成
橱窗铺底		色布、花纸、地毯、油漆木板等
其他附设用具		花瓶、绸带等

4.2.3　连锁门店外部环境设计

1) 停车场设计

停车困难是让有车阶层最困扰的问题。商场的停车条件是现代化综合性百货商场、大卖场、仓储商场存在的基本条件之一。美国稍大一点的商店都有停车场，美国大商店的营业面积与停车场面积之比有时达到 1∶1，甚至 1∶15。在日本 55% 的饭店建立了顾客专用的停车场，平均停车能力为 10 辆。

在我国，随着经济的发展，汽车已经成为人们的主要交通工具，开车购物也日趋成为大部分顾客所选择的购物方式，停车设施成为顾客选择购物场所重要的参考因素。如果开连锁店，尤其是大型连锁店，如购物中心、百货店等业态，必须考虑停车的问题。很多超级市场、仓储式商场，由于在规划时停车问题考虑不周，影响了顾客到店的人次，因为没有方便的停车设施，顾客多会过门不入。所以停车难的问题，是我国各大连锁店急需解决的问题，如何进行停车场设计，有很多方面的工作要做。

设计停车场主要考虑以下几点：

（1）停车场之大小要视连锁门店的面积确定

大多以 15%~30% 为宜；大型购物中心、超级购物中心、仓储会员店可适当增加，比如北京沃尔玛会员店、东方家园家庭装修装饰建材超市的停车场面积都在几万平方米以上。

（2）停车费用问题

停车场商业化收费收多少合适，如何划分收费时间段。在我国大中型城市，收费每小时 5 元以上的有不少，也有 1 小时收 1 元的，还有白天晚间收费问题。2004 年北京中国国际展览中心汽车展时，周围停车场的收费最低达到每小时 10 元。

连锁门店的停车费用问题有以下两种解决方式：

①纳入法制化轨道。国家的物价部门，根据地理位置、商场等级、车位数量、经济水平制定一个指导价，由企业参照执行。②停车场和商店合作。根据消费者的购物数量决定收费标准，如购物多少元以上免费，多少元以上收基本费用，也就是买的商品越多，停车费用越少。

（3）停车数量问题

停车场全天累计停车数量，一般相当于最大停车能力的 3~5 倍。如果顾客在连锁门店停留的时间平均为1小时左右，停车场累计停车量为最大停车能力的5倍。如果顾客滞留的时间为2小时，停车场累计停车量为最大停车能力的3倍。如果连锁卖场营业时间从上午9时至晚上7时，全天累计停车数量为5 000辆，则停车场的最大停车能力不应小于1 500辆。

（4）停车设备

无论大小购物场所都需要有停车设施，但其规模不同，停车设施的内容也各异。小型购物中心有停车场和加油站就可以了；中型购物中心除了有停车场和加油站外，通常配有洗车设备；大型购物中心需要更加完备的停车设施，应包括汽车维修中心。

（5）停车场的出入口

停车场的出入口不要选择在主干道上，而要选择在次干道上离主干道较近的位置。出入口应由专人负责管理和收费。

@ **阅读资料4-2**

销售场地面积与停车场停车台数的比例

在日本LEC，东京法思株式会社所编的《怎样经营零售店铺》一书中提供的标准是：销售场地面积与停车场停车台数的比例为30平方米一台车，即每30平方米的销售面积，应配有停放一台车的停车场的面积。

在法国，除小型卖场不配置停车场外，大中型超级市场都配有充足的停车场。对于大型卖场而言，停车场面积则是巨大的。法国流行的标准是：每100平方米销售面积要有220个车位。平均每个大型卖场有1 100个车位。当然该车位不仅为大型卖场顾客而设，也是为整个购物中心的顾客准备的。

由此可知，西方各国在确定卖场停车场规模时方法不一，数额也有差异，需依具体情况具体分析。

资料来源：刘德胜.新店铺手册[M].西安：陕西旅游出版社，2006.

2）连锁门店周边道路、绿化、相邻建筑协调的设计

（1）连锁门店与周边道路的关系

连锁门店一般设在交通要道处，或位于大型社区的中心地带。它和道路的关系主要有以下几点：①门店的车辆不能影响社会公共车辆的运行；②顾客到达门店很方便，国外许多连锁门店设在高速公路的出口处；③停车场出入口不设在主干道上，这是大城市规划的基本要求；④门店前应有较多的车站，以保证有一定的客流。

（2）连锁门店周边绿化的设计

连锁门店周边绿化关系到整个店铺环境的优美。门店周边绿化存在的形式主要是树木、花坛、草坪等。设计得好可以起到美化门店形象的作用。公共绿化系统一般由点、线、面、环四大类组成。门店周边绿化可借鉴此类布局特点进行设计。

（3）连锁门店与周围建筑的关系布局

如果在较远的郊区建立大型连锁门店，周围建筑少，则可根据自己的特色规划、开工、建设；如果在人口稠密的城区建设，则必须考虑与周边建筑形成相得益彰、互相衬托的协调关系。其主要要求有以下几点：

①离道路的距离应远近一致，形成横看一条线的景观。②高度上要一致，太高太低都

显得有失协调。③建筑风格应一致。不能将民族特色浓厚的建筑和现代化外观材料的大厦并肩而立，这样会造成反差太大，使顾客产生不愉快的感觉。④在建筑物外观色彩上要协调，黑白、红绿等颜色的建筑不要搭配在一起。

4.3 连锁门店卖场内部布局

连锁企业卖场内部布局指卖场的内部环境，一旦顾客置身于卖场环境，卖场内部布局的储多要素，就会影响他们对卖场的感知。在卖场内部布局规划中应特别注意卖场内的货架、通道、颜色与照明、气味和声音、墙壁和天花板等的设计。

4.3.1　连锁门店卖场货架设计

货架是门店用来摆放商品的重要设施，也是构成卖场布局的重要因素。它包括门市货架和仓储货架两种，其制作材料有木材、镀铬铁架、玻璃、大理石。门市货架主要用于门店的商品摆放，它的设置要根据商品小包装的实物形态，要符合商品陈列和方便销售。仓储货架主要用于库房储存商品，其货架规格要同商品原包装的箱、盒、件等相适应，便于按类存放和提取。

1）货架的规格

货架的设置规格，要根据门店的大小和所经营商品的不同而有所区别。一般来说，货架的高度为180～190厘米，宽度为40～70厘米，深度为40～50厘米，而现代零售企业的货架形式越来越多，但不管选用何种尺寸，各门店的货架应保持基本一致。货架的规格还应考虑人的正常视觉范围和视觉规律。人的正常视觉有效高度范围为从地面向上30～230厘米，通常地面以上60～164厘米为商品的重点陈列空间，160～200厘米为商品的展示陈列空间。对隔绝式销售的柜台来说，其对应的货架上面有3～4层，下面大多设几个拉门，可以储藏很多商品或一些必要的包装材料等物品，为现场销售提供方便。对于敞开式售货的门店来说，顾客识别和选取商品的有效范围为地面以上60～200厘米，一般顾客选取商品的有效范围为地面以上90～150厘米。从高度来看，60厘米以下是难以吸引顾客注视的部分，因而有的门店将其作为商品库存空间。

2）货架布局的类型

（1）格子式布局

这是传统的门店布局形式，格子式布局是商品陈列货架与顾客通道都呈矩形布置，而且主通道与副通道宽度保持一致，所有货架相互呈并行或直角排列。这种布局在国内外超级市场中常可以看到，格子式布局的直走道和90度的转弯，可以使顾客以统一方向有秩序地移动下去。格子式布局如图4-1所示。

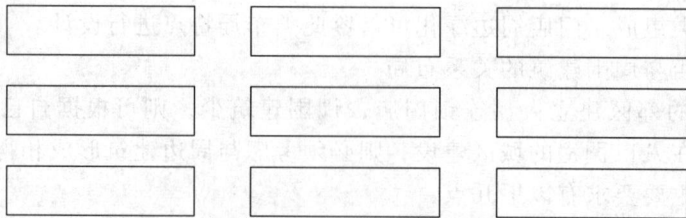

图4-1　格子式布局

这种规则化布置，一般采用标准化货架，使顾客易于寻找货位。但这种布局容易使顾客的自由浏览受到限制。

格子式布局的优点包括：

①走道依据客流量需要而设计，可以充分利用卖场空间；②由于商品货架的规范化安置，顾客可轻易识别商品类别及分布特点，便于选购；③易于采用标准化货架，可节约成本；④有利于营业员与顾客之间的愉快合作，简化商品管理及安全保卫工作。

格子式布局的缺点包括：

①气氛比较冷淡、单调；②当拥挤时，易使顾客产生被催促的不良感觉；③室内装饰方面创造力有限。

多数杂货店、折扣店和药店采用格子式布局。在格子式布局中，柜台和附属品之间互为直角，这种布局设计让客户通过入口进店，并经过尽可能多的商品后从出口出店。

（2）岛屿式布局

岛屿式布局是在营业场所中间布置成各不相连的岛屿形式，在岛屿中间设置货架陈列商品。这种形式一般用于百货商店或专卖店，主要陈列体积较小的商品，有时也作为格子式布局的补充。现在国内的百货商店在不断改革经营手法，许多商场引入各种品牌专卖店，形成"店中店"的形式。岛屿式布局被改造成专业店的布局形式被广泛地使用着，它符合现代化顾客的要求。专业商店布局可以按顾客"一次性购买钟爱的品牌商品"的心理设置。例如，以前在顾客买某一品牌的西装、衬衣和领带时需要走几个柜台，现在采用岛屿式布局，则在一个部门即可买齐。岛屿式布局如图4-2所示。

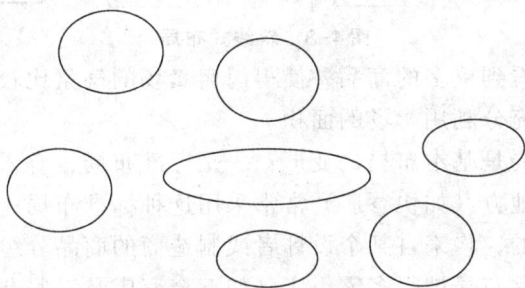

图4-2　岛屿式布局

开架式销售常采用这种形式。它能创造出活跃、温馨的气氛，顾客四处浏览无拘无束，货位被鼓励到达商店的任何地方，从而增加了随意购买的机会。但顾客寻找货位时不够方便，因此这种布局方式要求零售超市的规模不要太大。

岛屿式布局的优点包括：

①可充分利用营业面积，在消费者畅通的情况下，利用建筑物特点布置更多的商品货架；②采取不同形状的岛屿设计，可以装饰和美化营业场所；③环境富于变化，使消费者增加购物的兴趣；④消遣型消费者对某一品牌商品的全方位需求，对品牌供应商具有较强的吸引力。

岛屿式布局的缺点包括：

①由于营业场所与辅助场所隔离，不便于在营业时间内临时补充商品；②存货面积有限，不能储存较多的备售商品；③现场用人较多，不便于柜组营业员相互协作；④岛屿两端不能得到很好的利用，也会影响营业面积的有效使用。

（3）自由流动式布局

自由流动式布局是以方便顾客为出发点，试图把商品最大限度地展现在顾客面前。它既采用格子式布局，又采用岛屿式布局，顾客通道呈不规则路线分布。

自由流动式布局的优点包括：

①货位布局十分灵活，顾客可以随意穿行各个货架或柜台；②卖场气氛较为融洽，可促使顾客的冲动性购买；③便于顾客自由浏览，不会产生急近感，增加顾客的滞留时间和购物机会。

自由流动式布局的缺点包括：

①顾客不容易寻找出口；②顾客拥挤在某一柜台，不利于分散客流；③不能充分利用卖场，浪费场地面积。

这种布局方便了顾客，但对门店的管理要求却很高，尤其是商品安全的问题。专卖店、精品店和礼品店可以考虑采用自由流动式。这种布局中，货架和商店分门别类，或者商品陈列在自由取位的货架，为顾客创造了一个无结构特点的购物通道。陈列商品的货架可能具有不规则的形状，如半圆形或弧形等。这会鼓励顾客寻找商品，并在他们感兴趣的商品前逗留。

（4）斜线式布局

斜线式布局是货架和通道呈菱形分段布局，如图4-3所示。

图4-3 斜线式布局

这种形式可供顾客看到更多的商品，使得门店卖场的气氛比较活跃，顾客的流动不受拘束，但斜线布局不能充分利用卖场的面积。

还有两种常见的布局是基本布局的变形：一是标准布局，有入口、柜台、收银区和出口，顾客进出很频繁的地方（如快餐店）常常采用这种标准布局；二是精品布局，它是以自由流动式布局为基础的，将来自某个设计者或制造商的商品分组陈列，每一组都以特定类型的顾客为目标。精品布局被很多零售店（如五金商店及一些杂货店）运用得很成功。

4.3.2 连锁门店卖场通道设计

1）连锁店卖场通道的类型

连锁企业卖场通道可分为直线式通道和回型式通道两种类型。

（1）直线式通道

直线式通道也被称为单向通道。这种通道的起点是门店的入口，终点是门店的收款台。顾客依照货架排列的方向单向购物，以商品陈列不重复、顾客不回头为设计特点，它使顾客在最短的线路内完成商品购买行为，具体如图4-4所示。

（2）回型式通道

回型式通道又称环型通道，通道布局以流畅的圆形或椭圆形按从右到左的方向环绕店铺的整个卖场，使顾客依次浏览商品、购买商品。回型式通道分为小回型和大回型两种。

①小回型通道。它适用于营业面积在1 600平方米以下的连锁门店卖场。顾客进入卖场，沿一侧前行，不必走到头就可以很容易地进入中间货位，具体如图4-5所示。

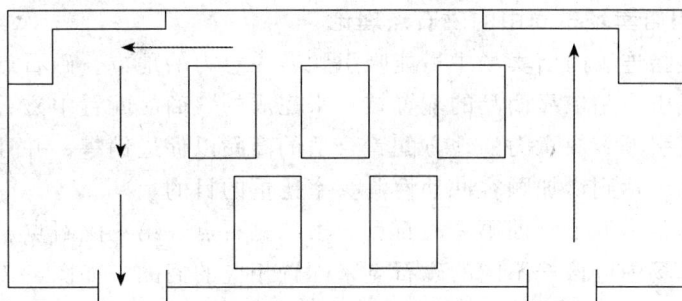

图4-4　直线式通道

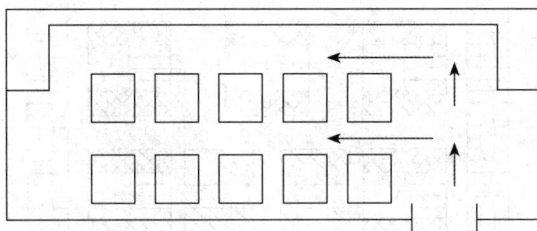

图4-5　小回型通道

②大回型通道。这种通道适用于营业面积在1 600平方米以上的连锁门店卖场。顾客进入卖场后，从一边沿四周回型浏览后再进入中间的货架。卖场内一侧的货位一通到底，中间没有穿行的路口，具体如图4-6所示。

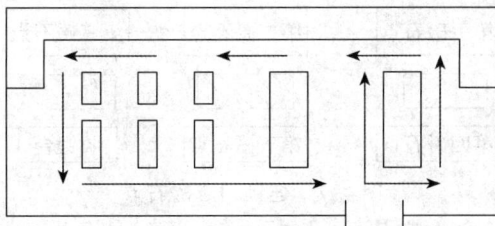

图4-6　大回型通道

2）连锁门店卖场通道设计要求

在设计连锁门店卖场的通道时，主要有以下要求：

（1）通道宽度很有讲究，但各有不同的设计。

一般来讲，营业面积在600平方米以上的门店，卖场通道的宽度要在2米以上，次通道的宽度要在1.2～1.5米之间，最小的通道宽度不能小于90厘米，即两个成年人能够同向或逆向通过。但也有人说东方人的身宽以60厘米较为适宜，所以卖场通道的宽度与通行人数有关：2人通过通道宽度不小于120厘米；3人通过通道宽度不小于150厘米；4人通过通道宽度在180～240厘米之间。卖场主通道、次通道还应和门店的规模成正比。

（2）通道设计最好简单、明了，而且为直线。

例如，某书店的通道进行了不同方向的弧形设计，这是个失败的例子。

（3）卖场不能留有"死角"。

"死角"就是顾客不易到达的地方或者顾客必须折回才能到达其他货位的地方。顾客光顾"死角"货位的次数明显少于其他地方，非常不利于商品的销售。

4.3.3　连锁门店卖场布局中的磁石点理论

所谓磁石，是指连锁门店卖场中最能吸引顾客注意力的地方，磁石点就是顾客的注意点，要创造这种吸引力是依靠商品的配置技巧来完成的。商品配置中磁石理论运用的意义是在卖场中最能吸引顾客注意力的地方配置合适的商品以促进销售，并且这种配置能引导顾客逛完整个卖场，达到增加顾客冲动性购买率比重的目的。

卖场磁石点通常为五个，即第一磁石点、第二磁石点、第三磁石点、第四磁石点以及第五磁石点。在卖场中应该按不同的磁石点来配置相应的商品，如图4-7所示。

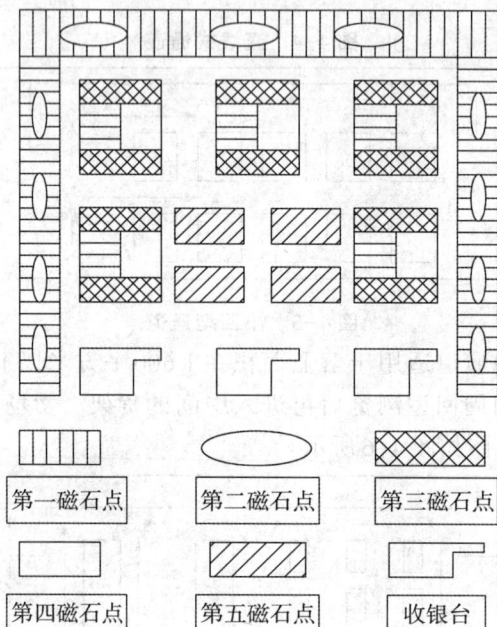

图4-7　连锁门店磁石点

1）第一磁石点（展示主力商品）

第一磁石点位于卖场中主通道的两侧，是顾客的必经之地，也是商品销售最主要的地方。此处配置的商品主要有以下三种：

第一种是主力商品，也是门店重点管理的商品。

第二种是购买频率高的商品。消费量大、消费频率高的商品是绝大多数消费者随时要使用的，也是时常要购买的。所以将其配置于第一磁石点的位置，以增加其销售量。

第三种是采购力强的商品。例如，蔬菜、肉类、日用品等，放在第一磁石点，增加销售量。

2）第二磁石点（展示观感强的商品）

主通路的末端、电梯出口处、道路拐角等能起诱导顾客在店内购物的位置，称为卖场的第二磁石点。经验表明，凡是对卖场第二磁石点重视的商家，其经营效果大都是非常出色的。在陈列内容上，更注重店内主力商品的宣传以求更好地推动销售。主道路的拐角处及主道路尽头位置，对于有效地诱导顾客流动起着关键作用。因此，国外许多大型超市都力求突出在此位置磁石商品的吸引力，由于第二磁石点商品有诱导消费者走到卖场最里面的任务，在此应配置的商品有以下三种：

（1）最新的商品。

消费者总是不断追求新奇。十年不变的商品，即使质量再好，价格再便宜也难以出售。将新商品配置于第二磁石点的位置，必会吸引消费者走入卖场最里面。

（2）具有季节感的时令商品。

具有季节感的商品必定是最富变化的，因此，门店可借助季节的变化进行布置，以吸引消费者注意。

（3）明亮、华丽的商品。

明亮、华丽的商品通常也是流行、时尚的商品。由于第二磁石点的位置较暗，所以应配置较华丽的商品来提升亮度。第二磁石点的商品需要以最显眼的方式突出表现，让顾客一眼就能辨别出其与众不同的特点。同时，第二磁石点上的商品应根据需要，间隔一定时间就进行调整，以保证其基本特征。

3）第三磁石点（展示端架商品）

第三磁石点指的是门店中央陈列货架两头的端架位置。端架是卖场中顾客接触频率最高的地方，其中一头的端架又对着入口，因此配置在第三磁石点的商品就要刺激顾客，在此应配置的商品有以下五种：

（1）特价品

（2）高利润的商品

（3）季节性商品

（4）购买频率较高的商品

（5）促销商品

端架商品，可视其为临时卖场。端架需经常变化（一周最少两次），以刺激顾客来店采购。值得特别提出的是，由于我国目前有一些超级市场根本不重视端架商品的配置，因此失去了很多盈利的机会。而很多超级市场选择的货架是半圆形的，无法进行端架商品的重点配置，所以应积极加以改进。

4）第四磁石点（展示单项商品）

第四磁石点通常指的是卖场中副通道的两侧，是充实卖场各个有效空间的地点。这是一个需要在长长的陈列线中引起顾客注意的位置，因此在商品的配置上必须以单项商品来规划，即以商品的单个类别来配置。商品在陈列方法和促销方法上要对顾客做到刻意的表达和诉求，在此应配置的商品有以下三种：

（1）热门商品

（2）有意大量陈列的商品

（3）广告宣传的商品

5）第五磁石点（展示促销商品）

第五磁石点位于收银台前的中间卖场，是各门店按总部安排，根据各种节日组织大型展销、特卖活动的非固定卖场，以堆头为主。其目的在于通过多品种、大量的陈列方式，造成一定程度的顾客集中，从而烘托出门店气氛。同时展销主题的不断变化，也给消费者带来新鲜感，从而达到促销的目的。

4.3.4 连锁门店卖场内貌设计

连锁门店卖场内貌是指卖场内部环境，一旦顾客置身于卖场中，卖场内貌的诸多要素，就会影响他们对门店的感知。因此，卖场的内貌规划尤为重要，在卖场内貌规划中，要特别注意卖场地面、墙壁与天花板、色彩与照明、声音和气味的规划设计。

1）连锁门店卖场的地面设计

卖场地面设计，既要遵循总部的统一规划，又要在材料和风格的选择上符合业态本身的特性要求，不可千篇一律。在我国95%的超市采用树脂材料做地面，而94%的百货公司却使用地毯。LensCrafters（美国一家光学仪器连锁店）采用枫木铺地板并铺上蓝色地毯，营造出一种更加轻柔、温暖的风格，用他们的话来说，"就是为了创造友好的购物环境"。

卖场内的地板是门店基本装潢设施中和顾客接触最直接、最频繁的地方，要十分注意其带给顾客的良好触觉印象，还要顾及商品陈列与它的配合效果。

地板在图形设计上有刚、柔两种选择。以正方形、矩形、多角形等直线条组合为特征的图案，带有阳刚之气，比较适合经营男性商品的零售卖场使用；而圆形、椭圆形、扇形和几何曲线形等曲线组合为特征的图案，带有柔和之气，比较适合经营女性商品的零售卖场使用。

地板的装饰材料一般有瓷砖、塑胶地砖、石材、木地板以及水泥等，可根据需要选用。主要考虑因素是零售卖场形象设计的需要、材料费用的大小、材料的优点和缺点等几个因素。

@ **阅读资料4-3**

BreadTalk食品集团的服务透明展示

BreadTalk食品集团以投资开设精品面包蛋糕连锁店为主，短短几年时间内，BreadTalk食品集团的品牌就已经深入人心，风靡了整个新加坡。

BreadTalk食品集团将大理石、落地玻璃等时尚的冷色调材质运用到了面包店，得到了非同一般的视觉效果，门店设计为精致时尚的面包专卖店，店面全部采用玻璃和不锈钢结构，视觉通透开阔；设计开放式的厨房，顾客可以清晰地看到面包的全部制作过程。

店面从明亮的室内设计风格、令人愉快的客户服务、菜单、包装到沟通等，都经过精心设计，营造出友好热情的气氛，为消费者带来了取悦多重感官的体验。

资料来源：许晖.服务营销[M].北京：科学出版社，2011.

2）连锁门店卖场的墙壁和天花板设计

大型卖场内的墙壁设计装潢的总体要求是坚固、廉价与美观，使用的材质一般为灰泥，再涂上涂料或进行墙面喷塑。这是因为大型卖场的壁面绝大多数被陈列的货架和物品遮挡，相比于高档服装、电器连锁门店而言，大型卖场商品陈列与壁面配合的效果要求要低得多，所以在大型卖场壁面装潢上尽可能节约一些，但材料必须坚固，主要是因为大型卖场经营冷冻食品，产生的水汽对墙壁有侵蚀作用。而对于高档连锁门店，则应该在墙面上下一定的工夫，重点考虑装饰材料的色彩。

天花板的作用不仅仅是把卖场的梁、管道和电线等遮蔽起来，更重要的是创造美感，创造良好的购物环境。卖场的天花板力求简洁，在形状的设计上通常采用的是平面天花板，也可以简便地设计成垂吊型或全面通风型天花板。天花板的高度根据卖场的营业面积决定，如果天花板做得太高，顾客就无法在心平气和的气氛下购物；但做得太低，虽然可以供顾客在购物时感到亲切，但也会产生一种压抑感，无法享受视觉上和行动上舒适和自由浏览的乐趣。所以合适的天花板高度对卖场环境是非常重要的。一般卖场天花板高度见表4-2。

表4-2　　　　　　　　　　　　　　一般卖场天花板高度

营业面积（平方米）	天花板高度（米）
300左右	3 ~ 3.3
600左右	3.3 ~ 3.6
1 000左右	3.6 ~ 4

天花板的设计装潢除了要考虑到其他形式和高度之外，还必须将卖场其他相关的设施结合起来考虑。如卖场的色调与照明协调、空调机、监控设备、警报装备、灭火器的位置等。

3）连锁企业卖场的色彩和照明设计

（1）照明设计

卖场内部照明一般分为三种：

①基本照明。采用天花板上配置荧光灯为主，以保持整个门店的均匀亮度。设计门店的基本照明时，若以店内照度为准，并设它等于1，则其他各部分应取不同比例。店前照度约为其1/10，主要使消费者有个短暂的视觉适应过程，并引导消费者入店；店内正面照度约为其2.5倍，以展示商品；橱窗照度约为其3倍，以突出橱窗内的商品。

②重点照明。重点照明也称商品照明，是对商品及其陈列商品的货架进行照明，以方便商品的选购。一般采用聚光灯、探照灯等进行定向照明，亮度为基本照明的4~5倍。应根据商品种类、形状、性能采用不同照射角度。

③装饰照明。装饰照明是作为门店装饰空间层次而使用的照明，主要采用彩灯、壁灯、吊灯、挂灯和霓虹灯等照明设备。例如，有选择地在商品货架上方设置霓虹灯广告牌，能表现出强烈的光线、绚丽的色彩，烘托出购物气氛；营业厅中小格局式的店中店内装饰各种彩灯、壁灯等，也会给消费者以赏心悦目的感受。

（2）色彩设计

色彩可以对消费者的心情产生影响和冲击。从视觉上讲，彩色比黑白色更能刺激视觉神经，因而更能引起消费者的注意。彩色能把商品的色彩、质感、量感等表现得极近真实，因而也就增强了顾客对销售商品的信任感。不同的色彩会给人不同的感觉，因此在色彩设计时应注意色彩设计的变化与和谐的统一，以及与连锁企业"标准色"的配合。一般有以下几种方式：

①对比手法。充分利用标准色，与其他同类商店形成明显区别，并形成自己的风格，便于消费者识别。

②与商品本身特征相结合，利用色彩变化，衬托商品。不同颜色会产生不同的视觉刺激和心理效应，如红色、橙色、黄色等暖色比较显眼，容易引起人们的注意，常被用来表

现兴奋、快乐的情感；而白色、蓝色、绿色等冷色不太显眼，用以表达宁静、安详的气氛。根据商品的特性恰当进行配色将直接影响购买者的购物感受。

③根据季节性变化，调节门店环境的色彩变化。如春季调配嫩绿等冷色，给人们以春意盎然、万物更新的感觉；夏季调配淡蓝色等偏冷色，给人以凉爽宜人的感觉；冬季则可调配浅橘红色等暖色调，给人以温暖舒适的感觉。

④根据不同年龄段的人对色彩的不同偏好，对相应商品的陈列环境进行色彩设计。

色彩设计中的色彩感觉与色彩感情具体见表4-3，不同年龄段的人对色彩的不同兴趣偏好见表4-4。

表4-3　　　　　　　　色彩设计中的色彩感觉与色彩感情

色彩	红色	绿色	青色	紫色	橙色	黄绿	青绿	紫绿	紫红
感觉	热	凉	较冷	中性	暖	中性	冷	较冷	稍暖
情感	刺激	安静	较刺激	少刺激	较安静	较安静	很安静	较刺激	较刺激

表4-4　　　　　　　　不同年龄段的人对色彩的不同兴趣偏好

年龄段	偏爱的色彩
幼儿期	红色、黄色（纯色）
儿童期	红色、蓝色、绿色、黄色（纯色）
青年期	红色、蓝色、绿色
中年期	紫色、茶色、蓝色、绿色
老年期	深灰色、暗紫色、茶色

4）连锁门店卖场的声音和气味设计

气味与声音会影响顾客的情绪，影响氛围的形成。百货商场的卖场利用一系列芳香的气味，可以营造出高雅宝贵的氛围，刺激顾客购物欲望的形成，超级市场的卖场利用节奏舒缓的音乐，可以使顾客感到更加温馨、行走得更慢，在舒适的环境中自由自在地选购所需要的商品。

（1）声音设计

音乐非常有益于商品的促销，如果一家零售卖场在入口处播放悦耳的音乐，保证门外的顾客会鱼贯地进入店内。但不同的音乐会达到不同的效果。一项调查结果显示：在零售卖场里播放柔和、舒缓的音乐，会使销售额增加40%，而快节奏的音乐会使顾客在卖场里的流连时间缩短，购买的商品减少，所以在闭店前卖场一般都播放快节奏的音乐，促使顾客尽快离开。

@阅读资料4-4

体育用品专卖店的软装潢

近几年北京兴起一大批体育服务器专卖店，店主在店内设计、配置上下了一番苦功。

其策略是软装潢策略，尤其是在音乐的设计上，有些店铺请人单独设计店铺音乐，有的是以欧美流行的黑人音乐作为自己的主题音乐；有的是采用国内音乐排行榜的流行乐。欧美流行音乐主要是黑人说唱音乐、无伴奏音乐、爵士音乐等较西方化、较现代的乐曲。主要原因是这些体育服务器专卖店的目标顾客八成以上都是青年学生，他们接受西方文化较多，有文化、有个性。对于这种知识层、年龄段的人来说，古典音乐和过于通俗的音乐都是不合适的，而较西方化、较现代的乐曲是适合他们的。

资料来源：李晓勇.100个成功的店铺经营[M].北京：机械工业出版社，2005.

（2）气味设计

卖场的气味设计至关重要，好的气味设计会营造出良好的卖场氛围，令顾客嗅到舒心气味，使其心情愉快，会有效地促进购买行为的形成。

在卖场气味设计中特别要注意香型香味的选择，一般而言，在卖场中应选择清香型的香水，使卖场空间留有清新淡雅的低密度香味，而香水的香味过于浓烈，也会使人厌恶，引起顾客反感，会使顾客不愿在卖场久留。

案例精析

苏果首家第三代生活超市SGlife有何亮点

苏果超市第三代标超——亚东文苑SGlife生活超市升级亮相。该店位于南京仙林文苑路108号负一层，经营面积1 200平方米。据苏果超市相关负责人介绍，和1.0、2.0版本的生活超市不同，三代店对店堂环境做了颠覆性的改造，购物体验得到一个比较大的提升。

设计上遵循"源于生活、回归生活"的设计理念，导入"绿色空间、阳光购物"的设计思路，注重消费体验的同时，提升消费品档次，迎合大众日趋增长的审美品位。立面设计中，以简约线条勾勒出明快、干练、连贯的空间轮廓；在大的空间区域中，再运用多样化陈列柜、台进行二次空间细分，以浅色木质特有的柔和色调营造沉稳静逸之美，入口处艺术包柱的巧妙处理成为该区域设计的精神堡垒，长短各异的线型木槽灯片环绕四周，以圆形造型顶为中心辅以柱体树叶元素的点缀，有效拉升视觉空间。在设计构造上，主要运用了"木、石"最简单的材料，取石之坚韧性、木之温润，旨在为来到这里的顾客营造从容、惬意的自然味道。

苏果超市相关负责人告诉记者，三代店主要面向有一定消费能力的、年龄在25~40岁之间的年轻家庭，他们对消费升级的需求比较迫切，对购物环境的要求比较高。因此无论是店堂环境还是商品结构，我们都会围绕这群人来进行配置。

该店的商品构成也是一大特色。据介绍，该店有6 500个sku，以生鲜、食品为主，占比高达40%，而百货类日用品仅占20%的比重。三代店对作为百姓日常购买频次较高的生鲜商品也进行了升级，比如引入了大量精品包装果蔬、蛋品，绿色、有机、无公害产品占比大。进口水果比例提升，高品质的牛羊肉切割销售。冷冻区的牛排套装也是一大亮点。

该负责人还介绍，这样的定位也是为了和电商进行差异化竞争，避开电商的优势项目如日用百货、家电等。而主要从生鲜、食品、整体的体验上来强化我们实体店的优势。从饮食、服务等多方面满足周边社区居民家庭的即时性与便利性消费需求，做社区居民的

"家庭厨房和冰箱"。

从收银台出来，有一处"社区服务站"，这里就是和线上进行互联的入口。服务站有e万家跨境电商体验区，通过扫描商品下方的二维码进入e万家平台下单付款，然后就可以坐等送货上门了。此外，还配备"社区生活服务平台"，向顾客提供社区生活服务功能，如交罚款、预购、上门家政、票务、旅游等开放式生活平台服务，探索生活超市+社区生活O2O模式；拉卡拉便民金融向顾客提供信用卡还款、金融产品、缴费、充值等自助金融服务；ATM自助柜员机向顾客提供存取款、转账等金融服务；智汇卡自助充值机向顾客提供公交IC卡自助充值等服务。

资料来源：诸振家.联商巡店：苏果首家第三代生活超市SGlife有何亮点？[EB/OL].[2015-11-21]. http://www.linkshop.com.cn/web/archives/2015/338146.shtml.

精析：近年来连锁超市实体店受到电商冲击比较大，为了和电商进行差异化竞争，避开电商的优势项目，在卖场设计上注重消费体验的同时，提升消费品档次，迎合大众日趋增长的审美品位，更要根据本地区消费的特点，深入地研究目标消费者的心理，了解、掌握影响消费者购买行为的心理活动和需求点，处处体现零售卖场以消费者为中心的宗旨，获得最好的效益。苏果首家第三代生活超市就是在这样的背景下取得了市场的主动地位，在激烈的市场竞争中取得了良好的效益。

职业指南

布局卖场"关键点"

为什么顾客刚逛完一半就离开了门店？为什么顾客很少在我们的堆头或端架前驻足停留？而即使停留也很少冲动地选择"购物清单"以外的商品？

卖场布局的磁石理论告诉我们：为了让顾客逛完整个商场，并增加顾客的滞留率、购买率，必须在卖场的关键位置放置能够吸引顾客的商品，形成卖场中的磁石，深深地吸住顾客。这些关键位置包括卖场入口处、入口附近货架端架、主通道两侧货架、收银台等，而当把这些关键位置精心安排之后，就能够利用这些关键点，将整个客动线串联起来，之后分析、回顾关键点的布置效果，再加以调整。如此反复，卖场布局的效率就会大大提高。

卖场布局的通过率、停留率和购买率见表4-5。

表4-5　　　　　　　　卖场布局的通过率、停留率和购买率

通过率	公式	通过率=通过客数÷调查对象客数×100%
	说明	指顾客在店内主通道、副通道及横向通路通过的比率，是卖场布局调整、商品结构调整的重要依据
停留率	公式	停留率=停留客数÷通过客数×100%
	说明	指卖场中某一位置或部门商品顾客停留的比率，是磁石商品调整、商品陈列调整、商品促销调整的重要依据
购买率	公式	购买率=购买商品客数÷停留客数×100%
	说明	指卖场中某一位置或部门商品停留顾客中购买商品的比率，是商品陈列调整、关联商品调整的重要依据

资料来源：张勇.布局卖场"关键点"[J].中国药店，2008（11）.

本章小结

连锁企业门店卖场设计规划十分重要，它不但可以为顾客创造出便利与舒适的购物环境，还会使顾客对卖场留下强烈的印象与感受，激发顾客购买欲望。为此，连锁企业应重视门店卖场规划设计与布局。

卖场布局主要包括外部布局和内部布局两部分内容。外部布局主要包括门脸、橱窗设计、停车场设计、连锁店铺周边道路、绿化、相邻建筑协调的设计；内部布局主要包括卖场内的货架、通道、颜色与照明、气味和声音、墙壁和天花板等的设计。另外，在布局中还应特别注意磁石点理论的运用。通过更具吸引力的卖场设计和合理的布局，提高连锁企业门店的营业效率。

主要概念

连锁门店卖场　卖场布局　外部布局　内部布局　磁石　磁石点

基础训练

一、选择题

1.连锁企业门店货架布局的类型有（　　　）。

A.格子式布局　　　　B.岛屿式布局　　　C.自由流动式布局　　　　D.斜线式布局

2.第一磁石点主要展示的商品有（　　　）。

A.主力商品　　　　　　　　　　B.新上市的商品

C.购买频率高的商品　　　　　　D.礼品装

3.卖场内部照明一般分为（　　　）。

A.基本照明　　　　B.重点照明　　　C.装饰照明　　　D.商品照明

二、判断题

1.第三磁石点指的是主通路的末端。　　　　　　　　　　　　　　　（　　　）

2.第二磁石点商品负有诱导消费者走到卖场最里面的任务。　　　　　（　　　）

3.交易次数频繁、挑选性不强、色彩艳丽、造型美观的商品，一般比较适宜设在门店最深处。　　　　　　　　　　　　　　　　　　　　　　　　　　（　　　）

4.自由流动式布局能充分利用卖场面积。　　　　　　　　　　　　　（　　　）

三、简答题

1.简述连锁企业卖场布局的原则。

2.简述连锁企业卖场布局中的磁石点理论。

3.简述通道设计时应注意的问题。

实践训练

【实训项目】

项目：五大磁石点规划。

【实训场景设计】

针对某超市的实际情况，结合卖场布局的具体原则，对超市的五大磁石点进行规划。

【实训任务】

商品配置中磁石点理论运用的意义是在卖场中最能吸引顾客注意力的地方配置合适的商品以促进销售，并且这种配置能引导顾客逛完整个卖场，达到增加顾客冲动性购买率比重的目的。请同学们结合书本中的知识找出超市中的五大磁石点的位置，并分析其利弊，提出合理化建议。

【实训提示】

五大磁石点及配置要点见表4-6。

表4-6   **五大磁石点及配置要点**

磁石点	店铺位置	配置要点	配置商品
第一磁石点	卖场中主通道的两侧	由于特殊的位置优势，不必特别装饰即可达到很好的销售效果	主力商品、购买频率高的商品、采购力强的商品
第二磁石点	穿插在第一磁石点中间	有引导消费者走到卖场各个角落的任务，要突出照明度及装饰	流行商品，色泽鲜艳、引人注目、季节性强的商品
第三磁石点	超市中央陈列架的两端	卖场中顾客接触频率最高的位置，盈利机会大，应重点配置	特价商品、高利润商品、季节性商品、厂家促销商品
第四磁石点	卖场副通道的两侧	重点以单项商品来吸引顾客，需要在促销方式和陈列方法上体现	热门商品、大量陈列的商品、广告宣传的商品
第五磁石点	收银台的中间卖场	能够引起顾客集中，烘托门店气氛，展现主体需要不断变化	用于大型展销的商品

【实训效果评价标准表】

"磁石点规划"实训项目评价表见表4-7。

表4-7   **"磁石点规划"实训项目评价表**

项 目	表现描述	得 分
参与性		
知识的运用		
分析情况		
建议情况		
合 计		

得分说明：根据学生在实训过程中的表现，分为"优秀""良好""合格""不合格""较差"，相对应得分分值为"25""20""15""10""5"，将每项得分记入得分栏，全部单项分值合计得出本实训项目总得分。得分90~100分为优秀；75~89分为良好；60~74分为合格；低于60分为不合格；低于45分（含45分）为较差。

第5章

连锁门店商品陈列管理

学习目标

通过本章的学习，掌握商品配置表的功能及内容，理解新开店的商品配置表制作及商品配置表的修改，了解商品陈列的原则，熟悉一般商品陈列的方法，尤其掌握生鲜品的陈列要注意的问题。

引例 **家乐福商品的陈列**

一、卖场布局能充分发挥出自己的优势

家乐福的生鲜日配和日杂是其最具特色的两个区域。在家乐福芙蓉店，生鲜的面积约占了 2 500 平方米，在生鲜区域，装修风格讲究，经营品种繁多，敏感性的商品价格低得让人心动。此区域人潮涌动，是超市的一大亮点。

在非食品的日杂区，陈列货架多达 167 组。陈列讲究，美观整齐，品种繁多，琳琅满目，且日杂的新品、季节性商品和流行商品都陈列在显眼的位置。从目前情况来看，家乐福显然加大了自有品牌的开发力度，定价上比同类商品低 20%~25%，加上大面积的突出陈列，购买率和创利能力非常高。销量较大的冲调、毛利高的休闲、南北货则是从陈列面积、陈列位置上大力度倾斜。相反，在家乐福的服装区，家乐福所给的面积相对较小且品种也较少。另外，家乐福的食品、生鲜、收银区和休闲区面积刚好与非食品的面积大致相等。

二、陈列过渡十分自然，关联陈列比较合理

家乐福用什么样的货架陈列什么样的商品，是经过认真分析的。比如说用 1.5m 高的货架陈列塑料制品，用 2.8 米高的货架靠墙作展示等。家乐福巧妙利用货架的不同高度以及服装、电器等区域，将一个个区域隔离开来。让顾客既有购物的享受，又不让顾客有走进货架林立的感觉。

另外，相关联的商品组合在一起，巧妙地利用关联商品由一个区域向另一个区域过渡也是家乐福的一大特色，如用清洁用具向洗化、日化过渡等。

三、商品陈列时颜色搭配合理

家乐福芙蓉店在商品陈列时，对颜色搭配的要求已达到十分讲究的地步。在陈列时针对不同商品，利用商品的自有颜色区分开来，并进行有机组合。特别是家纺针棉区，如将毛巾等商品利用毛巾的自有颜色进行有机组合、区别。让顾客选购时一目了然，从而节省了选购时间，提高了商品的销量。

四、季节性商品陈列突出

在芙蓉店，家乐福用了很大的面积去陈列凉鞋、凉拖鞋、凉席、空调被等。而反季商品只是作象征性的摆放，如保健品在整个卖场只有五组单面货架，且每个单品只有一个陈列面。

五、讲究卖场的气氛营造，挑起顾客强烈的购买欲

家乐福充分利用灯光、POP、特价商品、堆位等的有机组合，把整个卖场的气氛营造得非常浓郁，让顾客一进家乐福便有一种购买的冲动。

六、对陈列的管理标准，严谨且执行力强

家乐福陈列的每一个商品的右下角都会相对应有一张货牌（标价签）。货牌上面除了标明常规的品名、产地、价格等，还标明了商品陈列排面数，家乐福的员工对商品配置表的执行非常到位。

资料来源：向世元.浅谈家乐福卖场布局和商品陈列[EB/OL].（2011-07-31）[2015-12-07].http：//www.linkshop.com.cn/club/archives/2011/413630.shtml.

5.1 卖场内的商品配置

商品配置是关系到连锁门店经营成败的关键。如果商品配置不当，会造成顾客想要的商品没有，不想要的商品却太多，不仅空占了陈列货架，也积压了资金，导致经营失利。连锁门店卖场商品的配置可以从以下几个方面入手：

5.1.1 商品位置的配置

要合理地确定商品的面积分配，必须对前来门店购物的消费者的购买比例作出正确的判断与分析，连锁门店内各项商品的面积分配应与消费者支出的商品投向比例相同。下面是一份超级市场的商品面积分配的大致情况：水果与蔬菜面积10%～15%、肉食品15%～20%、日配品15%、一般食品10%、糖果饼干10%、调味品与南北干货15%、小百货与洗涤用品15%、其他用品10%。

商品位置的配置应该按照消费者购买每日所需商品的顺序作出规划，也就是说，要按照消费者的购买习惯和客流走向来分配各种商品在卖场中的位置。

一般来说，每个人一天的消费总是从"食"开始，可以以菜篮子为中心来设计商品配置。通常消费者在卖场购物顺序是：蔬菜水果—畜产水产类—冷冻食品—调味品类—糖果饼干—饮料—速食品—面包牛奶—日用杂品。

为了配置好超级市场的商品，可以将超级市场经营的商品划分为以下商品部。

1）面包及果菜品部

这一部门常常是超级市场的高利润部门。由于顾客在购买面包时，也会购买部分蔬菜水果，所以面包和果菜品可以采用岛屿式陈列，也可以沿着超级市场的内墙设置。

在许多超级市场中，设有面包和其他烘烤品的制作间，刚出炉的金黄色、热气腾腾的面包，常常让顾客爽快地掏腰包，因而现场制作已成为超级市场的一个卖点。

2）肉食品部

购买肉食品是大多数顾客光顾超级市场的主要目的之一。肉食品一般应沿着超级市场的内墙呈U形摆放，方便顾客一边浏览一边选购。

3）冷冻食品部

冷冻食品主要用冷柜进行陈列，它们的摆放既可以靠近蔬菜，也可以放置在购物通道的最后段，这样冷冻食品解冻的时间就最短，给顾客的携带提供了一定的便利性。

4）膨化食品部

膨化食品部包括各种饼干、方便面及各种膨化食品等。这类食品存放时间较长，只要在保质期内都可以销售。它们多被摆放在卖场的中央，用落地式的货架陈列。具体布局以纵向为主，突出不同的品牌，满足顾客求新求异的偏好。

5）饮料部

饮料与膨化食品有相似之处，但消费者更加注重饮料的品牌。饮料的摆放也应该以落地式货架为主，货位要紧靠膨化食品部。

6）奶制品部

超级市场中的顾客一般在其购买过程的最后阶段才购买奶制品，所以奶制品一般摆放在面包及果菜品部的对面。

7）日用品部

日用品包括洗涤用品、卫生用品和其他日用杂品，一般摆放在超级市场卖场的最后部分，采用落地式货架，以纵向陈列为主。顾客对这些商品有较高的品牌忠诚度，他们往往习惯于认牌购买。这类商品的以价格为主的促销活动，会使顾客增加购买次数和购买数量。

5.1.2　商品配置表

商品配置表英文名叫"facing"，日文名称为"棚割表"，在某些门店也被称为台账图。Facing 是"商品排面做恰当管理"的意思。在日文中，"棚"意指货架，"割"则是适当地分割位置，也就是商品在货架上获得适当配置的意思。因此，商品配置表可定义为：把商品的排面在货架上作出一个最有效的合理分配，并以画面表格规划出来。即把商品陈列的排面在货架上进行最有效的分配，用书面表格规划出来，以求达到有效控制商品品项，做好商品定位，适当管理商品排面，防止滞销品驱逐畅销品，使利益维持在一定水准上，实现连锁经营标准化等目的，由此可知，商品配置表在连锁门店管理中具有相当的重要性。

1）商品配置表的管理功能

（1）有效控制商品品项

每个卖场的面积是有限的，所能陈列的商品品项也是有限的，因此应有效控制商品的品项，这就要使用商品配置表，才能获得有效的控制效果，使卖场效率得以正常发挥。

（2）商品定位管理

超级市场内的商品定位，就是要确定商品在卖场中的陈列方位和在货架上的陈列位置，这是门店营业现场管理的重要工作，如不事先规划好商品配置表，无规则进行商品陈列，就无法保证商品的有序有效定位陈列，而有了商品配置表，就能做好商品的定位管理。

（3）商品陈列的排面管理

商品陈列的排面管理就是规划好商品陈列的有效货架空间范围。在商品销售中有的商品销售量很大，有的则很小，因此可用商品配置表来安排商品的排面数，即根据商品销售量的多少，来决定商品的排面数。畅销商品给予较多的排面数，即所占陈列空间大；销售量较少的商品则给予较少的排面数，其所占的陈列空间也小。对滞销品则不给排面，可将其淘汰出去。商品陈列的排面管理对提高卖场的效率有很大作用。

（4）畅销商品保护管理

在有的连锁门店中畅销商品销售速度很快，若没有商品配置表对畅销商品排面的保护管理，常常会发生类似劣币驱逐良币的现象。当畅销商品卖完了，又得不到及时补充时，就易导致不畅销商品甚至滞销品占据畅销商品的排面，形成了滞销品驱逐畅销品的状况。这种状况一方面会降低商店对顾客的吸引力，另一方面会使商店失去售货的机会并降低竞争力。可以说，在没有商品配置表管理的连锁门店，这种状况时常会发生，有了商品配置表进行管理，畅销商品的排面就会得到保护，滞销品驱逐畅销品的现象会得到有效控制和避免。

（5）商品利润的控制管理

连锁门店销售的商品中，有高利润商品和低利润商品之分。每个经营者总是希望把利润高的商品放在好的陈列位置销售，利润高的商品销售量提高了，门店的整体盈利水平就会上升；把利润低的商品配置在差一点的位置来销售，来控制商品的销售品种结构，以保证商品供应的齐全性。这种控制商品利润的管理方法，就需要依靠商品配置表来给予各种商品妥当贴切的配置陈列，以达到提高整个商店利润水平的目的。

（6）连锁经营的标准化管理

连锁超市有众多门店，达到各门店的商品陈列一致，是连锁超市标准化管理的重要内容。有了一套标准的商品配置表来进行陈列的一致管理，整个连锁体系内的陈列管理就易于开展，同时，商品陈列的调整和新产品的增设，以及滞销品的淘汰等管理工作的统一执行，就会有准备、有计划、高效率地开展。

2）商品配置表的制作

（1）商品配置表的制作原理

制作商品配置表最重要的依据是商品的基本特性及其潜在的获利能力。其应考虑的因素包括以下五个方面：①周转率。高周转率的商品一般都是顾客要寻找的商品，其位置应放在较明显的位置。②毛利。毛利高的商品应放在较明显的位置。③单价。高单价商品毛利可能高也可能低，高单价又高毛利的商品应放在明显的位置。④需求程度。在非重点商品中，具有高需求、高冲动性、随机性特征的商品，一般陈列在明显位置。销售力越强的必需品，给顾客的视觉效果越好。⑤空间分配。运用高需求或高周转率的商品来吸引顾客的视线，贯穿于整个商品配置表。避免将高需求商品放在视线的第一焦点，除非该商品具有高毛利的特征。高毛利且有较强销售潜力的商品，应摆在主要视线焦点内。潜在销售业绩较大的商品，就应该有最多的排面。

（2）商品配置表的制作程序

连锁门店内的商品陈列是用商品配置表来进行管理的。商品配置表的制作，可分成新开店商品配置表的制作和已开店商品配置表的修正两种情况来进行。

①新开店商品配置表的制作。

新开店商品配置表的制作，是连锁门店商品管理全新内容的开始，一般可按以下程序进行：

A.商圈与消费者调查。商圈调查主要是弄清新店属地的市场容量、潜力和竞争者状况。消费者调查主要是掌握商圈内消费者的收入水平、家庭规模结构、购买习惯、对超市商品与服务的需求等，通过市场调查，决定商品组合及卖场面积。

B.商品经营类别的确定。在对商圈和消费者进行调查后，提出新开设门店的商品经营类别，根据营业面积大小，将商品进行分类，并规划大、中分类商品应占的面积，由采购部会同门店人员共同讨论决定每一个商品大类在超市门店或卖场中所占的营业面积及配置的位置，并制定出大类商品配置图，当商品经营的大类及营业面积配置完成后，采购人员就要将每一个中分类商品安置到各自归属的大类商品配置图中去。

C.单品项商品的决定。完成了商品大类和中分类的商品配置图之后，就进入制作商品配置表的实际工作阶段，就是要根据商品的关联性、需求特征、能见度等因素确定每一类商品的位置，制作商品平面配置表。决定单品项商品如何导入卖场，此项工作分三个步骤进行：第一个步骤是收集每一个中分类内可能出售的单品项商品资料，包括单品项商品的品名、规格、成分、尺寸、需求度、毛利、周转率、包装材料、颜色价格等；第二个步骤是对这些单品项商品进行选择，决定经营品项，挑选出适合超市门店商圈消费需要的单品项商品，并列出商品台账；第三个步骤是把这些单品项商品进行陈列面安排，并与门店周围的商店进行比较，在分析的基础上对单品项商品做必要的调整，并最后决定下来。

D.商品配置表的制作。在商品配置表上详细列出每一类商品的空间位置，每一个货架对应一张商品陈列表。商品配置表决定单品项商品在货架上的排面数，这一工作必须遵循有关商品陈列的原则，运用好商品陈列的技术。如商品配置在货架的上段、中段还是下段等，还须考虑到企业的采购能力、配送能力、供应厂商的合作等诸多因素，只有这样才能将商品配置好。商品配置表的制作是一项辛苦的工作，也是一项实践性和操作性很强的工作，需要采购人员认真钻研，所以在制作商品配置表时，采购人员应先进行货架的实验配置，达到满意效果后，才最后制作商品配置表，所以采购部门要有自己的实验货架。由采购部门制作的商品配置表下发至新开设的超市门店后，门店将依据这些表格来订货、陈列，并在货架上贴好价目卡。

根据商品平面配置图配置设备，前、后场设备应构成一个整体，应注意陈列设备的数量及规格的确定，并参照商品品项资料。按商品配置表进行陈列，并挂好价签，把实际陈列效果拍照留存。

观察并记录顾客对商品配置与陈列的反应，以便修正、调整，根据经验状况定期更新，一个月或一个季度更新一次，一年大调整一次，这样既可以确保门店具有活力，又增加了顾客对门店的新鲜感。

②已开店商品配置表的修正。

任何一家连锁门店，商品配置并不是永久不变的，必须根据市场和商品的变化作出调整，这种调整就是对原来的商品配置表进行修正。商品配置表的修正一般固定在一定的时间来进行，可以是一个月、一个季度修正一次，但不宜随意进行修正，因为随意进行修正会出现商品配置凌乱和不易控制的现象。商品配置表的修正可按如下程序进行：

A.统计商品的销售情况。不管是单体店、附属店还是连锁店，都必须每月对商品的销售情况进行统计分析，统计的目的是要找出哪些商品畅销，哪些商品滞销。

B.滞销商品的淘汰。经销售统计可确定出滞销商品，但商品滞销的原因很多，可能是商品质量问题，也可能是受销售淡季的影响、商品价格不当、商品陈列得不好，更有可能是供应商的促销配合得不好等。当商品滞销的原因查清楚之后，要确定滞销的状况是否可能改善，如无法进行改善就必须坚决淘汰，不能让滞销品占了货架而产生不出效益来。

C.畅销商品的调整和新商品的导入。对畅销商品的调整，一是增加其陈列的排面；二是调整其位置及在货架上的段位。对由于淘汰滞销商品而空出的货架排面，应导入新商品，以保证货架陈列充实。

D.商品配置表的最后修正。在确定了滞销商品的淘汰、畅销商品的调整和新商品的导入之后，这些修正必须以新的商品配置表的制定来完成。新下发的商品配置表，就是连锁门店进行商品调整的依据。

③商品配置表制作的技术要领。

连锁企业的经营与传统零售业不同，其技术含量较高，在商品配置表的制作上就充分体现了技术性要求。以下为某知名连锁企业经营者总结出的商品配置表制作技术要领，掌握了这些要领将会较容易地制作出商品配置表来。

A.决定每一个中分类商品的陈列排面。在规划整个大类商品的配置时，每一个中分类商品所占的营业面积和陈列排面数要先确定下来，这样才能进行单品项的商品配置。例如：膨化食品要配置高165厘米、长90厘米、宽35厘米的单面货架三座，这样才能知道可配置多少单品项商品。

B.商品陈列货架的标准化。连锁门店所使用的陈列货架应尽量标准化，这对连锁门店尤为重要。使用标准统一的陈列货架，在对所有门店每一分类的商品进行配置规划时，只要一种至多两到三种商品配置表就可进行全部的商品配置与陈列管理，不至于出现一个门店一种配置或一种陈列的现象。

C.单品项商品的资料卡设立。每一个单品项商品都要设立资料卡，如商品的品名、规格、尺寸、重量、进价、售价、供货量等，这些资料对制作商品配置表是相当重要的。

D.设置商品配置实验架。商品配置表的制作必须要有一个实验阶段，即采购人员在制作商品配置表时，应先在实验货架上进行试验性的陈列，从排面上来观察商品的颜色、高低及容器的形状是否协调，是否对顾客具有吸引力，如果缺乏吸引力可进行调整，直至达到协调和满意为止。

E.特殊商品采用特殊的陈列工具。对特殊陈列的商品不能强调货架的标准化而忽视了特殊商品特定的展示效果，要使用特殊的陈列工具，这样才能展示特殊陈列商品的魅力。在连锁门店的经营中出现了这样的趋势，消费者对整齐划一和标准的陈列感到有些乏味，因此，用特殊陈列工具配置特殊商品，可以增强卖场的活性化，改变商品配置和陈列的单调感。

F.单品项商品的陈列量与订货单位的考虑。一般来说，由配送中心送货到门店，门店的卖场和后仓的商品量是日销售量的2.5倍左右，对每一个单品项商品来说也是如此，即一个商品平均日销量是12个，则商品量为30个。但每一个商品的陈列量还须与该商品的订货单位一起进行考虑，其目的是减少后仓的库存量，加速商品周转，每个商品的陈列量最好是1.5倍的订货单位。

如一个商品的最低订货单位是12个，则陈列量设定在18个，该商品第一次进货为2个单位共计24个，18个上货架，6个进后仓。当全部商品最后只剩下6个货架时，再进

1个订货单位12个，则商品可以全部上货架，而无须再放进后仓，做到后仓的零库存。一个超市的商品需要量与日销售量的比例关系是该店销售的安全保有量。而单品项商品的陈列量与订货单位的比例关系，则是在保证每天能及时送货的条件下的一种零库存配置法。目前，我国的超市由于受到交通条件和配送中心配送能力制约，还做不到这一点。

因此，内仓的商品量可适当增加。商品配置表是以一座货架为制作基础的，一张配置表代表一座货架，货架的标准视每个门店的场地和经营者的理念而定。设计商品配置表的格式，只要确定货架的标准，再把商品的品名、规格、编码、排面数、售价表现在表格上即可。

（3）商品配置表的内容

商品配置表分为商品平面配置图和商品立体陈列表。一般来说，一张商品配置表会包含很多内容，如配置表的编号、覆盖区域、货架数量、货架宽度、商品配置表生效日期、卖场内各类商品的部门配置、各部门所占面积的划分、商品价格、商品排面数、最小订货单位、商品空间位置、商品品项构成等内容。

图5-1为某门店的一张商品配置表，图中突出显示了其包含的具体关键词。表5-1展示了这张商品配置表所包含的具体内容。

台账图（商品配置表）模板的各个关键词

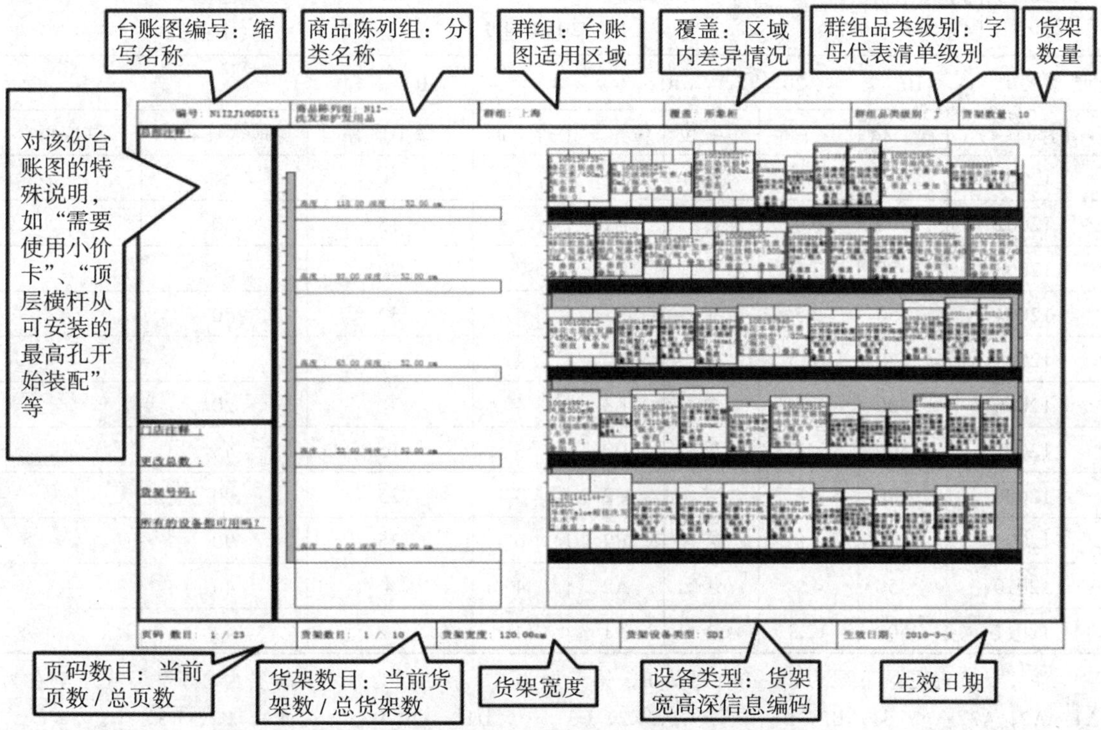

图5-1 商品配置表包含的具体关键词

如图5-2、图5-3所示，商品配置表上的商品为方便面，"4 Facings wide"表示水平排面数为4；"2 High Standard display"表示高为2；"1 High Capping-Product position on top laying down"表示叠加为1，商品卧放在顶部。

表5-1　　　　　　　　　　**商品配置表的内容**

商品分类NO.洗衣粉

货架NO.　　　制作人：×××

180 170 160	白猫无泡洗衣粉 1 000 克 4F 12001 12.2	奥妙浓缩洗衣粉 750 克 4F 12005 18.5	奥妙浓缩洗衣粉 500 克 4F 12006 8.5
150 140 130 120	白猫无泡洗衣粉 500 克 2F 12002 6.5	奥妙浓缩洗衣粉 500 克 3F 12007 12.5	
110 100 90 80	白猫无泡洗衣粉 450 克 2F 12003 2.5	奥妙浓缩洗衣粉 180 克 6F 12008 2.5	
70 60 50 40	佳美两用洗衣粉 450 克 4F 12004 2.5	碧浪洗衣粉 200 克 6F 12009 2.8	
30 20 10	奇强洗衣粉 500 克 4F 12011 12.8	奥妙浓缩洗衣粉 450 克 4F 12010 4.9	

厘米　　10　　　20　　　30　　　40　　　50

商品代码	规格	售价	单位	位置	排面	最小库存	最大库存	供应商
12001	1 000	12.2	桶	E1	4	3	8	
12002	500	6.5	袋	D1	2	15	30	
12003	450	2.5	袋	C1	2	20	32	
12004	450	2.5	袋	B1	4	32	50	
12005	750	18.5	盒	E2	4	12	40	
12006	500	8.5	盒	E3	4	8	20	
12007	500	12.5	袋	D2	3	15	45	
12008	180	2.5	袋	C2	3	25	90	
12009	200	2.8	袋	B2	6	35	90	
12010	450	4.9	袋	A2	4	4	40	
12011	500	12.8	袋	A1	4	12	42	

注：1.位置是最下层为A，第二层为B，第三层为C，第四层为D，最高层为E，每层从左至右为A1，A2，A3，…，B1，B2，B3，…，C1，C2，C3，…，D1，D2，D3，…，E1，E2，E3，…。

2.排面是每个商品在货架面向顾客陈列的面，即顾客的面对视线所能看到的商品陈列最大个数。一面为1F，二面为2F，依此类推。

3.最小库存以一日的销售量为安全存量。

4.最大库存为货架放满的陈列量。

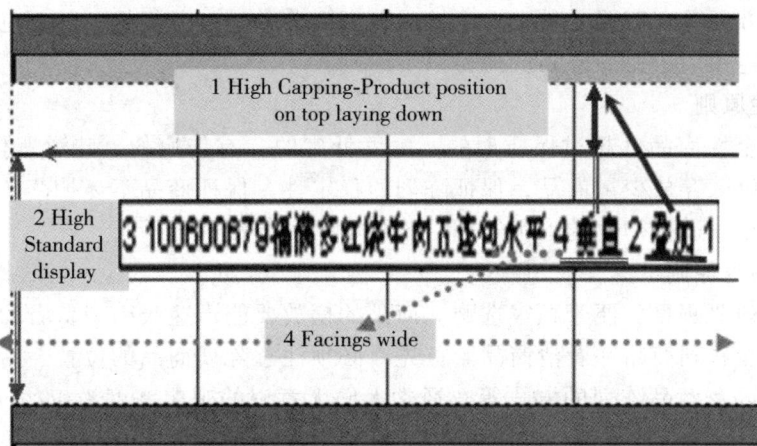

图 5-2 商品配置表宽度、深度和叠加的平面图

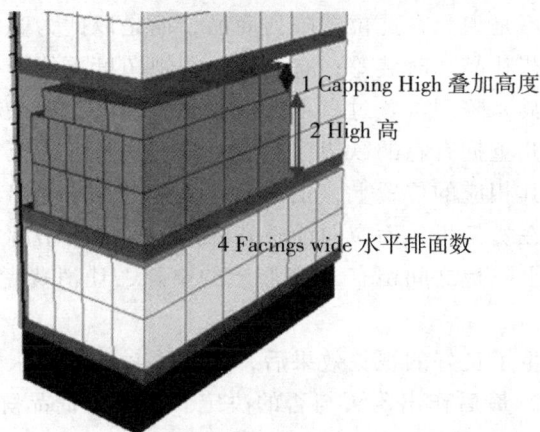

注：标签上不显示陈列的深度，只在上架清单（excel）上有显示。

图 5-3 商品配置表宽度、深度和叠加的立体图

5.2 一般商品陈列的原则和方法

商品陈列是指企业为了最大限度地便利顾客购买，利用有限的资源，规划和实施店内总体布局、货架摆放顺序、商品码放方式、店内广告设计，合理运用照明、音响、通风设施，创造理想购物空间的活动过程。商品陈列的目的，是把商品或品牌的所有物质和精神方面的属性，通过艺术手段和设计技巧等形象化的语言完整地呈现在顾客面前，帮助顾客形成一个商品或品牌的整体印象，使顾客对商品或品牌产生兴趣、信任和偏爱，从而引起顾客的购买欲望和动机。"陈列是沉默的推销"，科学合理的商品陈列可以起到体现门店宗旨、塑造门店形象、传递商品信息、刺激销售、方便购买、节约人力、利用空间、美化环境等作用。

5.2.1 商品陈列的原则

商品陈列的基本要求是将顾客需求的商品正确无误地摆放在适当的位置，因此陈列的关键在于"商品的正确配置"。商品陈列必须满足五个要素：一要看得清；二要摸得到；

三要容易选、方便买；四要品种全、个性强；五要分类型、分规格、分颜色、分大小、分价格。因此，连锁门店商品陈列应遵循以下原则：

1）安全性原则

排除非安全性商品（超过保质期的、鲜度低劣的、有伤疤的、味道恶化的），在货架上方的临时存放区存放少量商品，保证陈列的稳定性，保证商品不易掉落，应适当地使用盛装器皿、备品。进行彻底的卫生管理，给顾客一种清洁感。

2）显而易见原则

商品的陈列要醒目、便于顾客选购。商品的摆放要能迅速吸引消费者的注意，要使顾客一进卖场就能看到商品并看清商品。首先，必须注意陈列商品的位置、高度、商品与顾客之间的距离以及商品陈列的方式等。通常人们无意识的观望高度为0.7～1.7米，上下幅度为1米，通常与视线成30度范围内的物品最易引人注意。因此，门店可根据消费者的观望高度与视角，在有限的空间里将商品陈列在最佳位置。顾客看到的商品越多，他们买东西的机会也就越多。但不是说只在此位置陈列商品，而是以此为基线陈列。有些商品仰视角度更能吸引人，如工艺礼品、时装等；有些商品俯视角度更能吸引人，如化妆品、金银首饰等，尤其是儿童玩具，陈列位置过高不能引起儿童的注意和兴趣，只有低一点，使儿童一览无余，才能激起儿童拥有它的欲望。其次，陈列要整齐规范，标价应准确醒目。每一种商品都应该陈列在其相应的位置上，正面朝向消费者，避免出现商品移位挡住其他商品的情况；商品不应摆在货架里，而应向前整齐陈列；商品价格牌应与商品相对应，位置正确；陈列的商品应与上隔板之间留有3～5厘米的空隙，让消费者的手容易伸入。

3）伸手可取原则

顾客对陈列商品产生了良好的视觉效果后，就有了触觉的要求，就会拿下来观察，对商品进行进一步的了解，最后作出购买与否的决定。因此，商品陈列在做到"显而易见"的同时，还应使顾客摸得到、够得着商品，甚至能拿在手上较长时间，这是刺激顾客购买的重要环节。这也是近几年来敞开式销售方式受到普遍欢迎的主要原因，除非是易受损、小件易碎或极其昂贵的商品，否则应尽量采用这种方式，这样，商品自然会给人一种亲切感。

在运用敞开式销售方式陈列商品时，不能将带有盖子的箱子陈列在货架上，因为顾客只有打开盖子才能拿到商品，是十分不方便的。另外，对一些挑选性强、又易脏手的商品，如鲜肉、鲜鱼等，应该有一个简单的包装和配有简单的拿取工具，方便顾客挑选。商品陈列伸手可取原则还包含着商品容易放回原处的要求。如果拿一个商品后放回去可能会打坏，顾客就不愿去拿，就是拿到手也会影响顾客挑选观看的兴趣，甚至发生商品销售由于陈列不当受损。因此要特别重视商品伸手可取又能很容易地放回原处的陈列要求。

4）分区定位原则

连锁企业经营的商品少则上千种，多则上万种或几十万种，如何让顾客很容易了解什么商品在什么部位，是商品陈列时要解决的问题。分区定位就是要求每一类、每一项商品都必须有一个相对固定的陈列位置，商品一经配置后，商品陈列的位置和陈列面就很少变动，除非因营销目的而修正。这样既使商品陈列标准化，又便于顾客选购商品。

在对商品进行分区定位时，要注意以下问题：一是向顾客公布商品分布图，设置商品标志牌。二是为便于顾客购买日常生活小商品，实施面对面销售。三是相关商品的货位布置在邻近或对面，以便于顾客相互比较，促进连带购买。四是把相互影响大的商品货位适当隔开。五是把同类商品纵向陈列，即从上而下垂直陈列，使同类商品平均享受到货架各段上的销售利益。六是将商品货位勤调整，但调整不能影响整体布局，便于顾客凭印象找到商品位置。

5) 满货架陈列原则

在陈列商品时，不管是柜台，还是货架，商品陈列应显示出丰富性。从顾客的心理学规律来看，任何一个顾客买东西都希望从丰富多彩的商品中挑选，如看到货架上只剩下为数不多的商品时都会有疑虑，唯恐只买到剩下来的"落角货"。

因此，商品陈列应尽可能地将同一类商品中不同规格、花色、款式的商品品种都展示出来，扩大顾客的选择面，同时也能给顾客留下一个商品丰富的好印象，从而提高所有连锁门店商品周转的物流效率。从商店本身的利益来看，如货架常常空缺，就白白浪费了卖场有效的陈列空间，降低了货架的销售与储存功能，又相应增加了商店仓库库存的压力，降低了商店的周转率。

商店应尽可能缩短商品库存时间，做到及时上柜，尽快上柜，以达到最好的销售效果。美国的一份连锁超市调查报告表明，商品满陈列的超市与非满陈列超市相比较，其销售量按照不同种类的商品可分别提高 14%~130%，平均可提高 24%。

要使商品陈列做到丰富、品种多而且数量足，并不是一股脑儿将所有商品毫无章法地摆在卖场上，将柜台、货架塞得满满的，而是要有秩序、有规律地摆放。商品之间可留有适当的空间，也可在摆放商品时组合成一定的图形图案（如米字线的形式），同时可以达到商品丰富的效果。一般连锁门店对货架上放满商品有两个规定：第一，长 1 米的陈列货架（每一格）一般至少要陈列 3 个品种；第二，按营业面积计算，卖场面积 1 平方米商品的品种陈列量平均要达到 11 或 12 个品种。

即使由于客观原因造成商品某些品种缺货、断档，在陈列中也要努力消除这些不利的影响。如可以将众多同类商品摆放出来或适当均匀加大陈列商品的间隔，或补上其他类型的商品。但要注意，一般门店不允许用相邻的商品来填补空缺（除非该相邻商品也是销售率高的商品），应该用销售率高的商品填补空缺，同时这个商品与相邻商品形成品种和结构之间的配合。

6) 先进先出原则

商品在货架上陈列的先进先出，是保持商品品质和提高商品周转率的重要控制手段，这一点对于运用敞开式销售方式的超市门店来说显得尤为重要。

当商品第一次在货架陈列后，随着商品不断被销售出去，就要进行商品的及时补充陈列，补充陈列的商品就要依照先进先出的要求来进行。其陈列方法是先把原有的商品取出来，然后放入补充的新商品，再在该商品前面陈列原有的商品，也就是说，商品的补充陈列是从后面开始的，而不是从前面开始的。因为顾客总是购买靠近自己的前排商品，如不按照先进先出的原则来进行商品的补充陈列，那么陈列在后排的商品会永远卖不出去。

许多商品尤其是食品都有保质期，消费者会很重视商品出厂的时间，用先进先出法来进行商品的补充陈列，可以在一定程度上保证顾客买到的商品的新鲜性，这是先进先出法保护消费者利益的一个重要方面。

此外，排在后面的商品比较容易落灰尘，所以要特别重视后排商品的清洁，一般可用掸子或抹布进行清扫。

7) 关联性原则

许多商品在使用上具有连带性，如牙膏和牙刷、裤子和皮带等。为引起消费者潜在的购买欲望，方便其购买相关商品，可采用连带陈列方式，把具有连带关系的商品相邻摆放，达到促进销售的目的。运用格子式货架布局的门店，相当强调商品之间的关联性。

我们常常看到许多关联性商品往往是按照商品类别来进行陈列的，即在一个中央双面陈列货架的两侧来陈列相关联的商品，而这种陈列法往往是错误的，因为顾客常常是沿着货架的陈列方向行走并挑选商品，很少再回头选购商品。

所以，关联性商品应陈列在通道的两侧，或陈列在同一通道、同一方向、同一侧面的不同组别的货架上，而不应陈列在同一组双面货架的两侧。

图5-4和图5-5分别表示错误和正确的关联性商品陈列法。

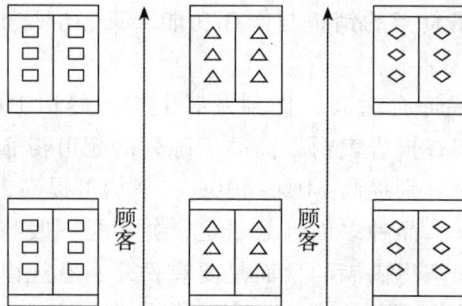

图5-4　错误的关联性商品陈列法

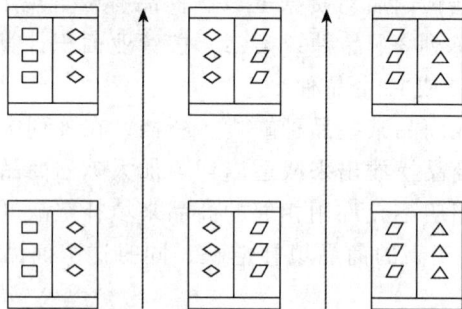

图5-5　正确的关联性商品陈列法

@ 阅读资料5-1

决定两家超市竞争的成败——商品陈列

M城市有两家小型超市：A超市和B超市。因为实力相当，在对峙了两年之后，双方谁都没有将对方彻底打败。虽然在这两年时间里，两个超市都想尽一切办法让自己的竞争力超过对方，可是始终都没有做到。

在老百姓眼里，两家超市各有各的好处，A超市的价格比B超市的便宜，所以许多图便宜的顾客纷纷选择A超市。

不过，B超市的服务要比A超市的好，不仅可以做到童叟无欺，超市老板还经常派自己的店员帮助一些老年顾客进行上门服务，无论购买多少货物，能上门则上门。虽然这在别人眼里是一件小事，但是在这些曾经接受过帮助的顾客眼中，这就是莫大的优惠了。因此可以说，B超市的口碑效果赢得了许多忠诚的顾客。

A超市的老板不甘于这种势均力敌的竞争，他想通过学习来改变这种"二虎"局面。于是，A超市的老板到一些大中城市的大中型超市里学习，学习内容大到营销理论，小到货物的摆放、销售人员的培训等。

很快一个月时间过去了，A超市的老板终于学成归来。在他踏入自己超市的时候，他立刻感受到了自己超市与成功大超市最大的差别。大超市里的货物摆放都是很讲究的，不仅分区，而且还分类，让人一目了然。最重要的一点就是大超市里的货物摆放符合购物者的心理，将一些小货物、大家容易忘记的、可买可不买的货物都放在了收银处，当一些顾客排队等候结款的时候，可以随时拿走。

而且，在他所去过的大超市里，所有的糖果都放在很低的位置，比如说货柜的第二层、80厘米高的敞篷式货柜上。他把自己当成顾客，设身处地地想一想，终于明白了这种陈列深层次的原因：方便小孩子购物。只要小孩看上的东西，家长一般都会给买。

当然，在员工培训、超市服务模式等方面，A超市的老板也学到了很多。现在，除了他终于发现商品陈列的差距之外，还总结出要想开一家赚钱的超市就是要从顾客的角度出发，为顾客着想。

在经过一番准备之后，超市再次开张了。在二次开业那天，人们看到的不再是以前那个拥挤不堪、货物杂乱的小超市，而是宽敞明亮、货物摆放整齐的大超市了。营业员甜美的微笑加上贴心的购物服务，让每一位顾客心里都乐开了花。最重要的一点是，A超市还保持着原来的价格优势，这样一来，在顾客的眼中A超市就是一个完美的超市了。

一年以后，A超市的老板如愿以偿，彻底打败了竞争对手。

资料来源：曹慧莉，淡佳庆.如何经营一家最赚钱的超市[M].北京：化学工业出版社，2011.

5.2.2　商品陈列的方法

在连锁门店中，运用一些变化性的陈列方法可以打破常规陈列架的单调感，活跃卖场气氛，尤其是对不处在主通道上的中央陈列货架更显得重要，能够吸引顾客并打动顾客购物的心理，是刺激购物欲望的利器。连锁超市经营者必须多动脑筋，合理正确地运用陈列技巧，才能创造出更高的利润。以下是几种常用的陈列表现手法。

1）大量陈列

所谓大量陈列，是指在门店内大面积陈列数量足够多的单一品种或系列商品，或者将这些商品呈规律性陈列，以吸引顾客的目光，同时营造出一种廉价感和热销感，以达到刺激购买的目的。这种陈列方法是有选择、有重点地用适量的商品陈列出较佳的量感效果，能更好地烘托超市的购物氛围，达到促销的目的。实践证明，如果引导得当，顾客最终的购买量可能比正常消费量提高3倍左右。这种陈列法的关键在于，能使顾客在视觉上感到商品很多。

国外一项消费心理调查证明：如果逐渐加大某一种商品在货架上的陈列数量，就会发现在陈列数量未达到一个临界值以前，商品销售的总量并没有明显的变化；而只有陈列数量超过了某个临界值，该商品的销售总量才可能呈现突破性的急剧增长。这一现象就是购买心理学中的所谓临界爆发理论。实践证明，有些商品在其他促销条件相同的情况下，仅靠陈列大于临界爆发点的商品，即可增加销售额几倍甚至几十倍。因此商家必须努力实践，寻找和发现特定商品陈列数量的临界点。

（1）大量陈列法的要点

大量陈列一般适用于食品杂货，以亲切、丰满、价格低廉、易挑选等特征来吸引顾客。一般应用于下列情况：低价促销、季节性促销、节庆促销、新品促销等。

①选择适宜的商品。最好选择那些顾客习惯于批量购买且认知度较高的商品，以及用途简单、消费价格适中的商品。②有些类似的商品或相关的商品群，也可以采取在一个展台混合堆放的方式，以引起顾客争相选购的轰动性效果，但在这种情况下最好采取均一售价的方式。③选择超市的差别化商品和具有经营优势的商品进行大量陈列。④独家经营的特色商品及因供货渠道优势而价格相对便宜的商品，应轮番使用大量陈列的方法进行促销。⑤在采用大量陈列的同时配合价格上的优势。如果属于顾客尚未熟悉的商品，也可以先按照略高的价格进行普通陈列，待顾客对这一价格产生初步认同感后再推出折扣，同时配合大量陈列进行促销。

（2）大量陈列法的种类

①岛型陈列法。这是最常用的一种大量陈列方法。在主通道附近设置平台或推车堆放商品，可以起到吸引顾客注意、刺激购买的作用。如果平台的四面都能被顾客看到，可以大量陈列3~4种商品以吸引来自不同方向顾客的注意。但面对顾客所面向的主要方向的正面位置，应陈列最重要的商品，同时陈列的数量也应最多。用于岛型陈列的用具不能过高，否则会影响整个卖场的视野，也会影响顾客从四个方向对岛型陈列商品的透视度。

②落地式陈列法。这种陈列方法多适用于带外包装箱的商品。顾客在取货时不会造成商品垮塌，并且取货也比较方便。也可以采用在主通道附近堆叠多层商品的方法，这样在售出部分商品后仍然能够保持足够的量感。具体操作时可将商品的非透明包装箱上部切除（可用斜切方式，一般从上部切除1/3左右），或将包装箱底部切下来，作为托盘式的商品陈列。这种陈列法不是将商品从包装箱里取出来一个一个堆积陈列，而是将装商品的包装箱底部作盘状切开后留下来，然后以盘为单位堆积上去，适用于整箱的饮料、啤酒、调味品等，可以充分显示商品的促销效果。

③货架式陈列法。在通道两侧货架的较大空间上陈列同一种商品，也能起到很好的陈列效果。尤其是使用宽度较大的货架，密密麻麻地排列足量的商品，能给人很强的视觉冲击效果。但一定要对售出商品及时进行补充，以免产生凌乱的感觉。

2）展示陈列

展示陈列是指卖场内为了强调特别推出的商品而采取的陈列方法。这种陈列一般适用于百货类和食品类，虽然陈列成本较高，但能吸引顾客的注视和兴趣，营造门店的气氛。常用的陈列场所有橱窗、店内陈列台、柜台以及端架等。

（1）展示陈列的基本要求

①明确展示主题，弄清楚要表现什么或要向顾客诉求什么。如新鲜还是营养，时尚还是廉价。②要求商品陈列的空间结构、灯光照明等有机配合。如正三角形的空间结构给人以宁静、安定的感觉，而倒三角形则给人以动态感、不安定感和紧张感。③注意表现手法，采用一些独特的展示手法吸引顾客注意。

（2）展示陈列的表现手法

①突出陈列，即将商品放在篮子、车子、箱子或突出板内，陈列在相关商品的旁边销售，主要目的是诱导和招揽顾客。突出陈列应注意以下问题：突出陈列的高度要适宜，既要能引起顾客的注意，又不能太高，以免影响货架上商品的销售效果；突出陈列不宜太多，以免影响顾客正常的动线；不宜在狭窄的通道内做突出陈列，即使比较宽敞的通道，也不要配置占地面积较大的突出陈列的商品，以免影响通道顺畅。

②悬挂陈列，即用固定并可以转动的装有挂钩的陈列架，将无立体感的扁平或细长型的商品悬挂起来，陈列缺乏立体感的商品，并且能增添其他特殊陈列方法所没有的变化。一般适用于日用小商品，如剃须刀片、电池、袜子、手套、帽子、小五金工具、头饰等。

③树丛式陈列，即用篮、筐或桶将商品随意插在里面，陈列于出入口或端头处，能使顾客产生实惠感，常用十分低廉的价格以整篮、整筐或整桶出售，一般门店特价或促销的商品采用这种方法。亦有反其道而行之的，如沃尔玛将一些世界知名品牌，如袜子、内衣采用随机陈列的方法，给顾客价廉、可以承受的感觉，销售效果较好。

④散装或混合陈列，即把商品的原有包装拆下，单一品项或几个品项组合在一起，以岛型陈列出售。其往往是以统一的价格出售，这种陈列方式也能使顾客产生实惠感。

3）端头陈列

所谓端头是指双面的中央陈列架的两端，在超级市场中，中央陈列架的两端是顾客通过流量最大、往返频率最高的地方，这是销售力极强的位置。从视角上说，顾客可以从三个方向看见陈列在这一位置的商品。因此，端头是商品陈列极佳的黄金位置，是卖场内最能引起顾客注意的重要场所。同时端架还能起到接力棒的作用，吸引和引导顾客按店铺设计安排不停地向前走。引导、提示、诉求可以说是其主要功能，所以端头一般用来陈列特价品，或要推荐给顾客的新商品，以及利润高的商品。端头陈列可以是单一品项，也可以是组合品项，以后者效果为最佳。端头陈列的质量是关系到连锁门店形象的一个主要方面，端头陈列做得好可以极大刺激顾客的购买冲动。端头陈列不仅可以引导顾客购物，缓解顾客对特价商品的怀疑和抵触感，同时起着控制卖场内顾客流动路线的作用。

（1）端头陈列商品的分类

①特卖商品。配合促销活动进行特卖、价格跌幅很大的商品。②大量陈列的商品。按照某一主题进行促销活动，或者为某种新商品的上市而大量布置的商品。③门店规划商品。由门店根据实际情况进行规划，选择与促销活动主题有关的销售商品。

（2）主题性端头的主题设计

无论是哪一类商品组合，都要有精心的主题设计，其内容包括：

①季节性陈述。②品种陈述。③用途陈述。④厂家、品牌陈述。⑤价格陈述。⑥特卖活动陈述。

（3）端头陈列的主题模式

①对大型活动的宣传和介绍。②开展销售。③拟定题目、强调商品。④在展览会上做宣传突出商品群。⑤以项目单和信息为中心，将销售条款化、形象化。⑥有力地吸引顾客（降价、特卖等）。

（4）端头陈列的具体方法

①单品大量陈列，体现出量感，给人以物美价廉之感。②纵向分段陈列，每类商品占

一纵列以体现色彩的调节作用。③横向分段陈列，在突出某一主力商品时使用。④拍卖式陈列，提供不同类别、价格一致的商品，让顾客随意挑选。⑤平台式陈列，将商品放在平台上，一般为配合某一主题而进行促销。⑥变化式陈列，经常保持商品陈列的变化。⑦侧面陈列，体积较小的商品悬挂在货架侧面，刺激随机购买。⑧关联相配陈列，突出主力推荐的商品，配以相关商品，巧妙搭配，突出平衡性和紧凑性，扩大视觉效果。⑨交叉陈列，错落有致地搭配，给人以新鲜、丰富的感觉。

（5）端头陈列的注意事项

①品项不宜太多，一般以5个为限。②品项之间要有关联性，不可将无关联的商品陈列在同一端架内。③在几个品项的组合中可选择一个品项作为牺牲品，以低廉价格出售，目的是带动其他品项的销售。④端头陈列应不断推陈出新，每个端架陈列时间以3～7天为宜，最长不要超过10天。⑤端架的周围有充分宽敞的通道。⑥尽可能向消费者明确优惠点。

各部门的端架陈列需要注意的事项有所不同。如食品加工部应注意食谱的提供，调味品的价格，明确主力品目等方面；而糕点部则要注意场面氛围，表现新鲜感和温馨的气氛；日用品部要注意表现色彩和谐、价格陈述等；杂货部要求注重场面，体现购物便利性等。

4）比较陈列

门店把相同商品按不同规格、不同数量予以分类，然后陈列在一起，这种陈列法叫做比较陈列法。

比较陈列法的主要意图是促使顾客理解门店薄利多销的特点，从而更多地购买商品。例如一袋饼干2.1元，而旁边陈列的4袋装7.8元，8袋装14.8元，这样的比较陈列可使顾客比较出买得越多就越便宜，因而刺激顾客购买包装量较多的饼干。

值得注意的是，在进行比较陈列时，陈列架上要多陈列包装量大的商品，而包装量小和单品量就相应少一些，以明确为顾客指出购买的方向。一般来说，比较陈列必须事先计划好商品的价格、包装量和商品的投放量，这样才能保证既达到促销的目的又提高连锁企业的整体盈利水平。

5）定位陈列

定位陈列法是指某些商品一经确定了位置陈列后，一般不再作变动。需定位陈列的商品一般是一些消费者经常使用且知名度高的品牌商品，顾客购买这些商品的频率高，购买量大，所以需要对这些商品给予固定的位置来陈列，以方便顾客尤其是老顾客购买。适合商品定位陈列的位置一般是变化不大的中央陈列架。

关于陈列的方法还有很多，比如狭缝陈列法、悬挂式陈列法、关联陈列法等，这里就不一一赘述。

5.3　生鲜品陈列技巧

5.3.1　水产品陈列技巧

随着经济的发展，居民收入水平不断提高，水产品由于其自身富有不饱和脂肪酸的特点，也日益受消费者青睐。这类产品已成为超级市场中最具市场潜力的产品之一。在连锁门店的处理中心或后场经过处理包装的水产品，可分为淡水鱼、海水鱼、虾贝类、水产干货四大类；按肉色来区分，可分为白色肉鱼、红色肉鱼两大类；按其表面形态可分为鲜活水产品、冰鲜水产品、冷冻水产品、水产干货四大类。不同的水产品应该采用不同的陈列方式。

1）鲜活水产品陈列技巧

活鱼、活虾、活蟹等水产品要以无色的玻璃水箱陈列。水中游弋的鱼虾能展示出商品的活泼感和新鲜感，受消费者喜爱。

2）冰鲜水产品陈列技巧

冰鲜水产品即新鲜的非活着的水产品是指出水时间较短，新鲜度比较高的水产品。这种水产品一般用白色托盘或平面木板进行陈列。陈列时在水产品的周围撒上一些碎冰，以确保其质量和新鲜度；摆放时整鱼鱼头朝里，鱼肚向下，碎冰覆盖的部分不应超过鱼身长的1/2，不求整齐划一，但要有序，给人一种鱼在微动的感觉，以突出鱼的新鲜感。

3）冷冻水产品陈列技巧

冷冻水产品食用时需要解冻，一般陈列在敞口的连续制冷的冰柜内，商品多用塑料袋包装，但必须从外透过包装能看到产品的实体。有的商品如冷冻对虾、冻鱼等用小塑料托盘塑封后进行冷冻陈列，以便于消费者少量选购。冷柜一般应是敞口的，并连续制冷，以确保冷柜内必要的温度水平。

4）水产干货陈列技巧

水产干货产品用食盐腌制过，短期不会变质，例如盐干贝类、壳类等。这类水产品多用平台陈列，以突出其新鲜感，有些则用标准货架陈列。由于地域的差异，我国北方许多消费者不习惯食用贝壳类水产品，因此超级市场应提供调味佐料，提供烹饪食谱，必要时还可以提供烹饪好的食物照片，以增加产品的销售。

5.3.2 蔬菜、果品陈列技巧

蔬菜、果品简称为蔬果，该部门是卖场中吸引顾客的最重要的部门，关系着门店经营的成功与否，其陈列方式直接影响着整个门店的购物环境和形象。通常，蔬果部门的营业额约占超市整体营业额的 8%～20%，蔬果品种一般在 50～100 种之间。随着季节的变化，顾客可从中挑选自己所喜好的品种。蔬果在营运中的粗略分类如下：蔬果可以分为蔬菜区域、水果区域。蔬菜区域又可以分为叶菜区域、果菜区域、豆制品区域和其他，其中果菜区域可以分为瓜类、豆荚类、根茎类；水果区域又可以分为热带水果类、瓜类、柑橘类、浆果类以及其他。蔬果质量关系到消费者的身体健康，所以蔬果在陈列前必须经过以下程序，即冲洗、分类、分级、修剪、包装、商品化，并区分为可常温保存的蔬果、需立即冷藏的蔬果、需特殊处理的蔬果几类，以确定储藏与陈列方式。蔬果品的陈列方式主要有排列、置放、堆积、交叠、装饰五种基本方式。

1）排列法

将商品有规则地组合在一起称为排列。排列法是指将蔬果有顺序地并排放置在一起，重点是将边面和前面排列整齐，蔬果的根茎分别对齐，使其根齐叶顺，给人留下美观的印象。

2）置放法

置放是指将商品散开放置在箱子或笼子等容器中，容器一般是敞口的。由于容器四个侧面和底部有隔板，商品不会散落或杂乱，但要注意将上面一层的商品摆放整齐。

3）堆积法

堆积是将商品由下往上顺序堆砌，底层的商品数量较多，顶层的商品数量较少。堆积法既稳妥又有立体感，以体现出商品纯正的自然色。堆积时，要注意前面和边面要保持一定的幅度。

4）交叠法

交叠是指将大小不一、形状各异的商品进行交错排列或将这些商品放入包装过的袋子里组合起来等。交叠的目的就是为了美观，使商品看起来整齐一些。

5）装饰法

装饰是指将一些商品放在另一些商品上，起陪衬的作用。装饰的情形有两种：装饰的商品身兼销售与装饰双重作用；装饰的商品仅起装饰作用，真正要销售的商品则摆放在别处。装饰的目的就是为了产生良好的视觉效果，商品显得更为新鲜，更为整齐，以达到促销的作用。例如，用荷兰芹或叶子镶嵌在商品的缝隙中，用假枝装饰水果，用小树枝装饰荔枝等。

蔬果的颜色丰富、色彩鲜艳，陈列的颜色适当组合、搭配，能充分体现出蔬果的丰富性、变化性，既能给顾客赏心悦目、不停变化的新鲜感，又能较好地促销所陈列的商品，这一点是蔬果陈列的技巧所在。如绿色的黄瓜、紫色的茄子、红色的西红柿的搭配，红色的苹果、金黄色的橙子、绿色的啤梨的搭配将产生五彩缤纷的色彩效果。

5.3.3　肉类生鲜品的陈列

据调查，一般消费者在超市购买肉类生鲜品的比例为14.5%，超市生鲜品（包括猪肉、牛肉、羊肉、便餐肉、熏肉、家禽肉及其他肉类食品等）的销量呈现与日俱增之势。

肉类产品变质的过程：第一阶段：分切后的肉暴露在空气中15～25分钟后，肉表的肌红蛋白与空气中的氧结合生成氧合肌红蛋白，此时肉的颜色鲜红诱人卖相极佳。第二阶段：肉继续暴露在空气中，肉表面水分散失变得干燥，空气中的氧气无法再进入肉内，氧合肌红蛋白变为变性肌红蛋白。肌肉中所含的二价铁离子被氧化为三价铁离子，肉的颜色变为褐色，此时肉开始腐败变质。第三阶段：随着温度湿度的变化，微生物增殖，褐色变为绿色时，此时肉已经完全腐败变质。另外，肉类食品的人工附加值和包装材料成本占了60%，因此必须提高效率，门店应对其处理作业及管理给予高度重视。温度是影响肉品质量变化的主要因素，因此要对肉品的储存温度进行管理。

1）温度管理

适当的温度有利于肉品的维护与处理，而且可以减少损耗，延长肉品的销售时间。通常在适当温度管理与控制下，能使耗损平均降低5%左右。

（1）冷藏库的温度最好控制在-1℃～-5℃之间

（2）切割处理区与肉品包装区的温度最好在15℃左右

（3）陈列柜（冷藏柜）的温度应维持在3℃左右

（4）熏肉、加工肉食品区则以1℃～2℃为宜

（5）经过-3℃冷冻的肉品，不适宜用保鲜膜包装

2）肉品陈列应注意的其他事项

（1）要保持每一商品的最低陈列量并整理排面，使之整齐

（2）经常检查陈列的商品，如有不良的商品应剔出

检查项目有：肉品是否发生变质、包装是否完整、标识是否完整明确、肉色是否有变化、肉汁（血水）是否渗出。

（3）冷藏肉品的单品应避免重叠而影响冷气对流及挤压造成的变形

（4）陈列面不要超越装载线，以免堵塞通风而影响了展示柜的冷气对流

（5）商品标识要面向顾客，使顾客容易了解商品的包装日期、单价、总量及重量

（6）不同单品要以分隔板间隔，以明确种类

（7）牛肉、羊肉、鸡肉、鸭肉等肉品要划分单独陈列区域，关联产品要陈列在一起

一般来说，体积大且重的商品要置于下层，以使顾客易选、易拿、易看。为了方便顾客选购，常将肉类生鲜品在陈列柜中大致按类分区陈列，例如排骨、肉片、肉丝碎肉、熏肉、加工肉、家禽肉等。不过，也有按家禽肉、牛肉、羊肉、猪肉、加工肉食品等类分开陈列的。以精分割肉为例，其陈列顺序大概是这样的：骨头、排骨、副产品、精肉、绞肉、加工肉等。

案例精析

7-11的成功商品陈列

1927年创立于美国的7-11，其主要业务是零售冰品、牛奶、鸡蛋。1964年，它推出了便利服务的"创举"，将营业时间延长为早上7点至晚上11点，自此，7-11传奇性的名字诞生。1972年5月，日本7-11的第一家门店在东京开业。从此，日本7-11在很短时间内迅速强大。而美国7-11却因市场操作失败而处在命运的十字路口。1992年，作为加盟者的日本7-11正式当家做主。现在，它的门店遍及29个国家及地区，共设立了超过2.3万个零售点，每日为3 000万名顾客服务，稳居全球最大连锁便利店的宝座。在竞争激烈的流通业，7-11是靠什么力量茁壮成长到今天这个规模？现在单从商品陈列来看7-11的过人之处。

一、7-11的陈列原则

7-11在进行商品陈列时，一般遵循以下几个原则：

①商品陈列一定要简单明了、有次序，让顾客能在最短的时间内找到所需的商品；

②通道的宽度应设置在80~90厘米，不让顾客感到拥挤，方便选取商品；

③商品的大类摆放在一定时间内尽量保持不变，这样可以比较方便顾客购物；

④特价商品的堆头展示应醒目，要避免堆头过大、过杂，以免影响效果，降低便利店单位面积的销售额；

⑤将不易挑选的商品和畅销商品分开陈列，根据销售高峰期合理安排，避免出现顾客堵塞通道，给其他顾客的购物带来不便的现象；

⑥注意充分利用两端端头的货架，因为顾客在这些地方的驻足时间最长，所以7-11摆设了一些高毛利的畅销商品；

⑦考虑到顾客需求，便利店货架一般要比超市低，最好不超过6层，中心货架尽量做到最高不超过165厘米。

二、7-11的商品区域布局

7-11的商品区域布局主要通过促进商品陈列革新来实现销售的增长。7-11认为，大

型商场超市存在消费者寻找和选择商品困难的弊端；故而其强调，便利店的商品陈列必须减少顾客盲目寻找的时间，要让消费者一进入店铺就能一目了然，清楚地看到大部分商品。所以，7-11对商品的陈列区域作出了具体的规定。

1. 杂货类商品

此类商品品种多而周转率不高。7-11通常会从引进小规格的商品开始，配以妥善运用陈列架、开设特别陈列区、实施专柜化经营等方法来规范。

2. 杂志和读物

杂志和读物一般放在便利店的入口处，因为这里方便顾客翻阅。顾客就算是只看不买也无所谓，因为不仅吸引回头客，还能给消费者带来"顾客喜欢的店"和"好进的店"等印象。

3. 日用品和文具

这类商品通常放在7-11便利店迎门的两排货架上，因为它们被日光照射也不会发生变质。有的便利店还会放一台投币式复印机。

4. 食品、点心、便当和包装蔬菜

这类商品摆放在卖场深处且靠墙的两侧。

5. 畅销品以及贵重物品

这类商品通常摆放在收银台的后面，一是收银员方便拿取；二是便于保管贵重物品，防止被偷盗。

6. 即兴购买的商品

这类商品比如热饮料和日本人喜欢的卤煮菜、热包子等，通常放在收款台跟前。因为这些食品放在手边能引起食欲，店员也方便拿取。

7. 酒类以及冷饮

它们一般是放在最里面的冷饮柜里。因为冰镇啤酒和冷饮都是畅销品，顾客会专门来买，所以放在里面。

三、7-11的货架利用

1. 货架摆放位置的规定

为了避免取货时发生取错的现象，商品陈列也要注意商品在货架上的摆放位置，因此，7-11对货架上商品的摆放也作出了详细规定。

①糖果类商品一般不放在货架底部的两端。②食品类中重量比较轻的商品一般摆放在货架的上部。③其他商品则分开依据性质和重要程度分别放在货架底部的中间部位或货架的中端部位。④相类似的商品必须分开陈列，而不能摆放在一起。为了从根本上消除这种现象，有些便利店还在各类商品的中央竖着摆放一件样品，或者在两类商品间放一片生菜或绿叶等特殊标记用以区别，方便店员在取货时做到一目了然。

2. 货架的优化管理

由于场地租金的不断增加以及7-11便利店传统的经营风格，店铺内货架和仓储空间十分有限，另外，据研究表明，有76%的产品是经"冲动式"购物方式售出的，而80%的商品是通过货架售出的。因此，货架对7-11便利店尤为重要，店铺必须对货架作出合理的安排。7-11货架优化管理的基本原则是商品的货架面积比例的分配与市场占有率相符。因此，实施货架优化管理使7-11降低了缺货率，减少了补货次数，从而降低了人力成本，创造了最大的投资回报率和货架效率。最佳的货架留给销售量最高的商品，还会给 7-11 带来其他管理上的好处。

①使管理者易于分析，易于陈列符合市场需求趋势的商品；②使消费者轻松有效率地购物；③可以改善订货、补货、存货系统。

四、7-11 的特色陈列

7-11 在具体做法上是每周总部都要给分店提供一本至少 50 页的陈列建议彩图，指导各个便利店关于新商品的摆放、粘贴画的设计、设置等，帮助它们提高商品陈列水平。7-11 还按月对商品陈列进行指导。比如，圣诞节来临之际，圣诞商品如何陈列、店铺如何装修等都是在总部指导下进行的。再如，足球世界杯期间，7-11 会将可乐、零食等陈列在显眼、易于顾客挑选、拿取的地方。除此之外，7-11 总部还在每年春、秋两季各举办一次仅仅面向 7-11 职员和各加盟店店员的、外人免进的商品展示会。总部在会上向各加盟店展示标准化的商品陈列方式，指出 7-11 半年内的商品陈列和发展战略。

资料来源：佚名.7-11 的成功商品陈列[EB/OL].[2015-12-27].http://www.wjvis.com/blog/7085.html.

精析：7-11 便利店的成功在于商品陈列上的过人之处。首先，7-11 便利店在进行商品陈列时能做好标准，要求各门店按照一定的原则依照标准进行商品陈列。其次，7-11 便利店的商品陈列按区域来划分和布局，以消费者为中心，让消费者进入店铺一目了然，能尽快找到自己需要的商品。同时商品按区域划分和陈列也方便了理货员对商品的管理，降低了门店的损耗。再次，7-11 便利店实施货架优化管理，降低了店铺缺货的几率，减少了补货次数，降低了人工成本，提高了员工的工作效率。最后，为了保证售卖出去的商品能满足消费者的季节性等需求，在每年春、秋都举办商品展示会，从基层门店了解消费者的需求，从而提出下半年的商品陈列和发展战略。

> **职业指南**

超市中商品陈列的表现技巧

一、商品陈列的主要考虑因素

1.明亮度。店内的基本照明须保持一定的明亮度，使顾客在选购参观时，能看得清楚，而商品本身也可借此突显其独特之处。

2.陈列高度。商品陈列架的高度一般以 90~180 厘米最为普遍，而顾客胸部至眼睛的高度是最佳陈列高度，有人称此为黄金空间。

3.商品种类的概念。按照商品本身的形状、色彩及价格等的不同，适合消费者选购参观的陈列方式也各有不同。一般而言，可分为：

(1) 体积小者在前，体积大者在后。

(2) 价格便宜者在前，价格昂贵者在后。

(3) 色彩较暗者在前，色彩明亮者在后。

(4) 季节商品、流行品在前，一般商品在后。

二、商品陈列要领

1.隔物板的有效运用。用以固定商品的位置，防止商品缺货而没有被发现，维持货架的整齐度。

2.面朝外的立体陈列，可使顾客容易看到商品。

3.标价牌的张贴位置应该一致，并且要防止其脱落。若有特价活动，应以POP或特殊标价牌标示。

4.商品陈列由小到大，由左而右，由浅而深，由上而下。

5.货架的分段：

（1）上层：陈列一些具代表性、有"感觉"的商品，例如分类中的知名商品。

（2）黄金层：陈列一些有特色、高利润的商品。

（3）中层：陈列一些稳定性商品。

（4）下层：陈列一些较重的商品，以及周转率高、体积大的商品。

（5）集中焦点的陈列：利用照明、色彩和装饰，来制造气氛，集中顾客的视线。

（6）季节性商品的陈列。

三、商品陈列的规格化

1.商品标签向正面，可使顾客一目了然，方便拿取，这也是一种最基本的陈列方式。

2.安全及安定性的陈列，可使开架式的卖场无商品自动崩落的危险，尤其是最上层商品。

3.最上层的陈列高度必须统一。

4.商品的纵向陈列，也就是所谓的垂直陈列，眼睛上下移动比左右移动更加自在及方便，也可避免顾客漏看陈列的商品。

5.隔板的利用，可使商品容易整理，且便于顾客选购。尤其是小件商品，更应用隔板来陈列。

6.根据商品的高度，灵活地调整货架，可使陈列更富变化，并有平衡感。

7.保持卖场清洁，并注意卫生，尤其是食品，更要注意这一点。

8.割箱陈列的要点。切勿有切口不平齐的情形，否则会给人不好的印象。

四、为使陈列有变化的特别陈列

1.利用壁面。

2.利用柱子。

3.利用柜台。

4.大量陈列。

5.悬挂式陈列。

6.美化及布置性陈列。

7.POP展示。

五、垂直式陈列

各式商品以垂直方式排列，顾客只要站定一点便可以由上往下看，对商品的比较和选择也容易些。但要注意的是，若幅度太狭窄，容易产生眼花缭乱的情形，这是不可忽视的一点。所以垂直式陈列的最小范围至少应有90厘米，这样才能发挥效果。

六、商品展示的方法及重点

1.陈列展示的基本方法：

（1）放置性陈列。

并排：陈列架、展示桌。堆积：销售台、陈列台。投掷：花车、手推车。

（2）粘贴式陈列。

张贴：墙壁、画框网子。捆绑：细绳、棍子。

（3）悬挂式陈列。

挂上、垂吊、悬挂。

2.陈列展示的注意事项：

（1）在门市的入口处，应稍加标示（如制作简易的平面图），以使顾客对店内商品配置略有概念。

（2）在最靠近入口处所配置陈列的，必须是周转率极高的商品，对自助消费者而言，能尽快开始购买商品是很重要的。

（3）在距离入口处次远的地方所配置陈列的，应该是能够吸引顾客视线，而且单位数量不是很大的商品。

（4）日常性消费品必须陈列在邻近的区域。

（5）相关的商品必须配置陈列在邻近的区域。

（6）畅销的商品必须平均配置在所有的走道上。

（7）设计行走线路时必须使每一个走道都能有一些吸引顾客的商品。

（8）必须使顾客能够轻易辨别方向。

（9）属冲动性购买的商品，必须配置在主要走道上，或是靠近主要走道的地方。

（10）走道的宽度必须能够容许两部手推车交会而过，也就是说，最少要有1.8米。

（11）主要走道至少要有2.5米的宽度。

资料来源：超市168网.超市中商品陈列的表现技巧[EB/OL].（2011-02-22）[2015-12-07].http：//www.chaoshi168.com/source/shownew/2709.html.

本章小结

商品的陈列设计是连锁门店一项十分重要的工作。商品陈列的水平对消费者的购买量有直接影响，好的陈列设计可以刺激消费者消费。为了更好地进行商品陈列设计，本章主要介绍了连锁门店内的商品配置和陈列，主要包括商品配置表的制作，商品陈列的原则，一般商品陈列的方法和生鲜商品陈列的方法等内容。

主要概念

商品配置表 大量陈列 端头陈列 展示陈列 比较陈列

基础训练

一、选择题

1.大量陈列法包括（ ）。

A.岛型陈列 B.落地式陈列 C.货架式陈列 D.展示陈列

2.端头陈列的商品可分为（ ）。

A.特卖商品 B.大量陈列商品 C.选购品 D.店铺规划商品

二、判断题

1.对于极其昂贵的商品在陈列时应遵循伸手可取的原则。 （ ）

2.商品放满陈列的要求是货架每一格的品种越多越好。 （ ）

3．采用落地式陈列法的多是带外包装箱的商品。 （　　）

三、简答题

1．展示陈列常用到哪些手法？

2．端头陈列应注意哪些方面？

3．卖场的生鲜食品应如何陈列？

四、案例分析题

某连锁门店大家电产品销售一直不佳，需要整改的地方主要有以下几个方面：

1．因大家电业绩下降，供应商不愿意对大家电部门配备促销员，而小家电业绩相对比较稳定，门店建议将小家电与大家电位置对调，以吸引顾客，提升大家电的销售量。

2．家电卖场内缩区陈列位置比较靠后，陈列家电的任何一个分类都没有太大意义，又给家电带来了库存压力，门店建议将此区域整改为小家电仓库（门店仓库在三楼，卖场在二楼，取货不太方便）。

你认为门店的分析和采取的相应措施合适吗？如果不合适，你认为应该如何做？

实践训练

【实训项目】

项目：进行端头陈列。

【实训场景设计】

端头陈列质量的优劣，是关系到成功连锁门店形象的一个主要方面，中央陈列架的两端是顾客通过流量最大、往返频率最高的地方。联系一家门店，分析其端头陈列的利弊，提出自己的意见，并设计合理的端头陈列。

【实训任务】

结合端头陈列的要点完成此任务，并掌握相关知识。

【实训提示】

1．中央陈列架的两头，即卖场第三磁石点位置。

2．端头一般用来陈列特价品，或者零售店推荐给顾客的新商品，以及利润高的商品。

3．端头陈列法可以是单一商品的大量陈列，也可以是几种商品的组合陈列。

【实训效果评价标准表】

"端头陈列"实训项目评价表见表5-2。

表5-2　　　　　　　　　　　　　"端头陈列"实训项目评价表

项　目	表现描述	得　分
参与的积极性		
知识掌握情况		
提出意见情况		
所设计端头陈列情况		
合　计		

得分说明：根据学生在实训过程中的表现，分为"优秀""良好""合格""不合格""较差"，相对应得分分值为"25""20""15""10""5"，将每项得分记入得分栏，全部单项分值合计得出本实训项目总得分。得分90~100分为优秀；75~89分为良好；60~74分为合格；低于60分为不合格；低于45分（含45分）为较差。

第6章

学习目标

通过本章的学习，了解和熟悉理货员的基本素质和岗位职责，掌握理货员的作业规范和作业要领，同时也要掌握理货员应具备的商品和设备保养知识。

引例　　　　　　　　　**从理货员一天的工作流程看员工管理**

在零售店铺中有这样一类人，他们掌握了所属商品部门中商品的品名、属性、规格、价格水平以及保质期，哪里缺货哪里就能看到他们的身影，这就是理货员。在卖场中，他们与收银员一样都是最基层的工作人员，但在一定意义上，他们代表着超市的形象，是影响超市商品销售额的重要因素。

2007年2月3日早上7点，北京超市发双榆树店理货员小韩推上自行车从家里出来，到路边的小摊买了个煎饼果子，也来不及吃，一路猛蹬，径直奔往超市。7点30分小韩就到单位了，这离上班时间整整早了20分钟。由于超市离家远，小韩害怕迟到，而迟到三次一个月的奖金就没了，因此他已经养成了早起早到的习惯。20分钟后，超市开门了，小韩打卡签到，更换工作服，佩戴上工作牌后就开始打扫卫生，准备迎接顾客。超市8点正式对外营业。小韩按检查记录进行大量补货；保持排面整齐，依次向前递补，把新补充的商品放在后面；做到商品正面面向顾客。在缺货时，他按照有关补货作业流程及规章及时进行补货。检查货签是否对位，有变价的商品与价格是否相符，所贴条码是否正确，摆放位置是否正确，货架上商品有无缺货状况，有无破损品或过期变质品，小韩对这些都进行详细检查并记录下来。作为一名老员工，小韩对这一流程已驾轻就熟了。

超市理货员的工作看似简单，而掌握商品陈列方法和技巧，正确对商品进行陈列摆放，其中的学问可不小。商品陈列必须根据季节性商品、促销商品、畅销商品、毛利率高低等特性，采取合理有效的陈列方法和根据多种商品陈列的原则进行陈列；遵照零售店铺仓库管理和商品发货的有关程序，有秩序地进行领货工作。作为理货员还要对新商品的扩销问题有敏感的认识。对于折扣折让销售量大的商品、团购量大的商品、需大批量采购的商品要搞好市场调查，掌握消费者需求，并及时上报主管，由主管制订购销计划。

11点40分，两位先去吃饭的同事回来了，超市用餐时间是在11点到13点之间，由于超市要保证不空岗，5位上班的同事分开轮流用餐，每个人有45分钟的吃饭时间。由于集团里有食堂，小韩一般都去那里吃，四菜一汤，自助，想吃多少吃多少，这对干体力活、饭量大的小韩来说可谓莫大的补助。该补齐的货也完成了，小韩开始围着自己的辖区到处转转，看到碎纸屑及空箱子等便都收起来，通道地面也时刻保持清洁。同时他还担当了保安的角色。当发现有可疑人员，便及时报告安保人员并做好跟踪工作，发现偷窃人员时交给保安处理。另外就是收拾遗弃商品,顾客选好了某样商品,中途又改变主意的情况很多,有的顾客甚至将楼上楼下的商品对调,能把商品放回原处的固然很好,没有放回原处的,理货员只好去归位。对于这些被顾客遗弃的商品,理货员要随见随收、不分辖区,像这样的工作小韩每天都要重复数百次。

临近下班时间,小韩到收银处收起当天顾客未结算的商品并办好有效手续,把未完成的事情和一天遇到的问题向上级领导汇报。14点30分,小韩结束了一天的工作,晚班人员开始上班。

资料来源:李志波,党养性.连锁企业门店营运与管理[M].北京:清华大学出版社,2011.

6.1　理货员的基本素质和岗位职责

门店卖场中的理货员看似其工作较简单、普通,但他们常常与顾客接触,他们的一举一动、一言一行无不体现着门店的整体服务质量和服务水平,他们的素质直接影响到连锁门店的生意和声誉,所以只有不断地提高理货员的素质和业务能力,才能使门店在激烈的市场竞争中立于不败之地。

6.1.1　理货员的基本素质

1) 理货员的职业定义和职业特征

(1) 理货员的职业定义

理货员是指在敞开式销售的连锁门店内,通过理货活动,依靠商品展示与陈列、POP广告、商品标价、排面整理、商品补充与调整、环境卫生、购物工具准备等作业活动,与顾客间接或直接地发生联系的工作人员。

(2) 理货员的职业特征

①理货员没有特定的服务空间。理货员在指定的区域内与顾客共享一个空间,顾客可以充分自主地接触商品空间,这是敞开式销售的连锁门店的一个基本特征。

②理货员的工作重心是商品以及与商品销售服务相关的环境。

2) 理货员的职业意识

(1) 顾客意识

顾客意识的核心是要求理货员时时思考如何让顾客愉快地购物,以此作为工作指南。例如,沃尔玛提出理货员在与顾客进行沟通时要做到以下两条:第一,顾客永远是对的;第二,假如顾客错了,请回到第一条。

(2) 目标意识

没有目标就没有动力,有了明确的目标,即使工作艰苦也会有良好的心情,这是做好工作的精神保证。理货员既要有目的、有目标地从事工作,还要具有不断向更高的工作目标努力的意志。

(3) 形象意识

连锁企业是一个大家庭,每一位理货员的个人形象都会直接影响连锁企业的整体形象。例如,沃尔玛对员工提出以下要求:当你踏进沃尔玛时,你就是一个沃尔玛人,你的形象代表沃尔玛。

（4）品质意识

商品品质需要工作品质来保证，理货员应树立良好的工作态度，缜密的思考习惯，避免工作出现差错，以确保商品和服务的品质。理货员在理货过程中不仅要让商品顺利售卖出去，还要保证售卖给消费者的商品是有质量保证的，售卖的商品不会对顾客造成人身伤害，如酒水区理货员在理货过程中，除了要掌握售卖的啤酒是有保质期的知识，还要掌握售卖的啤酒瓶也是有保质期的知识，过期的啤酒瓶可能会发生自爆。啤酒厂商在回收啤酒瓶时都有规定，要对啤酒瓶进行安全检测，如大理啤酒公司执行《啤酒瓶回收过程管理规定》，让啤酒瓶回收有章可循，确保啤酒瓶安全投入使用。

（5）成本意识

为顾客节省成本是成本意识的核心。只有降低成本才能向顾客提供质优价廉的商品和优质的服务。理货员在工作中要认识到"节约成本，人人可为；节约成本，人人有责"。例如，沃尔玛员工在工作中使用的材料是正反面打印的，但是用于顾客服务的设施却是最先进的。

（6）合作意识

理货岗位与总台、收银、防损和仓管都有密切联系，只有主动与他人合作才能更好地完成工作。连锁企业的运营虽然类似于工业化大生产的流水线，但又与之不同，它更像有血有肉的生物体，需要各个器官的有机配合才能维持集体的活力。在这个大家庭中的每一个员工都应该时时保持良好的合作意识，时刻准备与他人合作来完成工作。

（7）问题意识

要不回避问题，要善于发现问题和有效地贯彻解决问题的办法。要能及时发现商品质量、商品标价、商品陈列等方面的问题，提出解决问题的方法并及时处理问题，避免和降低损失。

（8）规范意识

要按照理货岗位职责、工作流程和作业规范来进行工作。

3）理货员的职业道德修养

（1）形象修养

形象修养包括语言、仪表、举止三个方面。语言上：语言文明，谈吐得体，语速快慢适中，礼貌待客，合理称呼、问候，以诚相待，站在顾客的角度与顾客谈话。仪表上：着装按门店要求穿统一配置的工作服，衣着应整洁，个人外表修饰应大方得体，以清洁、整齐为主，应以发自内心的微笑与顾客交流。举止上：举止大方、得体，注意细节，对顾客彬彬有礼，避免与顾客发生争吵，动作迅速、准确、利落、专业，遵守卖场纪律，维护产品及卖场声誉，及时记录并反馈顾客的需求及意见。

（2）意志修养

认同顾客的意见：要求理货员有清晰的角色意识，知道应该做什么，不该做什么；应该说什么，不该说什么。具有一定的自制力：要求理货员冷静、沉着，不受顾客的情绪所影响。做到顾客发火，我耐心；顾客粗暴，我礼貌；顾客埋怨，我周到；顾客有气，我热情。要有一颗宽容的心：要求理货员宽以待人，得饶人处且饶人，把一切"面子"都留给顾客。有宽容心才能有效地自制。

（3）品质修养

在工作过程中，见物不贪、与人为善、做事求上。不义之财不可取。克己自律应从第一次开始，有了第一次，就会有第二、第三次。"做一天和尚撞一天钟"的工作态度和工作作风已不适合现代社会。只有在工作中学习，学习中工作，才能把工作做得更好。总之，只有不断求上，才能有益于顾客，有益于公司，有益于社会，有益与自我，有益于家庭。

@ 阅读资料6-1

理货员与各部门的关系

理货员与总台的关系：顾客所购商品发生退换的情况时，理货员应积极主动配合，并办理好退货或换货的有效手续；总台发放赠品或促销商品时，如出现短缺或其他问题，理货员也应积极配合。

理货员与收银员的关系：当收银员在给顾客结算时发现商品标价错误，理货员应积极协助查找原因，如自己发现标价错误应及时纠正并主动承担相关责任。在每天下班时，应到收银处收起当天顾客未结算的商品并办好有效手续。

理货员与防损员的关系：应积极主动地配合保安和防损员做好本部门商品的防损工作，若发现可疑人员应及时报告并做好跟踪工作。发现偷窃人员应交保安处理，和保安做好销售以外的商品出入手续。

理货员与部门主管的关系：下级服从上级，全面完成上级主管交给的各项工作任务指标，上级主管发出的指令如果有损公司的利益、形象或违反法律法规的，在服从命令的同时，有权越级向上汇报。

资料来源：李志波，党养性.连锁企业门店营运与管理[M].北京：清华大学出版社，2011.

6.1.2　理货员的岗位职责

理货员的岗位职责如下：

①及时提出订货建议，保证商品种类、数量丰满，避免商品的脱销、滞销、积压。

②认真执行商品配置表定位陈列规范，做好商品的货架陈列、落地陈列及冷柜陈列。

③正确掌握商品标价知识，标好价格。

④收货时应该认真清点，防止短缺、遗漏，查看商品有效期，防止过期商品上架销售，并及时对收货商品进行标价。

⑤搞好货架与通道责任区的卫生以保证清洁。

⑥服从门店管理人员关于轮班、工作调动及其他工作的安排。

⑦协助做好商场安全保卫工作，随时注意设备运行状态，若有异常，立即通知当班经理。

@ 阅读资料6-2

康佳电器理货员岗位工作职责

一、工作内容

1.上班时应先做好商品整理陈列，目的是使排面看上去丰满、美观，色彩赏心悦目。

2.检查商品是否存在破损、破箱以及过期等异常现象，破箱商品应及时回收，仍可以销售的做补救工作，不可再销售的马上退换货。

3.及时做好重点商品及促销商品的补货工作，要求补货迅速，尽量缩小占地面积，以免影响顾客购物动线。

4.保持仓库整齐，严格做到仓库内没有空纸箱、空栈板、拖板车，所有商品均封箱，贴好库存单，仓库内只堆放成箱货物。

5.经常巡视卖场，整理货物，必须做到卖场内随时有巡视。

6.每天关心变价商品，做好POP。

7.每天了解商品的销售情况，特别是促销商品，发现异常情况立即向主管汇报。

8.所有商品不允许发生有库存而空货架的现象。

9.对待顾客态度热情、服务周到，做到有问必答。

二、维持卖场清洁

1.每天开店前必须做好商品清洁工作。

2.保持地面清洁，任何人有义务将散落在地面的废弃物拾走丢掉。

3.必须做到"杂物在，人在，人走将杂物带走"（杂物包括栈纸箱、垃圾及没有补货完毕的商品）。

三、标价卡，POP管理

1.随时检查标价卡及POP放置工作，价格指示是否正确。

2.检查价格卡指示箭头、指示方向是否正确。

3.检查价格卡、POP有无破损，若破损应立即更换。

四、商品库存管理及退换货管理

1.未经主管同意，不得随意变更商品。

2.商品缺货应立即补货，商品无库存时立即向课长汇报。

3.库存商品应存放于陈列区上方，于外箱左上方贴上库存单，写清货号、品名、数量。

4.退货商品应整齐存放，便于处理。

五、商品盘点

1.盘点工作态度应认真仔细，并在盘点表单上签字以示负责。

2.发现盘点差异时应立即向主管汇报并进行复盘。

资料来源：佚名.康佳电器理货员岗位职责 [EB/OL].[2015-12-27].http://www.doc88.com/p-579478160368.html.

6.2 理货员的作业规范和作业要领

6.2.1 理货员的作业流程和作业规范

1）理货员的作业流程

理货员一天的作业流程可分为营业前、营业中、营业后三个阶段。每一个阶段的工作内容见表6-1。

表6-1　　　　　　　　　　　　　　　理货员的作业流程

作业时间	作业内容
营业前	打扫责任区域内的卫生；检查劳动工具；查阅交接班记录
营业中	巡视责任区域内的货架，了解销售动态；根据销售动态及时做好领货、标价、补货上架、货架整理、保洁等工作；方便顾客购货，回答顾客询问，接受友善的批评和建议等；协助其他部门做好销售服务工作，如协助收银、排除设备故障；注意卖场内顾客的行为，用温和的方式提防或中止顾客的不良行为，以确保卖场内的良好氛围和商品的安全
营业后	打扫责任区内的卫生；整理劳动工具；整理商品单据，填写交接班记录

2）理货员的作业规范

（1）待客作业规范

待客作业包括等待顾客，主动接近顾客，倾听顾客意见、建议和抱怨，与顾客沟通，送客等多项活动。

（2）礼仪服务规范

理货员上岗必须按照门店统一规定，身着整洁的制服，并佩戴工号牌；在营业中，对于顾客的任何询问，应以礼貌的态度耐心听清之后，给予具体的回答，并能主动使用礼貌用语。

（3）日常作业规范

①上班时间务必穿着工作服，佩戴工号牌，保持服装仪容整洁。②上班提前5分钟到达工作岗位。③服从部门主管的命令和指示，接受指导和监督。④上班时间不与他人争吵，不能打架。⑤严格遵守休息时间。⑥爱护门店内一切商品、设备、器具。⑦价目卡要如实填写，以免误导顾客。⑧接触商品要轻拿轻放，按规定要求进行补货上架和商品陈列。⑨随时维护卖场、作业场的环境整洁。

（4）商品整理和货架清洁规范

①让顾客在挑选时有个干净的环境，理货员在巡视时干净抹布不能离手。②做好商品的前进陈列，即当第一排商品售出出现空格时，必须将后排商品移到第一排空格处，体现出商品陈列的丰富感。

@阅读资料6-3

自有品牌的商品知识知多少

自有品牌开发是零售连锁企业的一种产品品牌战略。自有品牌也称为PB（Private Brand），是零售商通过搜集、整理、分析消费者对某类商品的需求特性的信息开发出的新产品，在功能、价格、造型等方面的设计符合消费者需求，自设生产基地或选择合适的制造商进行加工生产，最终使用自己的商标对该新产品注册并在本企业销售的商品品牌。自有品牌的特点是零售商自产自销商品，省去许多中间环节，使用自有品牌的商品可以少支付广告费，进行大批量生产、销售，可以取得规模效益，降低商品的销售成本。与PB相对应的是制造商品牌或称NB（National Brand）。

大润发（英文为RT-MART）是一家中国台湾的大型连锁量贩店，由润泰集团总裁尹衍梁创设。润泰集团在投身零售业之前主要专注于工业领域，对于零售行业缺乏经验，同时，作为法国第二大零售商的欧尚也希望打开大陆市场。为满足各自需要，在大润发中国和欧尚中国，双方实施了交叉持股。在大润发中国公司，润泰集团持股2/3，欧尚集团持股1/3；而在欧尚中国公司，欧尚集团持股2/3，润泰集团则持股1/3。

要看一家连锁企业好不好，就要看这家连锁企业的自有品牌有多少。在大润发超市中，"贝兹卡洛"和"巧乐奇"这两个服装品牌均由大润发超市的专业团队设计、制作。"大拇指"则是欧尚自创的品牌。

自有品牌具有信誉优势、渠道优势、卖场优势、价格优势、特色优势、竞争优势。自有品牌商品的生产厂家经过严格的审核和产品检测，确保每件商品都拥有领先同类品牌的优良品质；同时，自有品牌商品均由生产厂家直接生产，节省了中间环节，使售价比同类商品更具竞争力。

资料来源：作者根据相关资料自行整理.

6.2.2 理货员的作业要领

1）领货作业要领

①领货是指根据卖场内的商品销售情况，由理货员去后仓领货以补充货架；②理货员必须凭领货单领货；③领货单上理货员要写明商品的大类、品种、货名、数量及单价；④理货员对仓库管理员所发的商品，必须按领货单上的事项逐一核对验收，以防止商品串号和提错货物。

理货员在理货过程中经常会遇到孤儿商品。孤儿商品是指被顾客遗弃在该商品非正常陈列位置的单个或者多个商品。孤儿商品产生的原因主要有：结账的时候顾客认为该商品价格错误，放弃购买；结账时间等待太久造成顾客整篮或者整车都放弃不买；结账的时候发现商品无国际条码或者无店内码造成无法销售；商品条码无法扫描或者无法输入而造成无法销售；结账的时候，顾客临时改变购买计划而将商品遗弃在商品的非固定陈列区；导致商品被遗弃在非正常陈列位置的其他因素。理货员在遇到孤儿商品时可以采取以下办法处理：首先，收银台人员及时将收银区域的孤儿商品送回该商品的所属柜组，理货员尽快回收孤儿商品；收回的孤儿商品能够继续销售的，可以直接摆回该商品的正常陈列位置；破包、残次或者存在其他质量问题的孤儿商品绝对不可以直接摆回该商品的正常陈列位置，应依照超市的有关规定处理；无法扫描或者无法输入条码的商品必须重新贴标签或者贴码；需要保温或者冷藏的商品，因为长时间失温而导致无法销售的，绝对不可以再摆回原来的陈列位置，避免造成顾客投诉。

2）标价作业要领

标价是指商品代码（部门别和单品别）和价格以标签方式粘贴于商品包装上或放置在货架上的工作。每一个上架陈列的商品都要标上价格标签，有利于顾客识别商品售价，也有利于门店进行商品分类、收银、盘点及订货作业。

（1）价格标签的类型及内容

随着无线射频技术的发展和应用，商品的价格标签可以分为两大类：纸质价格标签和电子价格标签。

纸质价格标签主要有：①货架价格标签。该标签用于陈列商品的货架上，一般是可以活动的，前有指示方向，基本用于表示在正常销售的货架上的商品的价格。由于存在不同类型的商品价格，价格标签多采用几种不同的颜色以分别表示不同的价格。标签上的主要内容包括商品名称、产地、等级、规格、含税价格、计价单位、售价、大组号/小组号、条形码、货号、供应商编号等。②价格牌。其主要内容包括商品名称、商品的型号和规格、商品的原价、商品的现售价、商品的价格日期等。价格牌放在端架上的价格标牌的位置，吊挂或置于不锈钢的支架上，优先选择商品的上方，如有需要也可放在商品的旁边或正中间等。③POP广告。广告字体标准，信息也比较丰富，除必要的商品品名描述、规格和价格外，还包括其他内容，形式活泼幽默，极富吸引力。④价格吊牌。服装、鞋类等商品由于很难采用同一商品的标价方式，必须采用单品标价的方式，因此每一个商品上都必须有含有价格信息的价格吊牌。吊牌的价格可以印刷或使用打价枪打印，但所有的价格都要与系统的扫描价格一致。

图6-1为商品的纸质价签和电子价签。

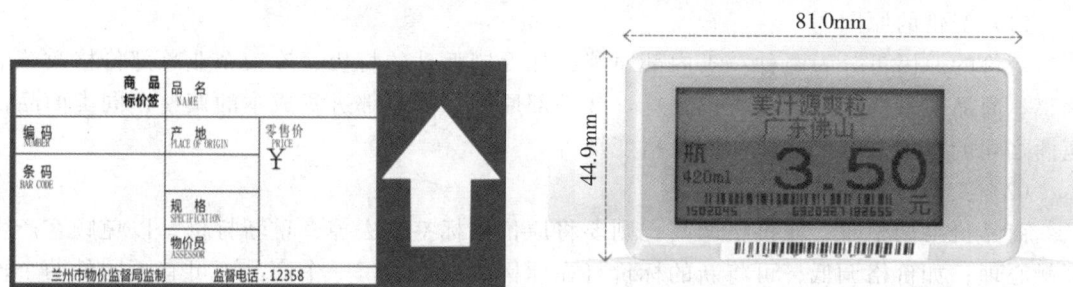

图6-1　商品的纸质价签和电子价签

针对每年近300亿美元的失窃损失，零售商们急需一种全新的防窃技术来挽回，无线电射频标签化——一种在商品生产过程中已经将防窃标签做在商品或商品包装内的技术解决了这个问题。有了商品标签化，商家更能以开架的形式将商品呈现在顾客面前，因此，商品的销售额增长了25%，丢失率下降了50%。销售量的提高使得制造商的销售额也增长了70%~100%。

电子价签的大小与纸质价签相仿，由一块无线液晶显示屏充当。系统商品价格变动后，会发射信号到电子价签使其显示的价格同步更改。国内已有一些零售企业开始尝试使用电子价签。目前，包括物美在北京的部分门店、屈臣氏在广州的部分卖场、苏宁概念店等均已率先使用电子价签，其中，国内首家"未来超市"——乐城超市的电子价签使用率高达60%。

沃尔玛要求它最大的130位供应商全面使用电子标签。使用电子标签意味着消费者购物不必在收银员面前等待货物一一扫描条形码了，每一件货物放进购物车的时候或购物车推出门的刹那，所有货物已被计价。据称通过电子标签技术，沃尔玛预计每年可以节省83.5亿美元。一方面是凭借出色的管理技术，另一方面也是因为有了条形码，沃尔玛总部能通过全球网络在2小时内对全球5 000多家分店的每一种商品的库存量、上架量和销售量全部盘点一遍，而如果有了电子标签，这个时间有可能缩短到仅十几分钟。

（2）标价作业应注意事项

理货员进行标价作业时应注意：①打价前要核对商品的代号和售价，核对领货单据和已陈列在货架上商品的价格，调整好打价机上的数码，先打贴一件商品，再次核对无误后可打贴其余商品，同样的商品上不可有两种价格。②标价作业最好不要在卖场上进行，以免影响顾客购物。③价格标签纸要妥善保管，以防止少数顾客偷换标签，以低价格标签贴在高价格商品上。

标签打贴的位置：一般商品的标签最好打贴在商品正面的右上角，如右上角有商品说明文字，则贴在右下角；灌装商品标签打贴在灌盖上方；瓶装商品标签打贴在瓶肚与瓶颈的连接处；礼品标签则尽量使用特殊标价卡，最好不要直接打贴在包装盒上。

3）变价作业要领

变价是指门店需要对店内的商品售价进行调整所提出的申请。规范门店执行变价的作业流程，使每位员工有所依循，确保商品以正确的价格销售。

（1）变价的原因

变价的原因可分为两种：①内部原因，如促销活动的特价、连锁企业总部价格政策的调整、商品质量有问题的折价销售等。②外部原因，如总部进货成本的调整、同类商品供应商之间的竞争、季节性商品的价格变动等。

（2）变价时的标价作业

商品价格调整时，如价格调高，则要将原价格标签纸去掉，重新打价，以免顾客产生抵触心理；如价格调低，可将新的标价打在原标价之上。每一个商品不可有不同的两个价格标签，这样会招来不必要的麻烦和争议，也往往会导致收银作业的错误。

一般来说，门店商品变价包含四个步骤，具体见表6-2。

表6-2　　　　　　　　　　　门店商品变价的步骤

步　骤		时　间
1	门店发现价格错误	开店前半小时完成
2	填写"商品改价申请单"	需要改价时
3	通过商品在线系统变价	
4	打印新的价格卡并放至货架上	

DM竞争者跟价也会迫使门店变价。DM竞争店跟价清单见表6-3。

表6-3　　　　　　　　　　　DM竞争店的跟价清单

门店海报			竞争者			
商品名	入包装数量	价格	商品名	入包装数量	价格	价格照片

当门店的商品处于高库存状态时，也需要变价以降低库存。此时需要填写门店高库存商品变价申请单。门店高库存商品变价申请单的格式见表6-4。

表6-4　　　　　　　　　　　　　门店高库存商品变价申请单

门店号							采　购		
大分类号	货　号	品　名	库　存	单　价	建议价		同意变价		不同意变价的原因
						变价时间	价　格		

4）商品陈列作业要领

商品陈列作业是指理货员根据商品配置表的具体要求，将规定数量、标好价格的商品摆设在规定货架的相应位置。

①商品陈列位置要准确、整齐。②商品陈列要符合先进先出的要求。货架上的商品卖出后，需要不断地补充商品。补充商品的方法是从后面开始，而不是从前面把商品推出去。具体的方法是把货架上原有的商品取出来，放入补充的新商品，然后再把原来的商品放在前面。对一些保质期要求很严的食品采用先进先出的方法补充，既可以保证顾客所购买商品的新鲜度，又不会使排在后面的商品超过保质期而给商店造成损失。③商品价格标签位置要正确。④商品陈列一般要遵循从左到右、从上到下的顺序，做到前进陈列。前进陈列是指当第一排商品售出，排面出现空格时，必须将后排商品移到第一排空格处，体现出商品陈列的丰富感。

5）补货作业要领

补货作业是指理货员将标好价格的商品，依照商品各自既定的陈列位置，及时地将商品补充到货架上去的作业。

（1）商品补货的原则

①要根据商品陈列配置表，做好商品陈列的定位工作。②严格按照连锁企业总部所规定的补货步骤进行商品补货。③注意整理商品排面，以呈现商品的丰富感。

（2）商品补货作业的主要步骤

①先检查核对一下需补货陈列架的价格卡是否与要补充的商品售价一致。②将货架上原有的商品取下。③补货的同时清洁货架（这是彻底清洁货架里面的最好时机）。④将准备补充的新货放至货架的后段。⑤清洁原有商品。⑥将原商品放于货架的前段。

（3）商品补货顺序

在日常销售中，大量经营业绩来源于排面，因此需按一定补货顺序执行补货。例如，某门店的补货顺序如下：排面（包括排面促销商品）；主题促销区；端架、地堆或地笼；厂商特殊陈列架（主通道）；收银线；自动扶梯区；其他（生鲜冰柜区的特殊陈列）。

（4）补货时间

补货时间主要有五种：收货后直接补货、空缺商品补货、低库存商品补货、二次开店补货、闭店前补货。

①收货后直接补货。收货后商品在暂存区分拣，对到货量较少（到货1～2箱）的品项优先补货，大量到货的单品选取1～2箱用于排面补货。完成到货商品补货后，剩余库

存优先存放在临时存放区，再分类存放后仓。②空缺商品补货。按空缺扫描作业规范在早上8：30—10：30之间，营运部门根据非零库存商品空缺明细，检查后仓库存，确认补货商品并立即进行补货。③低库存商品补货。按低库存扫描作业规范在下午1：00—3：00由营运部门进行低库存扫描，根据低库存报表在后仓寻查补货商品，在排面进行补货。④二次开店补货。各店根据下午的不同营业高峰，完成二次开店补货，确保应售品项均有陈列/包装、条码，说明完整干净，促销商品不缺货，商品质量良好，无过期商品及坏品，有合理出样/展示/功能说明，陈列容易拿取。⑤闭店前补货。每日闭店前一个小时，开始进行闭店前的排面整理及补货作业，对于排面畅销缺货商品，需到仓库找货，将排面补满，确保第二天开店时货架满陈列。

对冷冻食品和生鲜食品的补货要注意时段投放量的控制，可以采取三段式补货陈列。一般补充的时段控制量是在早晨营业时将所有品种全部补充到位，但数量保持在当日预定销售量的40%，中午补充30%的陈列量，下午营业高峰前再补充30%的陈列量。

缺货是连锁门店最大的敌人，而高效的补货可以降低缺货的概率。缺货导致门店的销售业绩下降；顾客不能买到所需要的商品；缺货降低了服务顾客的水平，不利于连锁企业形象的维护；缺货过多导致顾客不信任门店，甚至怀疑该公司的商品经营实力；缺货导致货架空间的浪费。理货员在理货过程中，如果发现商品缺货，要逐次对缺货商品进行审核，确定是否是真正的缺货，查找缺货的原因；若重点商品缺货，经主管同意对可以替代的类似商品进行补货或进行促销，以减少缺货带来的损失；保证所有缺货商品全部有缺货标签；确定所有处于缺货状态或准缺货状态的系统库存。

6) 卖场巡视和商品整理作业要领

①商品是否有灰尘？

②货架隔板、隔物板贴有胶带的地方是否弄脏？

③标签是否贴在规定位置？

④标签及价格卡售价是否一致？

⑤POP广告是否破损？

⑥商品最上层是否太高？

⑦商品是否存放在规定位置？是否容易拿取、容易放回原处？

⑧展柜之间是否间距适中？

⑨商品陈列是否做到先进先出？

⑩商品是否做好前进陈列？

⑪商品是否接近报警期？

⑫商品是否有破损、异味等不适合销售的状态存在？

@阅读资料6-4

合格的理货员要走出三个误区

一个好的企业离不开好的员工，因为员工是直接反映公司形象的窗口。理货员的工作看似十分简单和普通，但由于他们是最直接与顾客接触的员工，因此理货员的素质将直接影响门店的销售额，甚至关系到门店的形象。门店的整体服务质量和水平都要从他们的一举一动、一言一行中体现出来。在实际工作中，理货员要走出以下三大误区。

1.堆头陈列的误区

卖场的堆头一直是商家们争夺的焦点，一些大品牌为获得堆头陈列的位置而费尽心思。但重金买下一块"黄金宝地"未必就有了销量。实际上如果做得不好，极有可能一件商品都卖不出去。堆头在销售通路中需要讲究艺术，而不是随便在卖场摆几箱货那么简单。

2.发现滞销品的误区

商品滞销的原因有很多，可能是产品本身不好，或者是厂商的营销方法不佳，也可能是季节性的因素，更可能是商店的陈列或定价等因素使然。确定滞销原因后，要判断是否可以改善，若无法改善且连续几个月持续滞销，就必须及早淘汰下架，这样企业的经营才能健康发展。

因为租金昂贵，陈列空间是相当宝贵的，如果滞销品占据了空间，使新品无法导入和畅销品的陈列无法扩大，最终单位面积营业效率当然不可能有良好的表现，更谈不上出现盈余了。

因此，在商品经营上要对滞销品采取快速淘汰的运营方针。理货员对于畅销商品应检查其陈列面积是否恰当，同时对于因删除品项而多出的空间，应尽快导入新商品。

3.对顾客态度的误区

理货员所处的工作环境主要分为商品空间和顾客空间。理货员在指定的区域内与顾客共享一个空间，顾客可以充分自主地接触商品空间，这是卖场购物的一个基本特征。

虽然理货员不需要直接面对顾客，但其工作性质需要理货员具备特殊的职业道德和职业技能。时下，产品同质化的现象越来越明显，市场的竞争也由以前的产品竞争转向服务竞争。在实际工作中，理货员一定要百问不厌，并且微笑着给予顾客诚恳的帮助。

理货员是一个很平凡的工作岗位，没有什么荣耀，也没有鲜花和掌声，但理货员就兢兢业业地工作，学会许多与人打交道的技巧和经验。在事无巨细中，平凡的工作也能闪耀出光辉。因此，如果一个理货员能够在平凡的岗位上作出不平凡的贡献，就相当于迈出了成功的一步。

资料来源：李志波，党养性.连锁企业门店营运与管理[M].北京：清华大学出版社，2011.

6.3 理货员应具备商品和设备保养知识

6.3.1 理货员应具备商品知识

1）蔬果质量管理要求

①蔬果质量管理的首要工作是保鲜，其关键是做好温度管理和湿度管理，实行低温管理，以抑制呼吸作用、蒸散作用、发芽、微生物活动、过熟、发酵作用。

②每天早上开始营业之前，以及下午营业高峰来临之前要对蔬果进行鲜度检查。

③加工处理能够提高蔬果的商品价值。如洗净后再予冷藏，用塑料袋、保鲜膜包装保鲜，用托盘包装，按颗粒大小、品质好坏分级包装等。

④注意事项：蔬果进货时要尽早降温；避免急剧的温度变化；叶菜类要直立保管，有

切口应朝下；设立生鲜库，温度为5℃，湿度为95%；最好不用纸箱，而用硬质容器；应避免冷风直吹蔬果。

2）肉类商品特性

①慎选原料厂商及成品供应商，并以冷冻、冷藏方式运输贮存原料、半成品与成品，运输的车辆须保持清洁。

②肉品处理室的温度要加以控制，一般可在12℃～18℃之间，并且加工处理要迅速，以免肉品中心温度上升。

③肉品表面不宜长时间受冷气吹袭，分装原料肉时需要以保鲜膜包装后再贮存或销售。

④要控制展示柜的温度，冷冻柜的温度应控制在-18℃以下，冷藏柜的温度应控制在-2℃～0℃之间。

⑤加强作业场所、作业人员、作业设备的清洁卫生管理工作，以减少商品受污染而带菌，使鲜度下降。

⑥营业前、营业中、打烊时均应检查肉品新鲜度，可以通过闻味道，看颜色、组织弹性、表面状态等办法检查肉品质量。

3）产品标识

产品标识是指用于识别产品及其质量、数量、特征、特性和使用方法所做的各种表示的统称。产品标识可以用文字、符号、数字、图案以及其他说明等表示。

①产品应当具有标识（裸装产品除外）。

②产品标识应当标注在产品或者产品的销售包装上。

③产品标识所用文字应当为规范中文。

④产品标识应当清晰、牢固，易于识别。

⑤产品标识应当有产品名称。

⑥产品标识应当有生产者的名称和地址。进口产品应标明产品的原产国/地区，以及代理商或者进口商、销售商的名称和地址。

⑦国内生产的合格产品应当附有产品质量检验合格证明。合格证明有合格证书、合格标签和合格印章三种形式。

⑧国内生产并在国内销售的产品，应当标明企业所执行的国家标准、行业标准、地方标准或者经备案的企业标准的编号。

⑨产品标识中使用的计量单位，应当是法定计量单位。

⑩实行生产许可证管理的产品，应当标明有效的生产许可证标记和编号。

⑪根据产品的特点和使用要求，需要标明产品的规格、等级、数量、净含量、所含主要成分的名称和含量以及其他技术要求的，应当相应予以标明。净含量的标注应当符合《定量包装商品计量监督规定》的要求。

⑫限期使用的产品，应当标明生产日期和安全使用期或者失效日期（保质期超过18个月，产品质量相对稳定并经产品标准规定的可以不标保质期，但生产日期必不可少）。

⑬使用不当，容易造成产品本身损坏或者对人体健康和人身、财产安全有害的产品，应当有警示标志或者中文警示说明。

⑭性能、结构及使用方法复杂、不易安装使用的产品，应当根据该产品的国家标准、行业标准、地方标准的规定，附有详细的安装、维护及使用说明。

6.3.2 理货员应具备设备保养知识

1）卖场设备保养维护的范围

①卖场设备（设施）是指空调器、冷冻柜、冷藏柜、日光灯、货架、精品柜台、购物车、购物篮、办公台、电脑、监控设备等。

②卖场设备（设施）保养维护的主要责任人为各设备（设施）所在区的理货员及主管。

③卖场设备（设施）故障报到维修组后，一般故障维修组要第一时间（在8个工作小时内）到达故障现场进行检修，并提出维修方案，属于自行维修的要确定完成时间，属于保修或委外维修的要立即进行咨询并确定预计完成时间；紧急故障按《应急处理工作规范》执行。

2）卖场设备保养维护工作要求

卖场设备保养维护工作可以按照表6-5实施，并在交接班时做好相关记录。

表6-5　　　　　　　　　　　　　卖场设备维护项目表

类　别	维护要求（项目）	备　注
冷　柜	《食品冷柜日常保养工作规范》	建立设备(设施)档案
空　调	经常清洁、防潮、防尘等	建立设备(设施)档案
货　架	保持清洁卫生，经常检查接口处是否松动并及时处理	
精品货架	保持清洁卫生，轻拿轻放	
购物车	保持清洁卫生，经常检查车轮，螺丝是否松动并及时处理，定期对车轮进行润滑	润滑工作1个月至少1次
购物篮	保持清洁卫生，检查把手是否能够正常使用	

@阅读资料 6-5

冷柜使用制度

（1）冷柜设备应有专人负责操作、保养。

（2）内藏式冷柜每日一次（上午）清扫冷凝器过滤网罩上的积灰。

（3）每月两次（10日和25日）彻底清洗冷柜，清洗时应关闭电源，不得将水直接冲到风机上，以防止风机马达进水而烧坏，并注意下水口是否有异物堵塞。随时观察柜内荧光灯是否正常，如发现灯管损坏或不亮，应及时调换或通知修理部门。

（4）商品堆放时，卧式柜机不得超出商品放置限制线，立式柜机不得影响冷风通道，防止气帘破坏造成冷气不畅通，导致柜内温度上升。

（5）不得将商品标价牌放在冷气风口上，以免影响制冷效果。

（6）内藏式冷柜进风口前50厘米内不准堆放任何货物，以免影响散热效果。

（7）严禁自行调节温度控制器，温度调节得过高或过低将直接影响正常工作。

（8）非专业人员不得扣动冷柜的相位开关或随意调节定时器。

（9）冷柜温度上升时，应先检查机器是否处于化霜状态，使用是否符合规范，然后通知修理部门。

（10）发现冷柜有异物或异响时，应立即关闭电源，并通知修理部门。

（11）当商场发生断电时，应及时按照规定的操作顺序关闭电源，待电压恢复正常后方能开机，并注意机器运转是否正常。

（12）分体式冷柜要认真做好每3小时一次的抄表工作，正确记录高低压力及油位情况，发现缺油及时与维修单位联系。

（13）在冷柜机房的机组红线内，不得堆放与制冷设备无关的物品，以确保机组四周空气畅通。

（14）空调冷风不得直接对着冷柜吹，以防破坏冷柜气帘，影响正常柜温。

（15）立式冷柜柜顶未经许可不得堆放任何物品。

（16）停止营业后，立式冷柜应拉下夜间罩，卧式冷柜应盖上盖板。

资料来源：范征.连锁企业门店营运管理[M].北京：电子工业出版社，2007.

3）卖场设备保养维护流程和工作要求

为了确保陈列有效，应对产品陈列情况进行检查和评估。卖场设备保养维护检查工作表见表6-6。

表6-6　　　　　　　　　　卖场设备保养维护检查工作表

工作流程	是	否
一、检查商品		
1.产品摆放是否零乱？		
2.产品有无受损？		
3.产品包装是否陈旧破损？		
二、检查店内的地板、墙壁、天花板等		
1.是否有受损或油漆脱落、装潢损坏？		
2.装潢材料是否陈旧？		
三、检查照明设施		
1.照明器具、灯泡是否有故障？		
2.照射角度及效果好不好？		
3.灯罩或外壳有无污渍？		
四、检查陈列架		
1.陈列位置是否正确？		
2.陈列架是否受损？		

工作流程	是	否
五、检查店内装饰、POP广告		
1.张贴位置及效果如何？		
2.张贴是否零乱？		
3.文字和价格是否错误？		
六、检查清洁卫生		
1.环境是否保持清洁？		
2.地板、仓库、隐蔽场所是否做了消毒工作？		
七、检查更衣室和员工休息室		
1.内部是否整理好？		
2.烟灰缸、垃圾桶是否按规定放好？		
3.衣服、鞋类是否放置零乱？		
4.墙壁及陈设是否受损？		

资料来源：黄宪仁，任贤旺.店员操作手册[M].北京：电子工业出版社，2012.

4）卖场设备报废处理

（1）卖场设备（设施）报废标准

设备使用功能丧失并且不能再利用；设备使用期已经超过国家法定使用年限；设备在使用期间维修费等于或大于重置费用。

（2）卖场设备（设施）报废程序及要求

①申请。负责卖场设备使用和维护的工作人员根据设备的实际使用情况，对满足报废标准的设备向卖场管理部门提出报废申请，并将需要报废的设备集中存放和妥善保管。

②审核。卖场管理部门审核后，交财务部门审批。

③处理。财务部门对报废设备进行残值核定和财务处理，行政管理部门负责对报废设备实物进行处理。

④归档。行政管理部门对报废设备相关资料进行归类和存档。

案例精析

并不是将商品码上货架那么简单

在丹麦维堡郡一家名为斯沃托的小型超市，每天早晨要进120盒500毫升装、保质期为48小时的新鲜牛奶。按照食品质检署的规定，放置在超市货柜中的所有盒装鲜牛奶，其盒上醒目的保质期喷码严禁朝里"面壁"，必须对外"明示"，以便让消费者一目了然。

这天傍晚，理货员海伦发现柜中有一盒鲜牛奶歪倒在一边，她给这盒距离保质期只有3小时的鲜牛奶来了个"华丽转身"，将其喷码反转过去。

一会儿，一位女士驻足在牛奶柜前，看到这盒牛奶保质期喷码放置错误时感到诧异。她拿起牛奶盒，仔细察看，突然尖叫起来："这是一种故意蒙骗。"海伦吓得面如土色，连连向女士道歉："这不是故意的，是我刚才大意。"

这时，店长赶来赔不是，表示"无条件接受您所提出的任何要求，作为商量解决的办法"。这位妇女掏出手机，拨打了食品质检署的电话。

食品质检署接到投诉，立刻派人员驱车赶来，当即决定：从第二天起，斯沃托必须停业4个星期，全体员工必须自费到食品质检署参加培训。

食品质检署的工作人员说："超市出现这样的事情，任何解释都是无效的。我们不会容忍或者纵容这样的蒙骗行为，不管是故意还是无意的，这等于在向消费者撒谎，对此，我们的处罚不能从轻，否则就一定还会有下一次。"

理货员一个不经意的小动作，让超市遭受巨大的经济和名誉损失。

资料来源：曹慧莉，淡佳庆.如何经营一家最赚钱的超市[M].北京：化学工业出版社，2011.

精析：超市中的理货员看似工作比较简单、普通，但他们是最直接与顾客接触的人。他们的一举一动、一言一行无不体现着超市的整体服务质量和服务水平，因此，理货员只有具备良好的职业道德和基本素质，掌握理货员岗位职责要求和作业流程规范，才能更好地为顾客服务。

职业指南

一名合格理货员的八项注意

在卖场里，虽然理货员不与顾客进行最直接的交易，但是仍有很多机会与顾客面对面地接触。而且他们的言谈举止都代表着企业，因此只有不断地提高理货员的素质和业务能力，才能保证产品在激烈的市场竞争中立于不败之地。

那么，如何做一名合格的理货员呢？这里有八项注意事项。

1.应服从公司管理，遵守门店的规章制度。

2.要胸怀大局，以公司利益为根本利益。"一损俱损，一荣俱荣"，公司效益与员工自身利益息息相关，坚决不能做损坏公司利益和形象的事情。

3.理货员要牢记商品管理销售的基本知识，并在实践中加深理解，进而形成一套自己独特的工作方法。另外，要切实做好商品陈列，将过期商品率和商品丢失率降至最低。

4.要有一颗真诚服务的责任心。工作中推行微笑服务，使用真诚的礼貌用语，绝对不能把自己的不良情绪带给顾客；顾客遇到困难时，要热情帮助；顾客有不懂或不理解的事情，应认真仔细地解释，绝对不能与顾客争吵。要切记：和气生财，顾客永远是对的。

5.要处理好上下级及同事间的关系。在领导面前，不阿谀奉承、不搬弄是非。同事间要互助互爱，并做到宽以待人、严以律己，绝对不能钩心斗角和斤斤计较。尤其在上班期间更要协调一致，交接班时勿忘向接班同事转达早班会会议内容和本班主要事件及在下个班应注意的问题。

6.善于总结。每天要自我反省，总结工作中的得与失、成功与失败，以利于自身发展，从而使工作做得更好。

7.协助部门主管做好新员工的"传、帮、带"工作。新员工是公司的新鲜"血液"，企业只有不断注入新鲜血液，才能青春永驻。老员工应带动新员工进行实践，把工作中的经验和教训毫无保留地传授给他们，帮助他们尽快掌握工作技巧。

8.注意谈话的技巧。语言是一门艺术，理货员应根据谈话的场合及所面对的不同人群，选择适当的方式、运用一定的技巧，让顾客心悦诚服地接受自己的观点。

此外，理货员在工作中还应该利用工作之便随时关注竞争对手的促销动向、产品情况及销售状况等，并及时反馈给主管或店长。

在卖场中，及时向货架补货、调整品种陈列结构和卖点的生动化陈列、及时传递库存信息等工作主要依靠理货员来进行，实际上理货员就是一名现场管理者，因此他们应该对现场所发生的一切负责。

资料来源：李志波，党养性.连锁企业门店营运与管理[M].北京：清华大学出版社，2011.

本章小结

理货员是指在敞开式销售的连锁门店内，通过理货活动，与顾客间接或直接地发生联系的工作人员。理货员要明确其基本素质和岗位职责要求，理货员每天的作业流程可分为营业前、营业中、营业后三个阶段。理货员的作业规范包括待客作业规范、礼仪服务规范、日常作业规范、商品整理和货架清洁规范等。理货员的作业要领包括领货作业要领、标价作业要领、变价作业要领、商品陈列作业要领和补货作业要领。理货员还应具备一定的商品知识和设备保养知识。

主要概念

理货员　商品标价　前进陈列　先进先出

基础训练

一、选择题

1.理货员的工作内容包括（　　）。

A.商品标价　　　　　B.排面整理　　　C.商品陈列　　　　D.补货作业

2.商品陈列一般要遵循（　　）。

A.从左到右　　　　　B.从上到下　　　C.先进先出　　　　D.前进陈列

3.理货员可以通过（　　）判断肉品鲜度。

A.味道　　　　　　　B.颜色　　　　　C.表面状态　　　　D.组织弹性

二、判断题

1.理货员的工作重心是商品以及与商品销售服务相关的环境。　　　　　　（　　）

2.搞好商品、设备、货架与通道责任区的卫生，也是理货员的工作。　　　（　　）

3.理货员不需要具备商品知识和设备保养知识。　　　　　　　　　　　　（　　）

三、简答题

1.理货员日常作业规范有哪些要求？

2.蔬果质量管理要求包括哪些方面？

3.理货员进行商品陈列作业时的要领是什么？

4.如何理解理货具有美观、盘损、临近保质期商品的处理、为订货和退货提供依据的作用？

5．为什么有的门店理货员只负责往货架上补货，有的门店理货员除了负责往货架上补货还需要对商品进行陈列分析？

6．理货员的职责包括查看商品的保质期吗？你是如何看待专业打假师的？

7．你认为门店经营过程中会出现货架上商品存在缺货的现象吗？是什么原因导致货架上商品缺货？如何降低门店货架商品的缺货率？

8．从四月份开始，天气渐热，啤酒消费也进入旺季，在关注啤酒质量的时候，你作为理货员是否需要留意啤酒瓶的保质期？理货员为什么需要了解商品知识？

四、案例分析题

张女士在桂林市中山中路一家超市购买了一些商品，到收银台付款时，收款小票显示的某品牌500克奶粉价格为14元，而奶粉的标签价格却是11.7元，相差2.3元。她立即向收银员提出质疑，当班经理得知后解释：这种奶粉价格的确是14元，11.7元是上周的促销价，今天停止促销而标签还未更换，请原谅。如此一说，张女士便按14元付了款。

3天后，张女士再次到这家超市购物，她意外发现那种奶粉的价签上仍标注11.7元。她问营业员："这奶粉一直是这个价格？没搞过促销价？"营业员回答："这种奶粉才销售20多天，价格一直是每袋11.7元，没有搞过促销价。"对此，张女士认为超市的做法属于欺诈，于是向市消协投诉，要求加倍赔偿。消协调查时，超市总经理解释，超市的计价系统没有问题，的确是促销活动结束忘了换回原价格标签，这位没有做过促销的营业员刚来不久，不了解情况。他表示今后要加强管理，防止标签价格和收银电子系统价格不一致的情况发生。同时对张女士表示歉意，退还多收的2.3元并赠送两袋奶粉作为补偿。虽然张女士接受了调解，但她仍认为超市有欺诈之嫌。

试分析该超市的失误在哪里。

实践训练1

【实训项目】

项目：理货员岗位的情景模拟。

【实训场景设计】

1．当顾客来购物却拿不定主意，而且将商品弄得很零乱时，你该怎么做？

2．一顾客抱怨前天购买的商品口味差，理货员应该如何去做？

3．某顾客挑选了一个西瓜，促销价格为0.99元/斤，在排队过秤后，发现电子秤价格是1.28元/斤，于是在秤台前大发脾气，你该怎么处理？

【实训任务】

项目：通过理货员岗位的情景模拟，掌握理货员应具备的素质和能力。

【实训提示】

项目提示：

1．微笑走上前，询问是否需要帮助，尝试向他推荐所需要的商品，并告诉他商品的准确位置。

2．认真倾听顾客的意见；热情大方地询问顾客是否正确存放或加工了商品，并介绍相关食品的储存知识；感谢顾客提出的宝贵意见，并表示以后会在食品的色、香、味、形各方面有所提高，希望顾客继续关注。

3.首先因工作失误对顾客表示歉意，并同时做好解释工作，第一时间通知主管或值班经理，以便及时调价。对顾客应微笑服务并做好安抚工作，保证顾客满意。

【实训效果评价标准表】

"理货员岗位的情景模拟"实训项目评价表见表6-7。

表6-7　　　　　　　**"理货员岗位的情景模拟"实训项目评价表**

项　目	实训表现描述	得　分
主动服务意识		
语言表达		
处事灵活性		
理货专业知识		
合　计		

得分说明：将理货员岗位的情景模拟情况分为"很好""好""一般""较差""差"，相对应得分分值为"25""20""15""10""5"，将每项得分记入得分栏，全部单项分值合计得出本实训项目总得分。得分90~100分为优秀；75~89分为良好；60~74分为合格；低于60分为不合格；低于45分（含45分）为较差。

实践训练2

【实训项目】

项目：理货员对商品知识的掌握。

【实训任务】

连锁门店销售的商品多达上万种，理货员在理货过程中要具备一定的商品知识。如同样是饮用塑料杯，由于杯子的底部标识不一样，使用环境也是不一样的。图6-2为杯子底部常见的几个标识。

图6-2　杯子底部的常见标识

让学生在此案例的基础上，查找并掌握如何鉴别真假麦片、如何鉴别麦片的等级。

1号PETE：耐热至65℃，耐冷至-20℃，常用于矿泉水瓶、碳酸饮料瓶等，耐热较低易变形，加热后有对人体有害的物质析出，不能放在汽车内晒太阳。

2号HDPE：一般指高密度聚乙烯，常用于白色药瓶、清洁用品、沐浴产品，不能再用来做水杯，或者用来做储物容器装其他物品，不能重复使用。

3号V：中文名为聚氯乙烯，常见于雨衣、建材、塑料膜、塑料盒等，可塑性优良，价钱便宜，故使用很普遍，只能耐热81℃。高温时容易有有害物质产生，不能用于储存食品，不能循环使用，最好不要购买。

4号LDPE：耐热性不强，常见于保鲜膜、塑料膜等。高温时有有害物质产生，有毒物随食物进入人体后，可能引起乳腺癌、新生儿先天缺陷等疾病，所以在微波炉加热时应将保鲜膜或保鲜袋去除再加热。

5号PP：可耐高温120℃，中文名为聚丙烯，常见于微波炉餐盒、保鲜盒、豆浆瓶、优酪乳瓶、果汁饮料瓶等。熔点高达167℃，是唯一可以放进微波炉的塑料盒，可在小心清洁后重复使用，需要注意的是有些微波炉餐盒，盒体以5号PP制造，但盒盖却以1号PETE制造，由于PETE不能抵受高温，故不能与盒体一并放进微波炉。

6号PS：又耐热又抗寒，中文名为聚苯乙烯，常见于碗装泡面盒、快餐盒、不能放进微波炉中，以免因温度过高而释放化学物质，装酸性、碱性物质后，会分解出致癌物质；避免用快餐盒打包滚烫的食物，不可用微波炉加热碗装方便面。

7号OTHER：中文名为聚碳酸酯，常见于水壶、太空杯、奶瓶等可重复使用及可用于加热的容器。

以燕麦片为例，不同的燕麦片营养价值、适用人群都是不一样的，请查阅资料，对燕麦片的等级进行鉴定和介绍。

第7章　连锁门店进存货和盘点管理

学习目标

通过本章的学习，了解和掌握商品的进货模式与原则，熟悉商品的验收与存货控制，掌握盘点的原则、方法、实施步骤与盘点措施，重点掌握进货、存货、盘点管理的方法、要点，并能结合实际提高存货及盘点管理能力。

引例　　　　　**快时尚＝小量订货＋单店订货管理＋快速物流**

在国内服装企业还在为库存问题而绞尽脑汁甚至颓然关店的时候，以 ZARA（INDITEX 集团旗下品牌）为代表的国际快时尚巨头却继续保持良好势头，并加速在中国市场布局。对于实体店铺和电商领域的布局，ZARA 有着怎样的深思熟虑？在库存管理方面，ZARA 又有着怎样的秘诀？南方日报记者专访了 INDITEX 集团全球公关传讯执行官赫苏斯。

线上拓展不会影响到实体店的拓展。

记者：今年，众多快时尚品牌都看好中国市场，并加速开店，您能透露一下 ZARA 在中国的开店计划吗？

赫苏斯：对我们来说，店铺的选址很重要，我们是以店铺选址为前提而开店，而不是预计一年要开多少店铺，再去做这样的布局。因此，通常我们先聆听当地消费者的需求，来决定合适的店铺选址，一般会选择临街的店铺或者购物商场里面，找到合适的地址后再决定要不要开店。我们一直在搜寻适合开店的地址，在中国也是一样，看看哪个地方的选址是最适合的。

记者：ZARA 在网络平台的扩张是否会影响线下实体店的开拓计划？

赫苏斯：作为全球性的多种经营模式并存的零售商，我们可以看到，ZARA 在线上的拓展对线下实体店铺起到了很好的互补作用，所以我们不认为这会影响到线下实体店的网络拓展。

单店订货的管理模式会有效解决库存问题。

记者：很多传统服装企业面临的一大问题是高库存，为此不得不大量关闭实体店铺，您能分享一下 ZARA 在店铺和库存管理方面的经验吗？

赫苏斯：在传统的商业模式里面，店铺会先进一大批货放在仓库里面，之后再慢慢销售，从而可能因为滞销而产生库存问题。与传统商业模式相比，INDITEX 的商业模式是属于高度垂直整合，ZARA 采取单店订货的管理模式，从设计、生产、物流直至配送，在各个环节体现对顾客的极大关注。可以说，我们没有一个统一库存仓库的概念，每一家店的仓库空间取决于这家店铺经理的管理能力。

具体来说，我们每一次订货是小量订货，一周有两次产品订货。店铺经理的一个职能是要确保产品的流通和流畅性，店铺仓库库存的作用是确保放在店铺里的前沿产品被卖掉之后能迅速补货，店铺仓库里的库存是小量的库存，起补货的作用。每周有两次订货或补货流程，而产品流通有一个非常高的流动量，我们从每一天的销售报告分析得知，哪一些产品是卖得好的，哪一些产品是卖得不好的，卖得好的产品会及时补货，一些产品第一次补货后销售数据变得缓慢就不会再补货，这就能够确保店铺商品的流动量，并将库存压力降到最低。

我们要求店铺一个星期有两次订货，这是非常重要的，而且两次订货都是小量订货。一个星期两次订货的周期让店铺经理可以及时发现所订的产品是否满足消费者需求。如果店铺经理订错，可能是错订一件外套或者订货量多了，店铺的销售情况反映出该店铺没办法消耗这批产品的时候，我们内部还有个调货系统，这家店这个产品销售得不好，不代表另一家店这个产品销售得不好，因此通过店铺间产品的周转可以解决这个问题。

记者：作为"快时尚"企业的领头羊，ZARA是如何做到如此之"快"？

赫苏斯：相对于"快时尚"这一定义，我们更倾向于称自己为"精准时尚"。如果要说"快"，其实更多的是体现在我们物流的快速上。如刚刚提到的，INDITEX集团旗下8个产品品牌共计6 000多家门店，每星期都有两次新品订货。新品衣服的款式、尺码和数量，均由各个店长根据实际销售情况，独立向西班牙总部下订单。总部的产品经理会在收到订单的两个小时内，将新品及补货订单统一整理后，发送到物流中心，而物流中心将在8个小时内完成产品从打包到出厂的全部流程。如果是送往欧洲各国的门店，物流中心将用货车或卡车承运，确保在36个小时内送达；而对于欧洲以外的国家和地区，则全部用飞机运送，确保48个小时内送到门店。

记者：如此之快的新品上架速度，ZARA是如何保证产品质量的？

赫苏斯：作为一家顾客第一、效率至上的企业，质量是我们百变产品中不变的内核。我们的标准是clear to wear（健康穿着，CTW）和safe to wear（安全穿着，STW）。两者均基于国际上最严格的质量标准，前者规范产品成分，后者保证儿童服装的成分或小配件的安全性，并对所有服装的可燃性和金属物体的存在作出限制。

实际上，INDITEX的质量控制体系覆盖了设计和生产的每一道工序，无论是设计师、商业团队，还是集团的生产、采购，对每一件服饰从第一张图纸开始就严格遵照CTW和STW的标准。同时，我们也为供应商提供信息和培训，以确保整条生产线都按照CTW和STW的标准运作。另外，世界上多个通过资格认证的检测中心和我们集团建立了合作关系，为我们的原料、模型、成分和成品进行检测。品质是我们对每一位顾客的承诺。

资料来源：于冬雪.INDITEX集团全球公关传讯执行官赫苏斯：快时尚=小量订货+单店订货管理+快速物流[N].南方日报，2014-10-17.

7.1　连锁门店进货作业管理

7.1.1　进货作业概述

1）概念

进货是连锁企业从编制进货计划开始，经过供应商的选择到确定供应商、进行合同的签订和执行，到商品到货、验收入库的完整业务经营过程。门店的进货就是依据订货计划向总部、配送中心或总部指定的厂商及自行采购单位进行点叫货物的活动。

2）进货模式

根据连锁企业规模的不同或企业经营管理手段的不同，门店的进货模式主要分为从总部直接进货和分散进货两种模式。

（1）从总部直接进货

这一进货方式建立在连锁企业集中采购的管理模式基础上，集中采购时连锁企业设立专门的采购机构和专职采购人员统一负责企业的商品采购工作。连锁企业所属各门店只负责向总部提出商品订购计划、店内商品陈列以及内部仓库的管理和销售工作。

（2）分散进货

由于一些连锁企业跨区域经营，不同地区消费者的消费习惯有所差异，一些地区性商品如果仍采用总部统一采购、配送的方式成本过高，因此根据企业规模及管理方式的不同，部分连锁企业将全部或部分采购权力分散到分店，由各分店在核定的范围内，采用完全分散采购或部分商品分散采购两种方式直接向供应商采购、订购商品。

3）进货作业管理内容

（1）商品需求预测

作为客户服务的直接接触者和服务的最终完成者，门店必须成为客户选购的支撑，门店进货作业人员要做好市场调查和预测工作，要了解消费者到底需要什么、想买什么，有效地保证所订购商品适销对路，为门店创造持续的经济效益。在商品需求预测过程中要考虑到如下几个因素：气候变化；商品生命周期；未来市场的变化；随时把握瞬间流行商品的商机，并随时注意价格变化及库存控制。

（2）实现门店营运目标

门店营运管理的目标，用一句话来概括，就是不折不扣、完整地把连锁公司总部的目标、计划和具体要求体现到日常的作业化管理中，实现连锁经营的统一化。门店营运与管理的目标概括起来为：销售最大化、损耗最小化、降低门店营运成本。

7.1.2 进货作业管理

门店的进货作业管理主要包括订货、进货、收货、退换货和调拨等作业。

1）订货作业流程

门店的订货作业是指门店依据订货计划向总部配送中心或总部指定的厂商及自行采购单位进行叫货或称为添货的活动。连锁门店订货作业流程如图7-1所示。

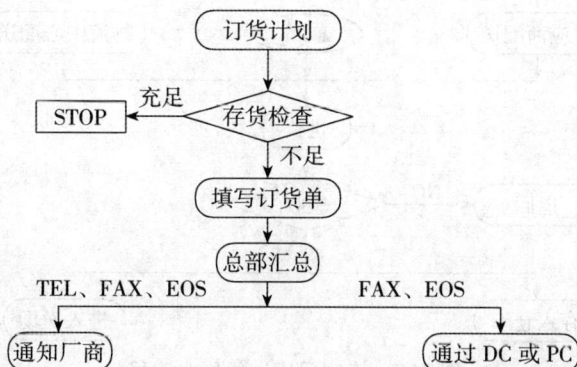

图7-1 连锁门店订货作业流程

资料来源：张晔清.连锁企业门店营运与管理[M].2版.上海：立信会计出版社，2006.

（1）门店订货工作原则

①订货要有计划性。注意适时与适量，但在营业时不可能随时订货，一般总部会对各个门店规定每天的订货时间，如A店订货时间为上午8时至8时15分，逾期则作为次日订货。此外，各类别商品的订货周期、最小订货量等也都必须有事前计划。②订货方式要规范化。订货可采用人工、电话、传真、电子订货系统等多种形式，其发展趋势是采用EOS订货系统。

（2）门店在订货作业流程中的注意事项

①存货检查。门店店长应随时注意检查卖场及仓库内的存货，若存货低于安全存量，或出现断码，或遇到门店搞促销活动，或节假日之前，都必须考虑适量补货。同时，在进行存货检查时，还可顺便检查该商品的库存量是否过多，这样就可以早做应对处理（如门店之间的调拨、降低订货量等）。除此之外，在检查存货时应注意检查现有存货的有效期限和商品品质。②适时补货。门店补货必须注意时效性，门店每天正常营业时间不可能随时补货，而且总部或供应商也不可能随时接到补货单就随时发货，一般都有固定的补货时间范围，只要过了这个时间就视为逾期，作次日订单处理。③适量补货。决定补货量也是比较复杂的过程，这就要求相关人员必须考虑以下因素：商品每日的销售量、补货至送达门店的前置时间、产品的最低安全存量、产品的规定补货单位等。在实际操作过程中，门店店长还要根据自己的经验和实际情况进行补货。

（3）门店在编制订单时的注意事项

①同一张订单中的商品必须为同一供应商、同一部门、同一结算方式。②必须核对结算方式是否正确，不正确则需提出更改或添加申请（结算方式需在合同中进行定义）。③关于进价。一般订单中自动调出的进价是默认进价，如此商品处于促销期间，则会为促销进价。如果单批次的进价降低，则使用特价订货模块。④有特殊情况需说明的请填写在备注一栏。⑤如制单人与订货人不同，需在"业务员"一栏填写订货人姓名。⑥关于有效期。订单如果过了有效期还未被审核，则自动失效。

2）进货作业流程

进货作业是连锁门店依照补货单由公司总部、配送中心或供应商将产品送达门店的作业。进货作业对供应商或配送中心来说就是"配送"，但对门店而言，其作业的重点应是验收。

（1）进货作业流程

连锁门店进货作业流程如图7-2所示。

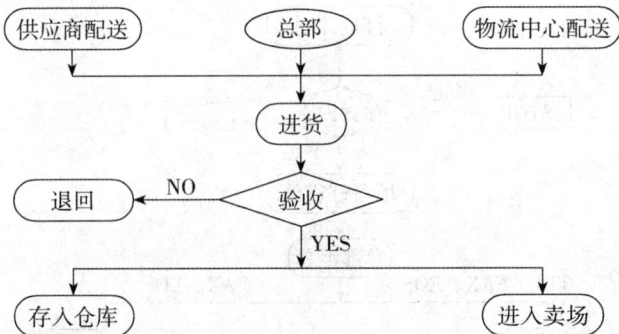

图7-2　连锁门店进货作业流程

资料来源　张晔清.连锁企业门店营运与管理[M].2版.上海：立信会计出版社，2006.

（2）进货作业应注意的事项

①进货要严格遵守时间。进货时间的确定应考虑厂商作业时间、交通状况、营业需要及内部员工出勤时间。②验收单、发票需齐备。③商品整理分类要清楚，在指定区域进行验收。④先退货再进货，以免退调商品占用店内仓位。⑤验收后有些商品直接进入卖场，有些商品则进内仓或进行再加工。⑥拒收变质、过保质期或已接近保质期的商品。

3）收货作业流程

收货作业按进货的来源，分为由连锁企业总部配送到门店的商品收货作业和由供应商直接配送到门店的商品收货作业。许多连锁门店在接收进货过程中会因被欺骗而遭受巨大损失，因此无论商品采用哪种方式配送到门店，都需要一定的员工进行收货，这些员工不仅要受过良好的培训，更要熟悉整个门店的运营。

（1）收货作业应注意的事项

①不要一次同时验收几家厂商的进货。②不可直接送货至仓库。③避免在营业高峰时间收货。④不允许由厂商清点商品。

（2）总部配送商品的收货作业

由于公司总部已进行进货验收，所以可由业务人员或司机把商品送到门店，而不需当场验收清点，仅由门店验收员立即盖店章及签收。至于事后店内自行点收发现数量、品项、品质、规格与订货不一致时，可通知总部再补送。

（3）供应商直配商品的收货流程（如图7-3所示）

供应商投单 → 核单 → 打印验货清单 → 外箱辨识

归档 ← 单据复核 ← 输入电脑 ← 复查数量、品质 ← 检验数量、品质

图7-3 供应商直配商品的收货流程

（4）供应商直接配送到门店的商品收货作业要点

①建立并公布一个既方便供应商也方便门店的收货进程表（按天和小时），同时规定所有供应商直送商品必须由门店指定的出入口进入。

②在收货验收时，不要一次同时验收几家厂商的进货。要求送货单位和货物必须有规律地排列，以便验收人员系统有序地核查所有订购的货物。

③核对发票与送货单的商品品名、规格、数量、金额是否相符。

④核对发票与实物是否相符，具体的检查内容包括商品数量、商品重量及规格、商品成分、制造商情况及有关标签、制造日期及有效日期、商品品质、送货车辆的温度及卫生状况、送货人员等。

⑤清点购进的每一件商品，即使商品已经装箱密封。如订货数量较大，可抽查30%。尤其是散箱、破箱，必须进行拆包、开箱查验，核点实数。

⑥对贵重商品拆箱、拆包逐一验收。对无生产日期、无生产厂家、无地址、无保质期、商品标签不符合国家有关规定的商品一律拒收。

⑦对变质、过保质期或已接近保质期的商品拒收。

⑧如果供应商的实际供货少于进货单据上注明的数量，应要求供应商为这些短缺的货物给门店出具一个有供应商签名的补偿担保。进货验收人员要及时填写相应记录表。

⑨验收合格后方可在进货单据上签字、盖章，同时，验收人员也应及时把接收货物按

门店要求记录在册。

4）退换货作业流程

退货作业可与公司总部、配送中心或供应商进货作业相配合，利用进货回程顺便将退货带回。退换作业一般定期办理（如每周一次或每10天一次），以提高其作业效率。

（1）退换货原因

品质不良；订错货、送错货；顾客反馈或总部明确规定的滞销品；过期商品。

（2）办理退换货作业应注意的事项

①供应商确认，即先查明待退换商品所属供应商或送货单位。②退调商品也要清点整理，妥善保存，一般整齐摆放在商品存放区的指定地点。③填写退换货单，注明其数量、品名及退货原因。④迅速联络供应商或送货单位办理退换货。⑤退货时确认扣款方式、时间及金额。

5）调拨作业流程

调拨作业是连锁企业门店之间的作业，它是某门店发生临时缺货，且供应商或总部配送中心无法及时供货，而向其他门店调借商品的作业。

（1）调拨发生的原因

门店销售急剧扩大，而存货不足；供应商送货量不足；顾客团购或临时加大订购量。

（2）调拨作业应注意的事项

①若是临时大量订单，门店在接单前最好先联系其他门店，确认可调拨数量是否足够，不要任意接单，而影响连锁企业的声誉。②门店之间的商品调入与调出，必须在双方店长同意的情况下才能进行。③调拨车辆和工作人员、时间事先明确安排。④必须填写调拨单，拨入、拨出门店均须签名确认。⑤拨出或拨入均须由双方门店验收检查并确认。⑥调拨单一式两联，第一联由拨出门店保管，第二联由拨入门店保管。⑦调拨单须定期汇总送至总部会计部门，以配合账务处理。⑧拨入、拨出门店均须检查存货账与应付账是否正确。⑨拨入门店应注意总结教训，重新考虑所拨商品的最低安全存量、每次订货量以及货源的稳定性，尽量避免重复发生类似事件。

7.2 连锁门店存货作业管理

7.2.1 存货作业概述

1）存货作业的重点

商品存货是流通的停滞和资金的占用，但又是必不可少的环节。市场变化莫测，生产又需要一定的周期，为使企业不致出现缺货现象离不开商品存货。由于库存要占用资金和场地，会使连锁门店成本费用增加，因此，科学的存货管理十分必要。

连锁门店的存货管理主要包括：存货数量管理、存货结构管理和存货时间管理。

（1）存货数量管理

存货数量与商品流转相适应，是最佳效益点。存货量过大，会造成商品积压，占用大量资金；存货量过小，会造成商品不足，市场脱销，影响销售额。商品存货数量管理一般采用保险存量管理，保险存量是商品存量的下限，低于此限，将会引起缺货。但若高于保险存量，势必导致积压，资金被占用，库房重地也被占用，这也是不利于门店运营的。

（2）存货结构管理

无论是仓库空间还是资金，都是有限的。要使这些有限的空间和资金取得更大的效益，加强商品库存结构管理是非常重要的。商品库存结构管理的最常用方法是 ABC 管理法。

（3）存货时间管理

加快商品周转等于加快资金周转，自然会提高商业效率，这是超级市场获得利润的关键，所以应加强存货的时间管理。

2）存货作业的工作内容

门店存货管理主要包括仓库管理、盘点和坏品处理作业。仓库管理是指门店商品储存空间的管理；盘点则指对库存商品的清点和核查；坏品处理主要是对仓库日常管理和盘点过程中发现的问题商品进行处置。

3）存货管理的目的

一般而言，存货管理具有下列两个目的：

（1）配合进货、采购业务：提供进货、采购有关现存货品信息

顾客到门店购买商品，如果遇到缺货，其不满意是理所当然的。门店经营者们必须对缺货原因作出正确的分析，为门店正确地进行商品进货和采购提供准确的信息。

（2）配合门店销售业务：为迅速配货、补货及促销决策提供相关信息

存货管理决策与商品销售速度有很大的关联性，尤其是不同种类的商品，其平均销售速度亦有所差异。考虑商品平均销售速度与存货数量的关系后，我们可以将商品分为畅销品、长销品与滞销品三种。畅销品比较容易发生缺货现象，如果门店能够很快购进畅销品，并迅速补充货品，就可以极快地获取利润，并可以弥补滞销品资金积累的损失，提高营运资金的运用效率。而滞销品也应尽快查出来，并检查滞销原因。无论是何种原因，在查验滞销品滞销原因后，即应利用削价或促销活动来出清存货，取得现金流转，并腾出空间，进而可以补充其他商品、调整门店商品结构以满足消费者的需求。

所以无论门店规模大小，最重要的是应有适当的存货以满足顾客的需要，而同时避免商品太多，导致必须减价或留待下个月销售。

7.2.2　存货作业管理

存货管理包括库存管理、盘点作业和坏品处理三个环节。

1）库存管理

（1）相关概念

商品库存是指门店全部未销售商品的总数量和总金额。

库存管理是指对附属于门店的商品储藏空间的管理，包括暂存区、货品内仓的管理。

实际库存是指商品现在实际存在的库存数量和金额。

系统库存是指电脑系统中记录的商品的库存数量和金额。

库存区是指用来存放商品库存的非销售区域，货架顶部以上的空间、周转仓、内仓等地方都是库存区。

库存周转是指商品库存与销售相比较而体现周转次数的数据。

（2）库存管理的重要性

目前部分连锁门店根据需要设立内仓，也有一部分门店没有封闭的仓库，而直接把货架上层作为储存空间，还有一部分门店采用内仓加卖场作为库存区域，因此库存区位较多。商品的销售情况及订货的不停变化、商品结构的不断变化引起商品进出的调整、促销品项的变化等，决定了门店库存的特点是动态库存。库存维护在门店管理中是至关重要的，可以说是处于"牵一发而动全身"的位置，如果电脑系统中的库存数据不能与实际的库存数据一致，则会对几乎所有的运营环节产生连锁影响，甚至对电脑系统的准确性、预测性、分析性、预警性等功能产生重要的影响，使运营部门在商品订货、补货、销售、库存周转、顾客服务、盘点等环节都很难做到有效控制。因此库存管理是门店经营管理的重要控制点。

（3）库存管理工作

①系统库存的维护。其原则就是系统中的库存数据必须与实际商品的库存数据一致。

影响系统库存的原因：收货部门收点数量、品项错误；退货组未能及时扣除退货商品；商品被盗窃或被损坏而未被发现或发现后未执行商品库存调整程序；销售部门在盘点时点数错误；条形码错贴导致商品库存错误；收银人员在结账时，在多个同类商品过机时发生扫描、使用数量键错误等。库存更正程序如图7-4所示。

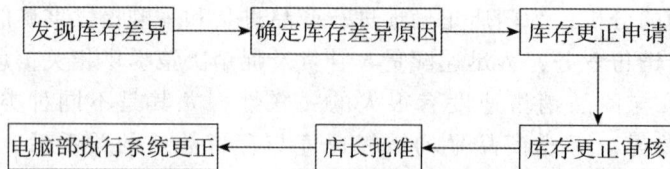

图7-4　库存更正程序

异常库存的处理：相关部门对于商品库存异常情况必须进行处理，以解决由此而暴露的运营失误。对系统中的异常库存报告、盘点的异常库存报告必须及时进行处理，对于一时不能发现原因的重大库存差异，必须上报到防损部门进行查证。

②周转库存的控制。库存控制的指标包括：单品库存金额、库存周转，部门库存金额、库存周转，整个库存金额以及年库存周转。库存控制的措施：商品订货的控制，特别是要对不能退货的商品加强控制；要做好节假日销售的预算，特别是特价商品和节日商品，以避免存货量过大；要减少积压库存和滞销商品的库存；改变商品的陈列；对商品进行促销；加强对季节性商品的过季处理；对新商品采取谨慎订货的方式。

③高库存异常的原因：系统的库存数据不准确，导致订货不准确而造成库存过大；销售部门人员对实物库存管理不当，未找到库存，造成重复订货；商品促销的预计数量与实际销售量相差比较远，导致商品库存过大；季节性商品过季后滞销；商品属于滞销品；商品的陈列空间与商品的周转不成比例，导致商品库存数量过大；商品的最小订货数量与商品的周转不成比例，导致商品库存过大；商品的陈列存在缺陷，导致商品库存过大。

④库存过大单品的控制：将所有库存过大的商品列出清单；对库存过大的原因进行分析；采取降低库存的措施，如退货、降价、改变陈列位置等。

（4）库存管理应注意的事项

①库存商品要进行定位管理，其含义与商品配置图表的设计相似，即将不同的商品按

照分类、分区管理的原则来存放，并用货架放置。仓库内至少要分为三个区域：第一，大量存储区，即以整箱或栈板方式储存；第二，小量存储区，即将拆零商品放置在陈列架上；第三，退货区，即将准备退换的商品放置在专门的货架上。

②区位确定后应制作一张配置图，贴在仓库入口处，以便于存取。小量储存区应尽量固定位置，整箱储存区则可弹性运用。若储存空间太小或属冷冻（藏）库，也可以不固定位置而弹性运用。

③储存商品不可直接与地面接触。一是为了避免潮湿；二是为了遵守生鲜食品保存规定；三是为了堆放整齐。

④要注意仓储区的温湿度，保持通风良好、干燥、不潮湿。

⑤仓库内要设有防水、防火、防盗等设施，以保证商品安全。

⑥商品储存货架应设置存货卡，商品进出要注意先进先出的原则。也可采取色彩管理法，如每周或每月使用不同颜色的标签，以明显识别进货的日期。

⑦仓库管理人员要与订货人员及时进行沟通，以便安排到货的存放。此外，还要适时提出存货不足的预警通知，以防缺货。

⑧仓储存取货原则上应随到随存、随需随取，但考虑到效率与安全，有必要制定有关作业时间的规定。

⑨商品进出库要做好登记工作，以便明确保管责任。但有些商品（如冷冻、冷藏商品）为讲究时效，也采取卖场存货与库房存货合一的做法。

⑩仓库要注意门禁管理，不得随便入内。

（5）存货报警

存货管理可设置两种库存报警模式：库存上下限报警和安全库存报警。

①库存上下限报警。设置仓库中各种商品的库存下限和库存上限等库存指标，当库存小于或大于库存预设的上下限时，经过盘点提示库存状况，向有关人员报警。

②安全库存报警。对库存低于安全库存量的商品，进行库存报警。报警条件为：现有库存＜日均销量×（到货周期+N天）。

（6）商品报损与领用

①商品报损。库存商品会因为包装问题或其他原因损坏，需要申请报损。报损单经审核后，方可确认商品报损出库。报损程序一般为：选择报损商品所属仓库；选择报损商品，记录报损商品数量。

②商品领用。因内部需要领用商品时，需填写领用单，经审核后方可领用出库。

2）盘点作业

通过盘点作业可以计算出门店真实的存货、费用率、毛利率、货损率等经营指标，因此可以说，盘点结果是一份门店经营绩效的成绩单（连锁门店盘点作业管理详见7.3）。

3）坏品处理

虽然门店可能已严格按照连锁企业总部的规定正确地订货、搬运、收货和库存周转，但是仍然可能由于各种原因使门店出现坏品。坏品是指门店销售或储存过程中发生的过期商品、包装破损不能再销售的商品，或者因门店停电、水灾、火灾、保管不善造成的瑕疵品。无论何种原因导致商品坏损都会给门店带来巨大的损失，因此对于坏品要做好妥善的处理。

（1）坏品处理作业流程

坏品处理作业流程如图7-5所示。

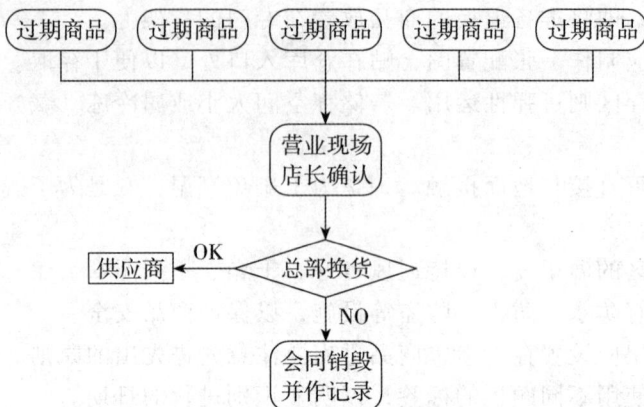

图7-5　坏品处理作业流程图

资料来源　张晔清.连锁企业门店营运与管理[M].2版.上海：立信会计出版社，2006.

（2）坏品处理应注意的事项

①门店店长应查清坏品发生的原因，以明确责任归属，并尽快作出处理。

②坏品必须登记详细，以方便账务处理以及门店管理分析。

③若经确认，发生坏品的责任在门店，如商品保存不当、订货过多、验货错误等，那么门店须作出反省，并通报各部门，避免此类事件再度发生。

④不能退换货的坏品不可任意丢弃，必须做好记录、集中保管，待会同验收人员确认后共同处理。

7.3　连锁门店盘点作业管理

7.3.1　盘点作业概述

1）概念

（1）盘点的概念

所谓盘点就是定期或不定期地对店内的商品进行全部或部分清点，以切实掌握商品的实际数量、状况及储位信息，并因此加以改善，加强管理。盘点工作的实质就是核查门店内商品的实际数量与账面记录数量是否一致，也是一种证实某一期间内储存商品的结存数量是否无误的方法。对部分商品进行盘点，称为周期盘点；每年一次对整个门店的商品进行盘点，称为年度盘点。

盘点是衡量门店营运业绩的重要指标，也是对一个年度营运管理的综合考核和回顾。门店将通过盘点了解店面在一定阶段的盈亏状况、存/缺货状况、商品周转率，发掘并清除滞销品/临近过期商品等，因此发现问题、改善管理、降低损耗是盘点的工作目标。

（2）盘点相关的概念

①HHT，属于电脑设备的一种，可以储存商品的资料和数据，相当于输入终端记忆

器。它与主机联网后，可以将数据传输给主机进行处理。②初点，是指第一次进行的商品点数。③复点，是指第二次进行的商品点数。④抽点，是指对已经经过复点的商品进行抽查点数。⑤三点，是指在二次盘点计数后，对于数量不一致的商品，进行第三次或多于第三次的点数。⑥点数单位，是指在商品点数时的计数单位。⑦正常陈列区，是指商品正常陈列销售的货架的区域总称。⑧货架库存区，是指商品正常陈列销售的货架上方用来存放商品的库存区域的总称。⑨后仓，是指非销售区域的仓库。⑩周转仓，是指收货部临时用于存放商品库存的区域。

此外还有，如控制台，是指在盘点进行中设置的盘点控制中心。锁库，是指电脑中心对系统的数据库进行"锁住"的动作。锁库后系统不能收货和销售，不接受任何数据的更改。系统陈列图，是指将楼面的陈列图按盘点程序输入电脑系统中。

2）盘点内容与目的

（1）盘点作业内容

盘点作业内容包括查数量、查质量、查保管条件。

（2）盘点目的

了解门店在盘点周期内的盈亏状况；了解目前商品的存放位置，缺货状况；了解商店的存货水平，积压商品的状况及商品的周转状况；掌握超市最准确的目前的库存金额，将所有商品的电脑库存数据恢复正确；发掘并清除滞销品、临近过期商品；整理环境、清除死角；根据盘点情况，得知损耗较大的营运部门、商品大组以及个别单品，以便在下一个营运年度加强管理，控制损耗；防微杜渐，同时遏阻不轨行为。

3）盘点方法

（1）账面盘点法

账面盘点法是指将每一种商品分别设立"存货账卡"，然后将每一种商品的出入库数量及有关信息记录在账面上，逐笔汇总出账面库存结余量。

（2）现货盘点法

现货盘点法是指对库存商品进行实物盘点方法。按盘点时间频率的不同，现货盘点法又分为期末盘点法、定期盘点法、循环盘点法和临时盘点法等。

①期末盘点法。

期末盘点法是指在会计计算期末统一清点所有商品数量的方法。由于期末盘点是将所有商品一次点完，因此工作量大、要求严格，通常采取分区、分组的方式进行。分区即将整个储存区域划分成一个一个的责任区，不同的责任区由专门的小组负责点数、复核和监督，因此，一个小组通常至少需要本人分别负责清点数量并填写盘存单，复查数量并登记复查结果，第三人核对前二次盘点数量是否一致，对不一致的结果进行检查，在所有盘点结束后，再与计算机或账册上反映的账面数进行核对。

②定期盘点法。

定期盘点法又称闭库式盘点法，即将仓库其他活动停止一定时间，对存货实施盘点。一般采用与会计审核相同的时间跨度。

③循环盘点法。

循环盘点法是指在每天、每周销售一部分商品，一个循环周期将每种商品至少清点一次的方法。循环盘点通常对价值高或重要的商品检查的次数多，而且监督也严密一些，而对价值低或不太重要的商品盘点的次数可以尽量少。循环盘点一次只对少量商品盘点，所以通常只需保管人员自行对照库存数据进行点数检查，发现问题按盘点程序进行复核，并查明原因，然后调整，也可以采用专门的循环盘点单登记盘点情况。

④临时盘点法。

临时盘点是指出于特定目的对特定商品或区域进行的盘点。要得到最正确的库存情况并确保盘点无误，可以采用账面盘点与现货盘点等方法，以查清误差出现的实际原因。

7.3.2　盘点作业流程

1）盘点作业流程管理

盘点作业一般流程如图7-6所示。

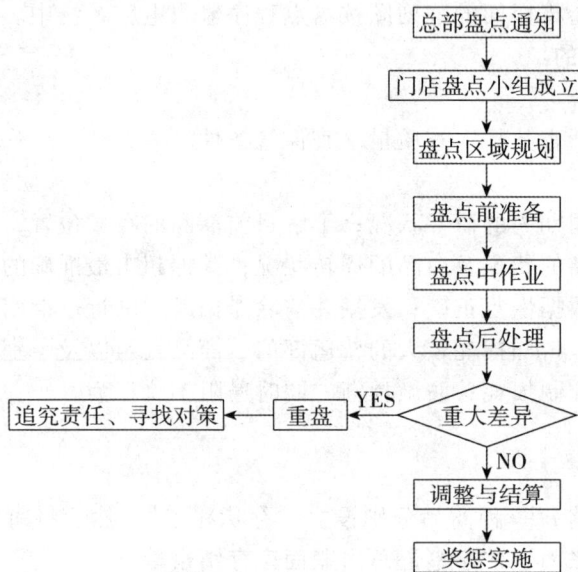

图7-6　盘点作业一般流程

①盘点作业的制度应由连锁企业总部统一制定，其内容包括：盘点的方法（如是实盘还是账盘）、盘点的周期（一个月或一季度盘点一次）、账务处理的规定、盘点出现差异的处理方法及改进对策、对盘点结果的奖罚规定。

②盘点作业人员组织由各门店负责落实，总部人员在各门店进行盘点时分头进行指导和监督盘点。一般来说，盘点作业是门店人员投入最多的作业，所以要求全员参加盘点。

③盘点作业要确定责任区域并落实到个人。为使盘点作业有序有效，一般可用盘点配置图来分配盘点人员的责任区域。在落实责任区域的盘点人员时，最好用互换的办法，即商品部 A 的作业人员盘点商品部 B 的作业区域，依此互换，以保证盘点的准确，防止"自盘自"可能造成的不实情况。

④盘点前准备。要贴出告示，告知顾客，以免顾客在盘点时前来购物而徒劳往返（最好在盘点日前3日贴出），还要告知厂商，以免厂商直送的商品在盘点时送货而造成不便。

2）盘点作业准备工作

（1）盘点计划

召开盘点会议，确定盘点各项工作的分工及盘点流程与盘点方法；决定盘点周期与时间；确定参与人员；确定相关事宜；制作各种盘点单据；系统完成所有收货、出库指令；

发布盘点公告通知厂商及顾客。

（2）整理工作

①环境整理。门店一般应在盘点前一日做好环境整理工作，主要包括：检查各个区位的商品存货、陈列的位置、编号与盘点配置图是否一致；清除门店内的死角；将各项设备、备品及工具存放整齐。

②商品整理。整理库存商品，一是要注意容易被大箱子挡住的小箱子，所以要在整理时把小箱子放到大箱子的前面；二是要注意避免把一些内装商品数量不足的箱子当作整箱计算。

整理陈列架商品，分清每一种商品的类别和品名，进行分类整理，不能混同于一种商品；每一种商品陈列的个数也是规定的，要特别注意每一种商品中是否混杂了其他商品，以及后面的商品是否被前面的商品遮挡住了，而没有被计数；将有损商品、废弃商品、过期商品预先鉴定，与一般商品划定界限，以便正式盘点作出最后鉴定；非盘点商品需贴标注明非盘原因，以防错盘；供应商交来商品尚未办完验收手续的，或退回给供应商还未运走的商品，由于所有权归供应商所有，必须与公司商品分开，避免混淆。

仓库和门店必须在盘点前确定一个截止时间停止领发商品，以避免交叉混淆出错。

盘点前商品的最后整理。一般在盘点前两个小时对商品进行最后的整理，这时要特别注意，陈列货架上商品的顺序绝对不能改变，即盘点清单上的商品顺序与货架上商品的顺序是一致的。如果顺序不一致，盘点记录就会对不上号。

③单据整理。进货单据整理、变价单据整理、净销货收入汇总（分免税和含税两种）、报废品汇总、赠品汇总、移仓单整理。

（3）培训

盘点工作不仅工作量大，而且非常烦琐，为保障盘点工作顺利进行，必须要抽调人手支援。对于各部门抽调来的人员，应加以组织分配，并进行必要的盘点培训，使每一位参与盘点的人员都能够了解并担任好职责。

①明确盘点人员及其责任。

总盘人：盘点工作的总指挥，负责确保整个盘点质量、进度，合理安排盘点任务，协调盘点组、财务等相关部门间工作和出现的问题，解决临时、突发事项。

主盘人：负责推动实际盘点工作，包括盘点任务分配、保证盘点质量与进度，审核盘点单，安排盘点单的及时领取与上交。

初盘人：负责数量点计。

填表人：负责填写盘点人的数量记录，保证记录及时、准确；调整数据的系统录入，工作量的统计；盘点单的准备、提交、发放、回收的监控与跟踪。

复盘人：与初盘人核对填表人填写盘点单的情况，确保数据准确；分析差异产生的原因，确定复核商品清单，编写盘点报告，确认系统调整数据。

协点人：负责料品搬运及整理，以及车辆、餐饮、清洁、照明等后勤工作。

抽查人：负责盘点过程的抽查监督。抽查人由店长委派，负责盘点质量的抽查，检查单据填写是否规范，给予盘点人员相关支持，与盘点组长沟通确定特定商品的盘点方式。

②人员安排的通告。

盘点小组人员安排：盘点小组在接到部门上报的参加盘点人员的名单和排班后，将所有盘点人员进行安排，于盘点前7天以书面通知、公告的方式通知各个部门。盘点人员按库存区盘点和陈列区盘点来安排。将门店分成不同的盘点分区，每个分区设置一个盘点分组和分控制台，每个分控制台设置一个分组长，全面控制盘点工作。

复查人员安排：门店根据盘点情况，分别按库存区盘点和陈列区盘点来安排人员。要求每个分区都必须安排人员进行复查。重点是精品部、家电部、烟酒部以及比较容易出现点数错误的区域。

③对盘点人员的培训：分为商品认识培训和盘点方法培训两方面。对于商品认识的培训，重点在于复盘人员与监盘人员，因为复盘人员与监盘人员大多数对商品品种规格不太熟悉；门店盘点流程与盘点方法经过会议通过后，即成为制度。参与初盘、复盘、抽盘、监盘的人员必须根据盘点管理程序加以培训，必须对盘点的程序、方法、使用的表单等整个过程充分了解，这样盘点工作才能得心应手。

3）盘点实施

（1）盘点实施流程

门店盘点一般按以下流程实施：

下发盘点执行通知→人员就位领取盘点表格→库存区、陈列区盘点→监点人复盘→回收盘点表→封存仓库、盘点表→确认盘点结果，结束盘点。

盘点表一般格式（各企业可根据具体情况自行设计）见表7-1。

表7-1　　　　　　　　　　　　**盘点表一般格式**

部门：　　　　　　　　　　　　　　　　　　　　货架编号：

商品编码	品名	规格	数量	单价（元）	金额（元）	复点	差异	抽点	差异	备注

（2）盘点作业实施

①库存区盘点的方法与要点。

库存区域商品的盘点一般是两人为一组同时进行点数，如果所点商品的数目一样，则将此数字登记在盘点表上；如果两人的点数不一致，必须重新点数，直至相同。

盘点的方向一般是先左后右，由上至下。未拆的原包装箱不用拆箱盘点，只需记下其数目，所有非原包装箱或已经开封的包装箱必须打开盘点。

盘点表上的标签只记录该位置商品的品种，因此盘点表上的数据应该是该商品在该位置的总数。

遇到无标签的商品，盘点人员应到分控制台申请标签，现场盘点计数；遇到有标签无商品的情况，计数为零，不能不写任何数字。

　　库存区的盘点由分控制台台长负责分配盘点表，每组人员每次只能负责一个编号下的盘点表。每完成一个编号的盘点表后，再进行下一个编号的盘点表。

　　完成的盘点表可以接受抽查人员的抽查，检验数据是否正确。抽查人员必须对散货、贵重物品、大宗商品进行重点抽点核对，抽点应及时，一般在员工点数完成后进行。

　　冷冻库和冷藏库在盘点前必须关闭制冷设施，盘点人员应做好防寒措施。

　　盘点表的审核。盘点表上数字的书写应清楚、规范，盘点表的页数应正确等。

　　盘点后所有的库存区全部封存，封闭式仓库上锁，开放式仓库用绳子封住，并用标识明确是已经盘点的商品；盘点后对所有资料进行检查，如果符合完整、清楚、正确的标准，由盘点小组人员将其封存于文件柜中。

　　②陈列区盘点的方法与要点。

　　所有明确标示"不盘点"和贴有"赠品"、"自用品"的物品一律不盘点。归入待处理区域的所有商品一律不进行盘点。

　　盘点人员发现本区域的散货后，应将其送往特别区域。

　　特别区域商品，包括当天的顾客退换货以及店面发生的散货，在特别区域进行盘点。

　　盘点人员两人为一组，一人点数，一人记录。采用相应交叉的盘点方法，初点与复点的人员不同，三点的人员与初点、复点的人员不同。

　　商品的点数单位与销售单位一致，并且每个陈列位分开点，不进行累加。

　　商品盘点计数后，点数人员将数字书写在小张自粘贴纸上，贴在本商品的价签上。

　　记录人员按编号扫描商品，再按照小张自粘贴纸上的数字进行记录，不做任何改动。每记一个数据后，立即将小张自粘贴纸撕毁（初点、复点用不同颜色的小张自粘贴纸）。

　　每次记录完一个位置编号，必须检查是否所有的小张自粘贴纸的数据均已完成记录，有无遗漏。

　　初点完成后，HHT交到分控制台，由台长检查初点的完成情况，并将初点HHT送到总控制台进行数据输入清空。

　　复点进行后，安全部人员和分控制台台长则进行点数的抽点，记录点数的数据，等待系统确认计数数据后，确认有无差异。

　　（3）门店盘点流程分段

　　按照门店盘点的阶段可将盘点实施流程分为初盘作业、复盘作业和抽盘作业等阶段。

　　①初盘作业。初盘作业是在指定的时间停止仓库与柜组的商品进出，各初盘小组在负责人的带领下进入盘点区域，至少两人一组，并在相关管理员的指引下进行各种商品的清点工作。具体工作要点如下：盘点人员须在存货盘点单上签名并注明员工工号；盘点时按存货盘点单所写从左至右、从上到下的原则进行；每一组货架都应视为一个独立的盘点单元，使用单独的盘点表，以便按盘点配置图进行统计整理；每两人一组进行盘点，一人点，一人记，不同特性的商品应注意计量单位不同；各部门主管须再次确定货架上每项商品皆填写于存货盘点单上，如有遗漏商品，可手写于存货盘点单上，盘点后由输入小组补充输入；对于盘点数量的更改，应在错误的数量上划"×"，并在旁边写上正确的数量，需经该部门主管签名，否则无效；仓库完成盘点后，不得移动商品，直至所有的存货盘点

工作完成。

②复盘作业。初盘结束后，复盘人员在各负责人带领下进入盘点区域，在管理员和初盘人员的引导下进行商品的复盘工作。复盘工作可采用100%复盘，也可采用抽盘，由公司盘点领导小组确定，但比例不得低于30%；复盘人员根据实际情况，可采用由账至物的抽盘作业，也可采用由物至账的抽盘作业。由物至账，即在现场随意指定一种商品，再由此与盘点清册、盘点卡进行核对，检查三者是否相符；由账至物，即在盘点清册上随意抽取若干项目，逐一到现场核对，检查盘点清册、盘点卡、实物是否一致。复盘人员对核查无误的项目，在盘点卡与盘点清册上签名确认；对核查有误的项目，应会同初盘人员、管理人员修改盘点卡、盘点清册中错误的部分，并共同签名负责。复盘人员将两份盘点卡及盘点清册一并上交主盘人或总盘负责人员。

复盘注意事项：复盘作业在初盘完成之后进行；复盘人员须在新的盘点表上填写，并在表上签名和注明员工工号；复盘人员须用红色圆珠笔填表，复盘作业方法参照初盘作业方法执行，并再次核对盘点配置图是否与现场实际情况一致。

③抽盘作业。对各小组和各责任人员的盘点结果，门店店长等负责人要认真抽查。抽盘作业要点如下：经主管确定复盘后，方可进行抽盘；抽盘商品以高单价、高库存、初盘和复盘有差异的商品为主；抽盘人员须在复盘单上签名并注明员工工号；抽盘人员发现错误时，立即通知该部门主管，并由该部门主管在存货盘点单上签名确认；抽盘人员将错误记录在复查错误记录表上，并由该部门主管签名确认；复查错误记录表经抽盘负责人签名确认后提交店长。

@阅读资料7-1

某超市贵重商品盘点注意事项

贵重商品是指筒装奶粉、烟酒、化妆品、小家电等易被盗、高价值的商品，每天2次盘点有利于维护库存准确，及时发现异常情况并进行纠正，以减少商品内、外盗的现象。

贵重商品盘点表见表7-2，贵重商品的盘点程序如图7-7所示。

表7-2　　　　　　　　　　　　　　贵重商品盘点表

部门：　　　　　　　　　　日期：　　年　月　日

序号	商品条码	商品名称	星期一				星期二				星期三				星期四				星期五			
			上午		下午		上午		下午		上午		下午		上午		下午		上午		下午	
			存量	销量	存量	销量	存量	销量	存量	销量	存量	销量	存量	销量	存量	销量	存量	销量	存量	销量	存量	销量
1																						
2																						
员工签名																						
促销员签名																						
主管签名																						

资料来源：作者根据相关资料整理.

```
          ┌─────────────────────────────┐
          │ 登记每日所需盘点的商品"商品盘点 │
          │ 登记表"（附：贵重商品盘点表）   │
          └─────────────┬───────────────┘
                        │
          ┌─────────────┴───────────────┐
          │ 营业前相关部门早班员工进行部门 │
          │ 指定商品的盘点，登记数量并签名 │
          └─────────────┬───────────────┘
           ┌────────────┴─────────────┐
  ┌────────┴──────────┐    ┌──────────┴──────────────┐
  │ 无差异：在盘点表上做 │    │ 有差异：主管、助理第一时间 │
  │ 相应记录           │    │ 复核并立即上报管理层、防损 │
  └────────┬──────────┘    │ 部，跟进调查了解原因并签名 │
           │                └──────────┬──────────────┘
  ┌────────┴──────────┐    ┌──────────┴──────────────┐
  │ 部门交接班需进行交接 │    │ 确认损失、填制一式两联的 │
  │ 盘点，交班人、接班人 │    │ "报损单"（柜台联、财务联） │
  │ 签名确认           │    │ 交店长审批               │
  └────────┬──────────┘    └──────────┬──────────────┘
  ┌────────┴──────────┐    ┌──────────┴──────────────┐
  │ 关店前晚班员工进行盘 │    │ 部门持单交电脑部及时调整 │
  │ 点，助理、主管抽检并 │    │ 库存，财务存档           │
  │ 签名确认           │    └──────────┬──────────────┘
  └────────┬──────────┘               │
           └────────────┬─────────────┘
              ┌──────────┴──────────┐
              │ 防损部每日不定期检查 │
              └─────────────────────┘
```

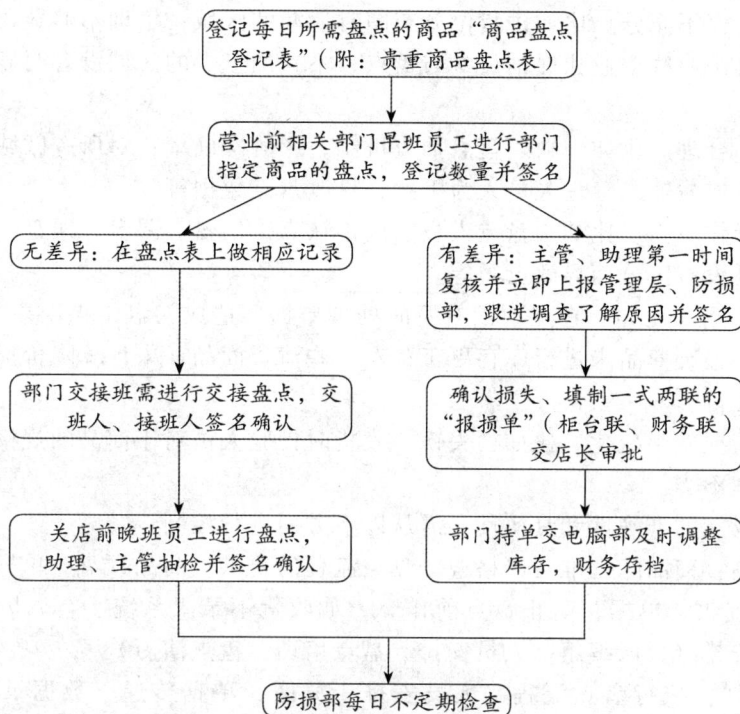

图7-7 贵重商品的盘点程序

盘点工作中应注意的事项：

1.应由部门当班员工负责盘点和复查、抽查，不能完全交由促销员独自盘点。

2.发现差异应在可能出现的区域仔细复查，如仓库的死角、加高层、与其他商品混装、待退货等情况。同时，更改库存应慎重。

3.应随时抽查盘点，对错盘、漏盘等工作失误提出处罚。另外，针对同一单品重复更改库存的情况应特别重视，如改小之后又改大，或多次改小等情况。

4）盘点后工作

盘点后的工作主要集中在盘点数据统计、盘点差异分析、盘点结果处理及盘点考核等内容上。

（1）盘点资料整理、数据统计

①店长确认盘点单是否全部回收，盘点单上初盘、复盘、抽盘是否有签名。

②影印一份自存，原件送至财务会计部门核算。

③根据盘点记录表统计得出盘点差异。

④统计各项商品的盘盈与盘亏数量、金额、总金额。

⑤计算累计盘盈、盘亏总金额。

（2）差异分析

门店盘点所得资料需与账目核对，就整体而言，商品不可能有盘盈，除非有进货无进货传票、盘点虚增或计算错误。盘损则属于正常状况，若在2%以下，则可进行账务调整；若超过2%，则应追查产生差异的原因。

①一般而言，产生盘点差异的原因有下列几种：

盘点准备工作不充分。比如，货位分布图有遗漏的区域；培训不够导致员工对盘点流程不熟悉，尤其是一些企业让促销员参与盘点；不参加盘点的区域没有明显的"不参加盘点"标识等。

盘点流程不合理。比如，缺乏盘点抽查机制，影响准确率；对所有区域缺少总控，造成某个区域漏单或漏输；管理人员人为干扰，篡改盘点数据等。

盘点作业操作不当。比如，盘点人员态度不认真；错盘、漏盘、误盘；计算错误；样品、赠品和商品没有区分而导致盘盈等。

账目管理不当。比如，盘点前没有及时处理单据，造成初盘结果误差很大；空收货，结果账多物少；报废商品未进行库存更正；对一些清货商品，未计算降价损失；商品变价未登记或任意变价。

商品本身情况发生变化。比如，失窃；收货时检验人员对于商品的规格鉴别错误；生鲜品失重等处理不当。

②要确保盘点的准确性和真实性，需从以下方面进行控制：

盘点前控制：商品陈列准备严格遵守盘点流程的要求；商品预盘；单据处理，如负库存的调整；抽查收货单据，防止盘点前作弊，如收货不录入系统、空调拨、空返厂等行为；盘点人员安排（分区编组、人员安排、盘点培训、盘点演习）。

盘点中控制：执行盘点流程（人员安排、分区、单据传递、数据录入、数量更改等）；确保不同区之间不存在货物流动；商品、单据复核需按要求比例进行；及时处理盘点中出现的异常情况（破损、空包装、过保质期等）；防止非原包装箱、货架顶、堆垛打底商品漏盘、错盘；确保录入准确，重点抽盘高值商品；预防盘点期间盗窃。

盘点后控制：盘点后打印库存差异报告，需在最短的时间内复查；对于大金额的库存调整，必须由防损部复核才可以确认；保管好盘点的文件，并复印存档，防止有人篡改；复查时需分析查出的结果，哪些是上次盘点错误影响到本次盘点的，哪些是盘点时点错的，哪些是录入时录错的，哪些是单据出错的；盘点后要对损耗的部门和单品进行分析，并制订行动计划；如果有必要可以请独立的第三方盘点公司盘点，以确保数据的真实性。

（3）盘点结果处理

盘点结果一旦发现差异及原因，应提出分析意见，并实时追查。一般是先向保管人员查问，因这些人员熟悉实情，易发现不符原因，可予以适当解决，并立即加以纠正。若保管人员无法解释不符原因或说明正当理由，即可列为疏忽，如发现显著不符，应审查存量卡，核对各有关记录、账表，并对各种不符项目加以确定并追究。盘点结果处理要做好以下四方面工作：

①上报总部。无论盘盈、盘亏，都要将盘点结果按规定时限上交总部财务部，财务部将所有盘点数据复审之后就可以得出该门店的经营业绩，结算出的毛利和净利就是盘点作业的最后结果。

②修缮改进。一般情况下，各个连锁企业都有盘损率的基本限额，如超过此限额，就说明盘点作业结果存在异常情况，要么是盘点不实，要么是企业经营管理状况不佳。因此，各个门店店长必须对缺损超过指标的商品查找原因，并说明情况。

③奖惩。商品盘点的结果一般都是盘损，即实际值小于账面值，但只要盘损在合理范围内应视为正常。商品盘损的多少，可表现出门店内从业人员的管理水平及责任感如何，

所以有必要对表现优异者予以奖励，对表现欠佳者予以处罚。一般做法是事先确定一个盘损率[盘损金额÷（期初库存+本期进货）]，当实际盘损率超过标准盘损率时，门店各类人员都要负责赔偿；反之，则予以奖励。

④预防。当废弃商品比率过大时，应设法降低该比率；当商品销售周转率极低、存货金额过大而造成财务负担过重时，应设法降低该商品库存量；当商品短缺率过高时，应设法强化销售部门与库存管理部门及采购部门的配合；当货架、仓储、商品存放地点足以影响到商品交接，应设法改进；当门店加工商品中原材料成本比例过高时，应调查采购价格偏高的原因，设法降低采购价格或寻找廉价的替代品；在门店商品盘点工作完成以后，所发生的差额、错误、变质、盘亏、损耗等结果应分别予以处理，并防止以后再发生。

（4）盘点考核

盘点工作结束后，主要盘点负责人对盘点中出现的问题进行汇总，分析差异，总结盘点中的经验和不足，并针对盘点发现的营运问题提出改进措施，出具盘点报告，形成书面文件作为以后盘点的标准。同时根据各个盘点区域对盘点质量、效率进行考核，作为门店工作人员绩效考核的一项内容。

 案例精析

抓住气象信息的商机：7-11便利店的天气管理

在日本7-11，其门店的系统每天固定5次收集天气动态信息，这自然不是无的放矢。那么，天气对于零售行业尤其是便利店这样的零售业态究竟有什么影响呢？下面是在日本发生的一个"商业事件"：由于天气反常变暖，日本10月份的零售业绩比一年前减少1.9%。日本经济产业省官员公布的资料显示：由于10月份上半月格外暖和，影响西装与外套等冬季成衣销售，10月份百货公司销售业绩下降3.5%；超级市场零售业绩降低0.6%；成衣销售业绩降低3.7%；但食品饮料销售反而上扬1.1%。10月份销售特别强劲的是加工奶制品。

在所有连锁零售企业中，我们发现销售受到天气变化影响最大的是便利店和标准超市。一个微小的天气变化就可能为便利店这种小型业态带来巨大商机。因此，所谓的"气象经济"也就同时产生了，随着生活节奏的加快，人们经常只在需要这种商品的时候才购买，很少有人事先做什么购物计划。因此，尽管零售商们和有关的市场研究人员仍然在根据常规惯例、明显的季节变化以及其他可预见的因素来制订每年的营销方案，但在现实当中顾客们却很少按照所谓的季节规律来改变自己的消费。毕竟人们是因为天气冷了才会想到去买羽绒服，而不会考虑今天到底是不是立冬。一旦天空飘落下第一片雪花，最先吸引到顾客注意力的人就会是赢家。对于便利店来讲，这意味着应当及时在户外设置一些招贴广告，因为在这个时候宣传季节商品效果才是最好的。比如加拿大的一些小店会在入冬头场雪到来的时候，马上在店外码放起取暖用的木柴。当零售商们分析去年或前几年的销售数据，并进行今年的销售预测的时候，他们首先假定了天气的影响在这些年份中是基本稳定的。然而实际上这又怎么可能呢？比如，我们通过数据分析可以得出每年6月份冰淇淋和瓶装饮料的销售与室外气温紧密相关；但是气象专家告诉我们，天气条件以及受其影响的天数，在年与年之间仅有30%是基本相同的。也就是说，简单地按照去年冰淇淋的销量来安排今年夏天的采购量，并不是最科学、最有效的方法。如果只是简单地根据上一年的商品销售走势来给各个门店配货，就可能因为天气的突然变化而导致地区之间的配货不合理，造成局部的库存积压或临时性缺货。即使是目前最完善的零售分析系统，对于每周或每月短期销售波动的预测也难以经受实践的检验，这就使得在现代社会里零售商处于"靠天吃饭"的尴尬境地中。与季节反常的天气，比如出奇温暖的冬季或者特别凉爽的夏季，这些天气变化都会导致严格按照季节更替制订的配送方案失去意义，这就是为什么理论上的库存商品种类和最佳库存量总是与现实情况发生矛盾的原因。当计划中的商品送达门店的时候，天气可能会发生变化，而销售的良机则已转瞬而逝。了解天气因素在上周、上个月以及去年对销售额造成的影响是非常有价值的，何时何地才是开始销售季节性商品的最佳机会，什么时候销量最好，什么时候达到季节销售的波峰，这些分析结果都会给零售商带来可观的经济效益。只有善于利用人们对天气变化的敏感反应，零售商家才能够在合适的时间、合适的地点提供最合适的商品，并在竞争中保持自己的领先地位。

天气变化给便利店带来的影响主要包括以下几个方面：

1. 天气变化对门店订货量和销售量的影响。

门店要根据天气情况预测每天的销售趋势。由于午餐、饭团和三明治等食品占据日本7-11每日销售额的一半左右，而这些商品的销售周期短，贩卖情况又和天气息息相关，7-11系统每天收集气象报告数据5次，供各地的门店参考，以免所订的讲求新鲜度的食物数量积压或者不足。为了区分每一个大中小类商品对于不同天气变化的敏感程度，因此需要将商品订货属性进行划分，例如矿泉水随着温度的上升，订货系数将会上升，可以根据以往的销售最高峰和最低谷的变化程度来拟定天气对订货系数的影响范围。而有些气象变化如飓风来临，这样的天气恐怕对门店的所有商品都会产生影响，所以这时的订货参数也许是统一将商品的订货系数下调。如果某一特殊天气持续数日，人们对于这种外在天气的影响就必须十分关注，例如，第一天下雨和第二天还在下雨，对客户的购物行为的影响是不同的，应当考虑消费者对于外在天气变化的适应能力和预防心理，避免订货数量发生变化时产生差错。

2. 对实际的商品陈列和堆头的影响。

天气变化除了会对商品订货量和销售量产生影响之外，还会对门店商品的陈列位置和陈列面积产生相应的影响。例如，预报在未来的天气变化中将会出现持续的阴雨，那么是否对适合阴雨天气的商品进行一些排面上的调整呢？这些及时的变化有利于发挥便利店店面小、经营灵活的特点，进而避免和减少门店的经营风险。

3. 对门店硬件设施投入的影响。

当天气发生变化的时候，便利店的商品和人力策略都进行了调整，同时便利店的硬件设备也是需要调整的。例如，门店外正在下雨，温度急速下降，门店的空调系统是不是可以做一些适度的调整呢？答案是必须根据顾客体表的温度与天气变化情况进行相应的调整。

4. 对门店的背景音乐的影响。

也许有人会问："天气的变化与门店的背景音乐有什么关系呢？"越来越多的连锁便利店现在已经统一了门店的背景音乐，而大部分门店的背景音乐还是通过总部统一录制、刻盘并分发给各门店的，这样既浪费时间又浪费资源。

5.对客户服务的影响。

随着连锁零售企业客户化服务竞争的加剧，顾客对连锁门店客户化服务的准确程度和适应度的要求越来越高。便利店能够给顾客带来什么样的服务已经是便利店竞争的重要方面之一。在有些时候，由于天气变化，门店对于顾客的一些客户化服务也就应该随之改变。例如突然下雨，门店的盒饭和一些快餐的送餐订单一定会大大增加，这时候就需要有足够的人力去配合这一变化，满足客户的特殊需求，同时对门店员工工作日和休息日的调整也要随之变化，必要的时候要提前安排钟点工参与和管理。如果便利店系统支持门店的人员工作安排，就需要将天气变化的因素列入影响工作计划安排的问题上，以便对工作时间表进行设计安排。

资料来源：佚名.抓住气象信息的商机：7-11便利店的天气管理[EB/OL].（2012-12-04）[2015-12-08].http://www.pchome.com/content-21773.html.

精析：细节决定成败。随着互联网的发展，数据应用技术在连锁门店的经营与管理中起到越来越重要的作用，数据分析中发掘出的气象与销售的关系也受到经营者的密切关注。全球最大的连锁零售店7-11就觉察到了天气变化与门店运营的微妙联系，并影响了订货、供货、铺货等众多环节，这样的管理手段与态度对其他零售店来说是值得学习与借鉴的。

职业指南

商品库存管理、调整12招

卖场的库存管理中销售是重中之重，要想合理控制库存管理，一定要了解以下几点注意事项：

1.订货时要坚决杜绝漏订现象。有的商品电脑库存很高，但实际排面已经缺货。所以主管每天巡视排面时要随时对排面不丰满的商品进行记录，并及时和订货员沟通。管理人员在安排订货的同时要对这些虚库存进行盘点，并进行库存调整，以确保实际库存和电脑库存一致。

2.订货员订货时要看商品进销存单和在单量以及原来的订单是否过期。有的商品在系统里显示有在单量，但实际上是多年前的订单，因此要及时对过期订单进行删除，并对已经存在有效订单的商品进行催货，避免重复订货。

3.订货时还要检查库存过高的商品，订货员与主管沟通，盘点核对滞销商品的库存，提醒管理人员及时处理高库存。

4.每期DM促销快结束时，要提前两三天控制订货量，考虑退货。很多商品做促销的时候价格很低，而且都放在黄金位置，所以销量火爆。但是一般促销结束后价格回升，并且撤离到普通货架，几乎没什么销量。所以，DM促销快结束前要严格控制订货，不然很容易造成库存积压。对于那些做了促销但不好卖的商品，可与采购联系继续低价促销或者和厂家联系退货。

5.对于过季商品，根据季节控制订货量，或者和厂家保持联系，如果厂家因为生产计划过高库存积压，而且厂家也愿意甩卖处理，可以双方协商在季节交替的时候搞大型促销。

6.每天管理人员都要督促员工整理仓库，把破包、残次品整理堆放在特定区域，并填写退货单。写好的退货单应及时交领导审核退货，坚决防止退货不及时的现象发生。

7.每天都要整理仓库。仓库摆放要整齐，同类商品要堆放在一起；遵从上轻下重的原则；畅销商品库存周转快，要尽量放在外面；保持仓库货架、地面的整洁。

8.仓库适当方位要装上监控器，每天都要有一名保安在仓库看管。

9.仓库、卖场人员验货时要认真核对数量、品名、条码、保质期。

10.收货、验货的时候一定要仔细，特别是赠品的验收一定要确保数量准确，对于捆绑的赠品，如果数量不足，员工捆绑时很容易把在销售商品当作赠品捆绑掉，给公司造成损失。

验货员对于以下商品一定要拒收：

多送、错送的商品，订单上根本没有的商品，如果不拒收会增加不必要的库存，给后期管理工作带来不必要的麻烦；保质期超过临界保质期的商品；没有相关证书的进口商品；经过农药测试不合格的生鲜商品；明显腐烂、不新鲜的蔬菜、水果等；外包装损坏、变形的商品；供应商重复配送的商品等。

直配供应商出现以上情况可以直接拒收，对于统配的送货差异，建议每次验完货后把有差异的商品集中放在仓库特定区域，等下次送货时让司机清点带走。

11.门店管理人员要每天对商品进行清理，对零库存商品、长期无销售商品进行查询，并上报采购部门。采购部门要及时与该商品供应商联系，把可以删除的商品从系统中删除掉，这样更有利于门店人员进行管理。

12.库存管理不可缺少库存调整。卖场商品品种成千上万，最容易出现负库存和虚库存。所以管理人员每天都要对部分商品进行不断的盘点，并随时进行库存调整。如果验货、收银流程严格规范的话，所有出现的负库存肯定有问题，进行库存调整时要查明原因，但是为了确保商品电脑库存和实际库存一致，必须进行库存调整。进行库存调整有一条非常重要的原则是：损耗单和溢余单必须同时做，并且每天所做的两个单据的总金额可以互相抵消，这样就保证了所有商品的总库存金额不变。如果只是单向的调整负库存，那么等到盘点的时候会形成虚库存而无法冲账，这样就会产生巨大的损耗。负库存从表面意义上来说是多出来的商品，当然这是不可能的（除非供应商补损或者赠品在销售）。而虚库存只有等到盘点的时候才能真相大白。为了抵消虚库存，平时做库存调整的时候就要把负库存转移到同一供应商或同类价格差不多的有库存的商品上。

总之，卖场管理中库存管理是关键。如果库存管理混乱，所有报表都没有意义，订货就没有依据，因此所有卖场都会定期盘点，一般在盘点结束后，所有的负库存都会清零。盘点不仅是对前段时间的工作考核，也是规范商品库存，为以后工作的开展铺平道路。

资料来源：佚名.商品库存管理、调整12招[EB/OL].（2011-05-10）[2015-12-08].http：//www.youshang.com/content/2011/04/21/100275.html.

🍴 本章小结

建立合理的进货、存货管理制度，是企业竞争力增强的主要内容。本章在介绍门店进货不同模式的基础上，对订货、收货、退换货、调拨作业进行了详细的说明，又进一步分析了门店存货作业管理的内容。另外，盘点作业是门店管理中不可缺少的一项工作内容，它直接影响门店的经营效益，文中重点阐述了盘点的准备、实施及盘点后的工作等内容。

主要概念

进货　进货作业　订货作业　商品库存　库存管理　实际库存　盘点

基础训练

一、选择题

1.连锁总部会规定固定的时间和周期给每个门店用于订货，以保证进货作业的计划性，一般可采用的订货方式有人工、电话、传真、（　　　）等多种形式。

A.不定期　　　　　　　　　　　B.固定间隔期

C.电子订货　　　　　　　　　　D.书面联系

2.收货作业按进货的来源，分为由连锁企业总部配送到门店的商品收货作业和由（　　　）到门店的商品收货作业。

A.供应商直接配送　　　　　　　B.新的外部供货者配送

C.企业合作伙伴配送　　　　　　D.企业参股单位配送

3.某门店发生临时缺货，且供应商或总部配送中心无法及时供货，门店可以申请进行（　　　）作业。

A.报损　　　　　　B.调拨　　　　　　C.领用与发出　　　　　D.盘点

4.实施现货盘点的方法中，不包括（　　　）。

A.循环盘点法　　　　B.期末盘点法　　　C.账面盘点法　　　　D.定期盘点法

5.盘点后的工作内容主要集中在（　　　）。

A.盘点数据统计　　　B.盘点差异分析　　C.盘点结果处理　　　D.盘点考核

二、判断题

1.库存维护在门店的管理中是至关重要的，而门店的库存应包括内仓、货架上层储存空间两个部分。　　　　　　　　　　　　　　　　　　　　　　　　　（　　　）

2.盘点就是定期或不定期地对店内的商品进行全部或部分清点，所以盘点工作就是清点商品的实际数量。　　　　　　　　　　　　　　　　　　　　　　　　（　　　）

3.在对总部配送商品的收货作业中，门店不需当场验收清点，仅由门店验收员立即盖店章及签收即可。　　　　　　　　　　　　　　　　　　　　　　　　　（　　　）

三、简答题

1.请简单描述门店进货流程。

2.对于供应商直接配送商品进行收货时，应注意哪些问题？

3.在开展盘点工作前，需要做好哪些准备工作？

实践训练

【实训项目】

项目一：门店残损商品处理流程及报损单分析。

项目二：盘点现状分析。

【实训任务】

项目一：以小组为单位了解并收集3～4家企业残损商品的处理流程及报损单，调查不同企业对于不同商品出现残损后的处理流程、处理方法有哪些不同，以及不同类别商品的报损单项目有何区别。

项目二：某些超市在运用现代化信息系统进行门店管理后，认为既然所有的进、销、调、存数据都一目了然，并可以随时掌握，那么盘点作业管理就可有可无了，不必一味强调盘点工作的重要性。请对上述观点给出评论和分析。

【实训提示】

项目一提示：不同小组了解和收集回来的残损商品处理流程和报损单肯定会有不同，这里一方面要求学生能走进企业掌握第一手信息；另一方面由于连锁企业门店中残损商品类别不同，因此要求学生通过实训学会调查，并在此基础上掌握不同类别商品报损单据项目的异同。

项目二提示：建议指导学生对连锁企业进行调查，了解企业盘点工作的实施情况及现状，并在此基础上对采用信息管理系统的企业是否仍要开展盘点工作进行分析。

第8章

连锁门店收银作业管理

学习目标

通过本章的学习，了解和掌握收银人员的工作职责和礼仪服务规范及作业纪律、收银作业流程，掌握POS收银机的操作规程及收银重点作业环节的工作内容及要点。

引例　　　　　　　　**沈阳收银员大赛：平凡岗位成就精彩人生**

收银员，他们是商场的第一形象代言人，他们每天接触的顾客成千上万，他们工作的空间仅有小小的两平方米。然而，这看似平凡普通的工作，也同样可以造就不平凡的业绩，成就不平凡的自己。随着第六届"银联杯"吉林商业服务业收银员职业技能竞赛即将拉开帷幕，我们有幸走访了历届比赛的优秀选手，他们用自己的亲身经历告诉我们，如何在这样一个平凡的岗位成就精彩的人生。

1.坚韧、执着　书写精彩职业生涯

蒲葵，欧亚商都珠宝商场经理，就职于欧亚商都19年，历练出阳光精干的欧亚人独有的气质。1995年9月，蒲葵来到欧亚商都，成为一名普通的财务人员。在很多人的印象中，收银员并不是个需要很高技术含量的工作，但事实并非如此。优秀的收银员要具备良好的个人素质，熟练的收银操作技能，沟通能力与突发事件的应对能力更是不可或缺。在这样一个看似普通却辛苦的岗位上，蒲葵一干就是13年。这份坚韧和认真，让人心生敬佩。2008年，蒲葵带领30多名收银员苦练技能，代表欧亚商都参加了第三届"银联杯"收银员大赛。这届比赛上，蒲葵一举夺得冠军。收银员的刷卡技能、受理水平的高低以及服务意识的好坏，直接影响到企业的形象和银行卡受理环境的建设。

2.收银员大赛　发掘人才、培养员工的良好平台

像蒲葵这样通过收银员大赛脱颖而出的优秀员工，在欧亚商都还有很多。自2008年开始，欧亚商都统一组织收银员参加银联杯收银员技能大赛。历届收银员大赛给优秀员工提供了一个展示自我的平台，通过这个平台我们发掘了很多可造之材。每届的收银员大赛我们都非常重视，会组织全体收银员共同学习，经过内部选拔，最终选出参赛选手。这样在我们欧亚商都内部就形成了一个全员学习、共同提高的良好氛围，大家互相学习，共同进步。据介绍，每届收银员大赛的获奖选手，欧亚商都会在整个公司系统内通报嘉奖。

另外，据了解，欧亚商都将收银员大赛的获奖情况视为员工内部考核的一个重要参考指标。奥莱财务副部长王英玲在2008年第三届银联杯大赛中获得第14名；收银主管肖丽萍在2010年第四届银联杯大赛中获得第2名；欧亚商都团委委员佟晓军在2012年第五届银联杯大赛中获得冠军；收银主管魏红英、张晓敏在2012年第五届银联杯大赛中分别获得第3、第4名；奥莱店收银主管郝丽在2012年第五届银联杯大赛中获得第9名；她们在各自的工作岗位上充分发挥了带头作用。

资料来源：牛胜男.沈阳收银员大赛：平凡岗位成就精彩人生[EB/OL].[2014-08-27].http://www.

linkshop.com.cn/web/archives/2014/299301.shtml?sf=wd_search.

8.1 收银员工作职责和礼仪服务规定

8.1.1　收银员的工作职责

1）收银员任职资格

（1）遵守公司与门店有关的各项规章制度

（2）具有收银业务运作能力

（3）具备各种收银设备的操作技能

（4）具有一定的服务意识和销售技巧，服从、协作意识强

（5）具备基本的电脑知识和财务知识

（6）具有识别假钞和鉴别支票真伪的能力

2）工作职责

（1）收银设备保养、环境保持、票据保管工作

（2）为顾客提供快速、准确的结算服务，掌握各种支付方式的收款操作并验别假钞

（3）做好损失防范工作，确保营业款项安全

（4）礼貌、文明待客，收银工作中唱收唱付，热情、耐心解答顾客咨询或疑问

（5）认真执行岗位工作规范，按要求参加培训及考核

8.1.2　收银员礼仪服务规定

收银员是直接对顾客提供服务的人员，可以说是门店的亲善大使，其一举一动都代表企业对外的形象。因此，只要是一个小小的疏忽都可能让顾客对整个企业产生不良的印象。尤其在目前市场竞争激烈的情况下，亲切友善的服务以及良好顾客关系的建立，就成为服务业成功的基础。因此，每一位收银员都应谨记企业并非只有一家，客人可以选择光临或不光临，所以一定要提供最好的服务，让顾客再度惠顾。

1）收银员的仪容和举止态度

（1）仪容

收银员的服装仪容应以整洁、简单、大方，并富有朝气为原则。做到制服整洁、发型清爽、双手干净、适度化妆。

（2）举止态度

收银员在工作时应随时保持笑容，以礼貌和主动的态度来接待和协助顾客。详细要求见表8-1。

2）正确的待客用语

在适当的时机与顾客打招呼，不仅可以缩短顾客和收银员之间的距离、建立良好的关系，还可以活络卖场的气氛。

（1）常用的待客用语

收银员与顾客应对时，除了应将"请""谢谢""对不起"随时挂在口边之外，还有一些常用的待客用语，如"请稍等""请问有会员卡吗"等。

表8-1 收银员举止态度标准

项 目	符合标准	错误行为
表 情	1.自然、亲切的微笑 2.热情、友好、自信、镇静 3.全神贯注于顾客和工作	1.无表情、不耐烦、不理睬、僵硬、冷淡 2.生气、愤怒、紧张、慌张、焦急、恐惧
动 作	1.身体直立、姿态端正 2.良好的个人生活习惯 3.良好的行为习惯，包括走路快而稳等 4.良好的职业习惯，包括看见地板有垃圾、纸片要随手捡起，有零星商品要及时归位等	1.歪站、歪头、叉腰、弯腰驼背、耸肩、双手前叉、手放口袋、跺脚、拖鞋、蹭鞋 2.吃东西，抽烟，对着顾客咳嗽、打喷嚏，随地吐痰，乱扔杂物，不停眨眼 3.当众揉眼、抠鼻、挠头、挖耳、搓脸、搔痒、化妆、修剪指甲、整理衣服、擦眼镜等 4.走路遇见顾客不让路，抢路，场内跑步，撞散商品
语 言	1.口齿清楚、语言标准流利、声音适中、一般采用标准普通话服务 2.礼貌用语、文明用语 3.说顾客听得懂的语言 4.主动与顾客打招呼	1.口齿不清、说地方方言、声音过高等 2.讲粗话、大声讲话、嘲笑顾客、窃窃私语等 3.不懂顾客的语言不予理睬，对顾客的回答不予回应等 4.有不文明用语

资料来源 周勇.连锁店经营管理实务[M].上海：立信会计出版社，2004.

（2）状况用语

①遇到顾客抱怨时。应先将顾客引到一旁，仔细聆听顾客的意见并予以记录，如果问题严重，立即请主管出面向顾客解说。其用语为："是的，我明白您的意思。我会将您的建议呈报店长并且尽快改善，或者我帮您联系一下，您可以直接与主管沟通。"

②顾客抱怨买不到货品时。向顾客致歉，并且给予建议。其用语为："对不起，现在刚好缺货，我们店内还有其他品牌，您要不要试一试？"或者"请留下您的电话和姓名，货到我们立刻通知您。"

③不知如何回答顾客的询问，或者对答案没有把握时。遇到此种情况，绝不可回答"不知道"，应回答"对不起，请您等一下，我请店长（或其他主管）来为您解答。"

④顾客询问商品价格或其他信息时。以认真的态度帮顾客查找、扫描信息并告之顾客："您所购买的这件商品价格是××元。"

⑤顾客要求包装所购买的礼品时。微笑地告诉顾客："好的，请您先在收银台结账，再麻烦您到前面的服务台（同时比手势，手心朝上），有专人为您包装。"

⑥本收银台空闲，而顾客又排在其他收银台等待结账时。这时应该说："欢迎光临，请您来这里结账好吗？"（以手势指向收银台，并轻轻点头示意）

8.2 收银员作业纪律和作业流程

8.2.1 收银员作业纪律

①收银员在营业时身上不可带有现金，以免引起不必要的误解和可能产生的公款私挪的现象。

②收银员在进行收银作业时，不可擅离收银台，以免造成钱币损失，或引起等候结算的顾客不满或抱怨。

③收银员不可为自己的亲朋好友结算收款，以免引起不必要的误会和可能产生的收银员利用收银职务的方便，以低于原价的收款登录至收银机或出现内外勾结将商品不结款带出店面的"偷盗"现象。

④在收银台上，收银员不可放置任何私人物品。收银台上随时都可能有顾客退回的商品，或临时决定不购买的商品，假如有私人物品也放在收银台上，就会很容易与这些商品混淆，引起误会。

⑤收银员不得随意打开收银机抽屉查看数字和清点现金。随意打开抽屉既会引人注目并诱发不安全因素，也会使人对收银员产生营私舞弊的怀疑。

⑥离开收银台时，要将"暂停收款"牌放在收银台上；将现金全部锁入收银机的抽屉里，钥匙必须随身带走或交值班长保管；不启用的收银通道必须用链条拦住，以免个别顾客趁机不结账就将商品带出超市。

⑦收银员在营业期间不可看报与谈笑，要随时注意收银台前和视线所见的卖场内的情况，以防止和避免不利于卖场的异常现象发生。如发现异常，应及时通知值班经理或店长。

⑧收银员要熟悉卖场内的商品，尤其是特价商品，以及有关的经营状况，尤其是当前变价商品、特价商品、重要商品等，以便顾客提问时随时作出正确的解答。同时收银员也可适时主动告知顾客店内的促销商品，这样既能让顾客有宾至如归的感觉，还可以增加门店的营业额。

⑨收银员必须保持仪容仪表干净整洁，并使用规范的文明用语接待顾客。

⑩顾客将全部商品拿到台面进行结算后，收银员应检查一下购物车内有没有遗漏商品，以避免商品未结账而被带出收银区。

8.2.2 收银作业流程

收银工作的内容繁杂而琐碎，除了每日的例行工作之外，还有每周及每月的固定作业。

1）日收银工作流程

具体日收银工作可分为营业前、营业中、营业结束后三个阶段。

（1）营业前作业流程

①提前半个小时换好工装。

②在组长的带领下到现金房领取备用金，要求各种面值的纸钞、硬币齐全。

③收银员在组长在场的情况下清点备用金，检查应备有的定额零用钱是否足额。

④确认无误后，在相应的栏内画"对号"，确认签字。

⑤在组长的带领下返回卖场，开晨会，做开店前准备。

⑥清洁、整理收银台及周围环境。

⑦整理、补充必备的物品，包括购物袋、打印纸、暂停结算牌、复写纸、笔、干净的抹布、装钱的布袋、剪刀等；整理补充收银台前头柜的商品，核对价目牌。

⑧了解当日的变价商品和特价商品。

⑨开机、检查收银机运作是否正常，打印装置是否正常，工号与日期是否正确，机内的程序设定和各项统计数值是否正确归零，后台服务器与前台收银机连接是否正常，信息传输是否正确（POS系统），验钞机工作是否正常。

⑩检查仪容、佩戴工号牌。

（2）营业中作业流程

①当班收银员根据自己的工号输入密码。

②按公司的服务标准欢迎顾客光临。

③认真接待每一位顾客，准确、快速地逐一扫描商品，并对需消磁商品进行消磁。

④商品扫描结束确认金额总计，并唱收顾客的钱款，如付现金进行人民币真假辨认，如为银行卡或其他结算卡，则执行卡类结算收款程序。

⑤唱付顾客找零款额，或刷卡结算成功后将卡还给顾客，同时将收款小票递给顾客，提醒顾客拿好商品。

⑥发生顾客抱怨或由于收银结算有误顾客前来交涉时，应立即与当班组长联系，由组长将顾客带至旁边接待，以免影响正常的收银工作。

⑦在非营业高峰期间，等待顾客时可进行各类清扫、整理工作或完成店内安排的其他工作。

（3）营业结束后作业流程

一日或一班的营业工作结束后，收银员要做好系列收尾工作。

①交接班时，放置"暂停收银"牌，向走近的顾客说"对不起，先生/女士，这个收银机很快就关闭了，请到附近收银机付款"。在临近闭店时间，如果还有顾客未结账，应继续为其服务。

②退出收银机收款系统。

③整理电脑小票以及各种有效价券。

④点出备用金后，结算营业总额，填写交款单。

⑤关闭收银机电源并盖上防尘套。

⑥整理收银台及周围环境。

⑦协助现场人员处理善后工作。

⑧去现金室上缴当班营业款。

一般来说收银员在营业前与营业后要填写作业核查表，该表由收银员每次当班时实事求是地填写，在当班结束后交于店长，该表格纳入门店对收银员每月工作考核中。各门店可以根据企业要求自行设计核查表的项目和内容。

某超市的具体结账步骤见表8-2。

表8-2　　　　　　　　　　　　　　　　某超市的具体结账步骤

步　骤	收银标准用语	配合动作
欢迎顾客	欢迎光临	面带笑容，与顾客的目光接触 等待顾客将购物车/篮内或手上的商品放置收银台上 将收银机的活动荧屏面向顾客
扫描商品	请问这些是您需要结账的商品吗	以左/右手拿取商品，并确定该商品的售价及类别代码是否无误 以右/左手按键，将商品的售价及类别代码正确登录在收银机内 登录完的商品必须与未登录的商品分开放置，避免混淆 检查购物车/篮内是否还留有商品未进行结算
结算商品总额，并告知顾客	您好，总共是××元	将空的购物篮从收银台上拿开，叠放在固定位置 趁顾客拿钱时，可帮顾客将商品入袋，但顾客拿钱付账时，应立即停止手边的工作
收取顾客支付的货款	收您××元 收您××卡一张 请您输入密码	确认顾客支付的现金，并检查是否为伪钞 若顾客未付账，应礼貌性地重复一次，不可表现得不耐烦 执行银行卡/购物卡结算程序
找　零	找您××元，拿好小票 请您为银行结算单签字 请拿好您的卡	找出正确的零钱，将大钞放在下面，零钱放在上面，双手将现金/银行卡/购物卡连同收银条一并交给顾客
送别顾客	谢谢！请拿好商品，欢迎再来	提醒顾客拿好全部商品 面带笑容目送顾客离开

2）周、月收银工作流程

（1）周收银工作流程

①订货（指收银业务所需必备物品）。

②清洗购物车、篮。

③更新DM海报。

④确定收银员轮班表。

⑤向银行兑换零钱。

⑥营业所得存入银行。

⑦整理并传送以周为登录单位的各式收银表单，报相关部门或主管。

（2）月收银工作流程

①月初封存上月份的统一发票存根联。

②月底购买下月份的统一发票。

③必备物品的申请或购买。

④单月份申报营业税。

⑤整理并传送以月为登录单位的各式收银表单，报相关部门或主管。

⑥收银机定期维护。

8.3 POS收银机及收银作业重点管理

8.3.1 POS收银机操作

1) POS收银机的组成

常见的POS收银机系统的主要组成设备包括：POS收银机（包含顾客显示屏、收银员用显示器、主机、收银小票打印机、电子钱箱等组件）；条码扫描器（可选择手持式CCD、手持式激光枪、带支架CCD或者激光枪、激光平台等条码识读设备）；收银管理软件。辅助设备及耗材一般包括：UPS不间断电源、条码电子计价秤、收银纸、打价机（价格标签机）及打价纸等。

（1）条码扫描器

条码扫描器是进行商品扫描的机器，其主要类型有：笔型条形码阅读器、CCD条形码阅读器、激光枪条形码阅读器、固定式条形码阅读器等。其中固定式条形码阅读器因分辨率高、扫描速度快、寿命长等优点被广泛使用，便携式CCD条形码阅读器、激光枪条形码阅读器工作距离较大，使用方便，小型超市多首选使用，具体如图8-1、图8-2和图8-3所示。

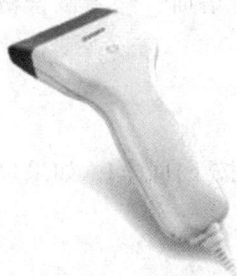

图8-1　CCD条码阅读器　　　图8-2　激光枪条形码阅读器　　　图8-3　激光扫描平台

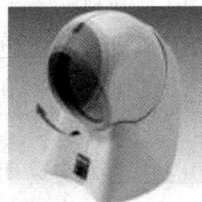

（2）电子收银机

电子收银机接受条码扫描器输入的条形码，根据条形码在收银机内存中的商品数据库中找到该商品的相关内容，如品名、单价等，并计算本次销售的实际总额。

其主要功能为：完成收款、找零等工作，打开钱箱收入货款，打印一式两份的销售小票；处理事先已设置的各种促销功能，如折扣、折让、改错、取消、支票、退还货等；将销售情报通过网络传递到后台电脑中心主机，并自动进行库存处理；打印收银功能报表。具体如图8-4、图8-5所示。

其基本构成为：

①顾客显示器：面向顾客显示交易的商品品名、价格、总额等信息的仪器。

②微型票据打印机：用于打印交易文字票据的机器，通常每一台主机配置两台打印机，同时自动打印票据，一份留底、一份给顾客，或一台打印机打印一式两份的票据。

③PC主机与显示器主要部件：CPU、内存、硬盘、软盘驱动器、记忆卡、显示卡、网卡、显示器。

图8-4 电子收银机   图8-5 收银机钱箱

④收银钱箱：与收银机相连、用来存放现金的扁形金属柜，有电子锁，开关由收款键控制，柜中有若干小格和夹子。

2）POS收银机的操作规程

通常POS收银机的操作规程是按照软件设计的具体要求来进行的，各门店应重视操作人员的培训工作，如不符合操作规程和规范操作的要求，应重新培训，经考试合格后再上岗。

（1）开机

①开机程序：电源→UPS→主机→显示器→银行机。

②员工登录：在"员工登录"窗口，先输入正确的员工号，按下[回车]；如果口令正确即可进入系统。

（2）输入交易明细

在"销售"窗口中，在明细"货号"栏输入商品代码（可采用条码扫描、键盘手动输入和热键三种方式）。如果没有此商品，则不显示该商品的名称等信息且光标停留在"货号"栏中；如存在该商品的信息，则会显示出该商品的品名、单价等信息。在"数量"栏中输入销售数量，如果不输入则缺省为"1"。如要修改，则可以使用箭头键，将光标移动到需要修改的明细上，直接进行修改。如果要删除此商品，按下[删除]即删除光标所在明细。如要将当前交易全部删除，则可以连续按两次[全部删除]。当交易明细输入完毕后，按下[总计]合计商品总额。

（3）结算打印

按步骤（2）进入交易结算后，屏幕上显示当前交易的"应收"金额，在"预付"金额中输入顾客所付的金额数，[回车]后显示出"应找"金额，再按下[打印]，当前交易完成。

（4）退出

在销售商品中，按下[回车]后表示"确认"，即退回到"员工登录"窗口，等待下一位员工的登录。

（5）关机

①退出：如当前在"销售"窗口中，则按下[回车]后表示"确认"，即退回到"员工

登录"窗口；按下[退出]，屏幕上会出现一个询问窗口；按下[回车]后表示"确认"，等待片刻，直到出现"您现在可以安全地关闭计算机了"字样即可关闭电源。

②关机程序：银行机→显示器→主机→UPS→电源。

3）POS收银机的保养和维护

（1）保养

POS收银机的操作规程虽然根据软件设计的不同有所差异，但其在保养方面的要求基本一致。一般必须做到以下几个方面：

①应保持机器外表整洁，不允许在机器上摆放物品，做到防水、防尘、防油。

②动作要轻，特别是在开启、关闭银箱时要防止震动。

③电源线应安全和固定，不能随意搬运机器和拆装内部器件。

④断电关机后至少在一分钟后开机，不能频繁开、关机，并经常检查打印色带和打印纸，及时更换色带和打印纸，保持打印机内部清洁。

⑤定期清洁机器，除尘、除渍。

⑥各门店应重视或指定专人负责日常的维护工作，做到能熟练排除一般故障和及时更换色带，保证机器的正常运转。

⑦连锁企业总部将对各门店的操作、保养情况不定期地实施检查，如有违反具体操作规程的均要给予一定的经济处罚。凡人为使用不当而造成机器损坏的，修理费自理。

（2）维护

POS收银机在日常使用当中有时会出现一些小毛病，影响正常的经营活动，如果叫厂商来人维修，既浪费时间，又耽误工作。其实，只要找到问题的根源，这些小毛病自己动手就可以解决。下表为简单的故障分析与排除方法，收银人员可依此解决工作中遇到的麻烦。

POS收银机常见故障分析与排除具体见表8-3。

表8-3　　　　　　　　**POS收银机常见故障分析与排除**

故障现象	产生的原因	检查方法	排除方法
指示灯无显示	1.电源插头接触是否良好 2.电源电压是否符合要求 3.开关电源有故障 4.指示灯坏了或未插牢	1.检查插头是否到位 2.检查电源是否为220V	1.把插头插到合适位置 2.把电压调到220V 3.换开关电源
钱箱打不开	1.电缆线是否连接正确 2.接触是否良好 3.钱箱是否有故障 4.钱箱钥匙是否在打开位置	1.检查连接是否正确 2.查看接触是否良好 3.检查钱箱 4.检查钥匙位置	1.按正确方法接好电缆线 2.把固定螺钉紧好 3.换钱箱 4.把钥匙转到中间位置
钱箱关不上	1.泡沫衬垫是否取下 2.箱内有异物 3.塑料挡板是否在原位置	1.检查衬垫是否取下 2.卸下抽屉 3.检查挡板是否在原位置	1.取下衬垫 2.取出异物 3.把挡板插在原位置

故障现象	产生的原因	检查方法	排除方法
CRT无显示	1.CRT电源是否接通 2.亮度控制是否合适 3.信号电缆与主机是否连接好	1.检查电源开关是否接通 2.查看亮度电位器 3.检查电缆线与主机是否连好	1.接通电源开关 2.调整亮度电位器 3.把电缆线与主机连好
客显无显示	1.电源开关是否接通 2.信号电缆与主机是否连接好	1.查看电源开关是否接通 2.检查电缆线与主机是否连接好	1.接通电源开关 2.把电缆线与主机连接好
打印机不打印	1.电源开关是否接通 2.电源线连接是否正确(pos58MK直接连接在主机提供的12V电源插座上) 3.信号电缆与主机是否连接好 4.是否联机,联机灯不亮	1.查看电源开关是否接通 2.检查电源线连接是否正确 3.检查信号电缆线与主机是否连接好 4.按下联机键	1.接通电源开关 2.把电源线连接好 3.把电缆线与主机连接好
键盘不工作	1.键盘信号线与主机是否接好	1.检查信号线与主机是否接好	1.把信号线与主机连接好

8.3.2　收银作业重点管理

收银员作为连锁企业经营管理环节中的重要组成部分,其操作技能、业务知识和水平以及服务意识,直接关系到企业的形象和门店的销售收入,关系到连锁企业的进一步发展。所以对收银员作业的管理要细化到作业流程的每一个环节,细化到每一个动作和用语,从而更好地改善、提升企业形象。但对于管理者而言,不能事无巨细,应该抓住重点和关键点、关键环节,使工作开展更有的放矢。

1）收银员的作业纪律

现金的收受与处理是收银员相当重要的工作之一,这也使得收银员的行为与职业操守格外引人注目。为了保护收银员,避免不必要的猜疑与误会,也为了确保门店现金管理的安全性,门店必须严明收银员的作业纪律。

2）收银员装袋作业管理

自2008年6月1日起,我国正式实施"限塑令",在全国范围内实行塑料购物袋有偿使用制度,所有超市、商场、集贸市场等零售场所一律不得免费提供塑料购物袋。目前大多数消费者会自带购物袋,这从某种意义上讲减少了收银员的部分装袋工作,但在某些情况下收银员仍然要完成装袋任务,规范装袋作业,这样不仅可以更好地服务于顾客,还可以从这一环节加强门店的防损工作。

（1）装袋原则

①向顾客推荐选择尺寸适合的购物袋。

②正确区分商品类别,不同性质的商品必须分开入袋。

（2）装袋技巧

①入袋程序：重、硬物置于袋底→正方形或长方形的商品放进袋子的两侧，作为支架→瓶装及罐装的商品放在中间→易碎品或较轻的商品置于上方。

②冷藏（冻）品、豆类制品、乳制品等容易出水的食品，肉、鱼等容易渗漏汁液的商品或是味道较为强烈的食品，应先用其他购物袋装妥当之后再放入大的购物袋内。

③确定附有盖子的物品都已拴紧。

④确定公司的传单及赠品已放入顾客的购物袋中。

⑤提醒顾客带走所有包装好的购物袋，避免遗忘在收银台。

（3）注意事项

①将登录完的商品放入另一购物篮时，必须依照入袋的程序将商品放入，以免商品遭受损坏，将结账完毕的商品交给顾客。

②对于体积过大或过重而无法放入购物袋的商品，应在商品上留下记号，以示该商品已经结账。

③在结算时留意是否有未付款商品进入了已结账商品区，或顾客将未付款商品夹带出收银区。

3）金钱管理作业重点

大部分国内的超市目前仍采用现金交易的方式，其每日所收到的现金不仅数额庞大，而且这些现金也是日后购买商品、支付各项费用，以及再投资的资金来源。因此，有效的金钱管理对超市而言格外重要，以下分别介绍超市在金钱管理方面应注意的事项及作业程序。

（1）大钞管理

①收银台人员出入频繁，也是卖场唯一放现金的地方，其安全格外值得重视。为了安全起见，无须将最大面值的钞票放在收银机抽屉内的现金盘时，可将其放在现金盘下面，以现金盘盖住。

②大钞预收。当收银员银箱中的现金过多时，要在交班结算前提前收取大面额现金，称大钞预收。

预收程序：领取现金收银箱→开收银机银箱→收取大钞现金→入箱封好→关闭收银机银箱→入保险箱→做收取记录→收取下一收银机→回交财务室。

注意事项：

大钞预收只能由公司的保卫人员和收银管理层或其他授权人员进行；

在收取和押送的过程中保证资金的安全、银箱的安全；

保卫人员、收银管理人员以及收银员三方均在场时，打开银箱，收取大钞现金；

收取的大钞必须用专用现金袋包装并放入保险箱，且现金袋号码与收银机号码一致；

收取大钞后，要第一时间押送至现金室交接，中途不作任何停留；

收取大钞时，收银员与大钞收取人员不作任何现金数额的确认与交谈。

（2）零用金管理

①概念。

设零：收银机上岗前（包括每日开店前和营业间重新上岗前），必须设置收银机起始零用金，将其放在收银机的现金抽屉内，每台收银机起始零用金相同。

兑零：营业时间为收银机提供的兑换零钱。

②设零、兑零的程序。

设零程序：开店前/上岗前→到会计处登记→到出纳处领取零钞放入收银箱→打开银箱→放入起始零用金→关闭银箱→结束。

兑零程序：收银员兑零请求→兑零金额/币种→打开银箱→如等候收银员较多可委托管理人员代办→财务室→现场交换现金→双方核实确认→关闭银箱→结束。

③设零注意事项。

所有收银机任何时间设置的起始零用金相同；

收银机在重新上岗前必须重新设置起始零用金；

设置零用金者与收银员均不得清点银箱内起始零用金；

起始零用金只能由超市收银管理层设置并接受保卫人员的监督。

④兑零注意事项。

必须有足够的零用现金以随时满足收银机的兑零需求；

兑零可随时进行，没有时间限制，在接到收银员兑零请求时应立即进行；

兑零必须在需要兑零的收银机岗位旁进行，不得远离岗位；

管理层与收银员现场确认现金数量、币种是否正确以及钱币的真伪，不得赊账或过后算账；

兑零只能由经超市授权的收银管理层进行，收银员之间禁止进行兑零或帮助兑零。

（3）顾客要求兑换金钱管理

店内所持有的各种纸钞和硬币，是为了维持每日的正常交易、找钱给顾客的时候使用，其金额皆有一定的存量，如果接受顾客额外兑换金钱的要求，将使店内的现金难以有效控制。尤其有一些不法分子以换钱为由，骗取金钱，致使商家遭受损失。

因此，对于顾客以纸钞兑换纸钞的要求，应予以婉拒。至于兑换零钱的部分，或是店旁设有公用电话或是儿童游乐器等，可让顾客兑换小额的零钱，各门店可自行订定兑换的最高额，以方便消费者。兑换零钱时，最好请顾客至服务台，以便于管理。

（4）顾客其他支付方式管理

顾客除了可以用现金支付货款以外，还可以利用其他方式，例如，超市自行发售的礼券、提货券、现金抵用券等。由于这些类似现金的支付工具具有和现金同样的效力，属于超市营收的一部分，因此其管理作业必须和现金一致。

当顾客使用这些非现金方式支付时，必须注意下列事项：

①收银员在收取这些非现金时，必须先确认其是否有效。例如，必须附有特定的钢印，以及是否有破损或涂改等情形，否则视同作废。

②收银员必须注意各种非现金方式的使用规则。例如，是否可找零，是否可分次使用，以及是否需开发票等。

③各种非现金收受处理完毕之后，应立刻使其作废。例如，签上收银员的姓名，或盖上作废的戳印。

④收受非现金之后，应放于收银机柜台的指定位置，可和现金一起缴回保管。

⑤如果门店提供顾客以中奖发票直接购物的服务时，必须在购物前先查验下列事项：

是否为中奖发票，而且是收执联。

中奖额度是否在接受的范围内。

发票的中奖号码及商店章是否能清楚辨认。

补开、作废、零税率以及印有买受人及统一编号的发票不可以兑奖。

发票背面的"领奖收据"为空白。

（5）营业收入管理

①每个门店可根据实际情况配备保险箱一个，用于存放过夜营业款，保险箱钥匙由门店店长保管。

②每天除了在收银员交班、打卡时进行时段营业收入结算以复核收银员执行任务的正确性外，还必须选择固定时间进行单日营业总结算。单日营业总结算的时间最好选择在下午15：00—16：00之间，一方面可以避开营业高峰，另一方面可以配合现有金融机构的营业时间，便于进行存款作业。

③值班收银组长在收银员清点营业款后，打印收银员日报表，并与现金解款单核对，收银损溢在现金解款单中写明，然后将现金与现金解款单封包并加盖骑缝章，最后在交接簿登记，并移交给店长。

④店长或指定负责人需将所提的营业收入于固定时间存入或汇入金融机构。存入时，应由指定人员负责，并妥善规划存入的日期、时间以及路线等，以免运送途中发生意外事故。

⑤为了安全起见，也可请保险公司代为存款，以减少运送的风险。保险公司前来收款时，必须验明保险人员的身份并确实核对签名后方可交款。保险人员收款时必须有两位以上的超市人员在现场协助清点现金，确定金额后，应在填写托运单并核对封条号码、收取日期、时间之后，方可签字取得签收条，再将签收条交回相关主管单位存查。

4）本店员工购物管理

（1）原则

各级别的员工，包括钟点工、全职工，有权与顾客一样以相同价格购买各种商品，且必须在收银机用现金或信用卡付款；

员工只能在商店的营业时间内购物，但不得在上班时间内购买店内商品；

不允许员工穿工服、戴工牌在本门店内购物；

不允许员工将在本商场或其他地方购买的商品保存在商场的工作区域。

（2）员工购物规定

员工无论何时购物，都必须在公司指定的收银机处付款；

所有员工购物时，如需出具税务发票或收据，必须经过收银主管同意；

店内员工其他时间在门店购买的商品，如要带入门店内，其购物发票上必须加签收银员的姓名，还需请店长加签姓名，用双重签名的方式证明该商品是结过账的私人物品；

店内员工调换商品应按企业规定的退、换货手续进行，不得私下调换，收银员不可徇私舞弊，以避免员工利用职务上的便利，任意取得店内商品或为他人图利。

5）收银员对商品的管理

门店多采用自助服务、集中结算的方式，因此收银员必须有效控制商品的进出，商品的进入如无特殊需要，一般不经过收银通道。有些商品的出店，如对工厂或配送中心的退货，应从指定通道退出，不得通过收银区，这样可避免厂商人员或店内职工擅自带出门店内的商品，造成门店的损失。对厂商人员要求其以个人的工作证换领门店自备的识别卡，离开时换回。具体管理规定如下：

①凡是通过收银区的商品都要付款结账。

②收银员要有效控制商品的出入，不允许厂商或店内职工擅自带出门店内商品。

③收银员应熟悉商品价格，以便尽早发现错误的标价，特别是变价后新价格日，需特别注意变价商品的价格。如果商品的标价低于正确价格，应向顾客委婉解释，并应立即通知店内人员检查其他商品的标价是否正确。

④收银员应严格遵守门店商品的折扣优惠政策及各种可享受优待的对象，不得私自给予不合规定的折扣。

6）收银作业例外管理

（1）商品扫描例外处理

凡是收银员经过多次机器扫描及手工扫描都不能扫描成功的，就称为扫描例外。门店收银过程中常见的商品扫描例外处理见表8-4。

表8-4　　　　　　　　门店收银过程中常见的商品扫描例外处理

现　象	处理措施
无条码	1.楼面人员应检查确定无条码商品的正确条码，第一时间通知收银主管进行此次交易 2.收银人员检查余货商品，将无条码的商品补贴正确的条码
无效条码	1.条码未在系统的信息库中，楼面如确认属于新条码代替旧条码，应第一时间通知收银主管用新条码进行此次交易 2.楼面如无法确定条码，收银主管则用价格方式进行此次交易 3.楼面则将余货退给供应商或请求采购部处理
多重条码	1.楼面人员必须核实、决定使用哪个条码，并第一时间通知收银主管进行此次交易 2.楼面对余货进行处理，跟进所有的非正确条码，必须予以完全覆盖
条码失效	1.在同样的商品中找到正确的商品条码，手工扫描解决 2.生鲜商品的条码重新计价打印

（2）商品消磁例外处理

商品经过出口处防盗门时引起报警，则为消磁例外。门店收银过程中常见的商品消磁例外处理见表8-5。

表8-5　　　　　　　　门店收银过程中常见的商品消磁例外处理

现　象	处理措施
漏消磁	1.商品必须经过消磁程序，特别是硬标签的商品类别，应予以熟记 2.为顾客做好解释工作，配合重新消磁
消磁无效	1.结合消磁指南，掌握正确的消磁方法 2.特别对软标签的商品类别予以熟记，反复多次消磁，直到有消磁回音为止 3.重新消磁

（3）价格差异处理

门店收银过程中常见的价格差异处理见表8-6。

表8-6   门店收银过程中常见的价格差异处理

现　象	处理措施
商品货架标注价格与系统价格不一致	1.以低价进行交易 2.楼面必须及时更正货架标注价格，使其与系统价格保持一致
商品扫描条码的价格与系统价格不一致	1.以低价进行交易 2.楼面必须及时更正价格条码的价格，使其与系统价格保持一致
商品陈列位置错误	1.向顾客解释，尽量争取用系统价格进行交易，如顾客不同意，则以低价进行交易 2.楼面检查，将商品归于正确的陈列位置

注：如发现系统的价格不正确，收银经理授权进行系统价格更正，并通知采购部立即更正系统价格。

（4）付款例外处理

门店收银过程中常见的付款例外处理见表8-7。

表8-7   门店收银过程中常见的付款例外处理

现　象	处理措施
伪　钞	1.如对钞票的真伪产生疑虑，应进行伪钞鉴别程序 2.当收银员不能进行最后判断时，应请求收银主管的帮助 3.如确认是伪钞，应请求顾客更换 4.如顾客因此产生异议，双方可一同到银行鉴别
残　钞	1.请求顾客更换 2.如不影响币值，可考虑接受
刷卡不成功	1.向顾客道歉，并说明需要重新刷卡 2.如属于机器故障、线路繁忙，更换机器重新刷卡 3.如属于线路故障不能刷卡，请求现金付款 4.如属于卡本身的问题，可向顾客解释，请求更换其他银行卡或现金付款

（5）找零的例外处理

门店收银过程中常见的找零例外处理见表8-8。

表8-8   门店收银过程中常见的找零例外处理

现　象	处理措施
无零钱	1.收银员必须随时备有足够的零钱 2.如果零钱不足，必须向收银主管兑换零钱，不能私自向其他收银员兑换、暂借或用私人的钱垫付 3.如遇零钱不足无法找零时，应请求顾客稍候，兑换后再找，不可用小糖果代替零钱
顾客不要的零钱	1.如有顾客不要的少量硬币，必须放在收银箱的外边 2.如有顾客硬币不够数，可用此充数

7）收银错误作业处理

收银员在为顾客执行结账服务时，难免会有收银错误的情形发生。如果没有立即更改，不仅使顾客对收银员的工作品质及专业能力产生不信任感，同时也会影响到当天营业额的结算平衡，以及日后的审核作业。

（1）收银中常见的错误原因

为顾客结账发生错误，如多打或少打价钱；顾客带的现金不足；顾客临时退货；金钱收付发生错误。

（2）收银错误的作业处理程序

①为顾客结账发生错误时：

必须礼貌地先向客人解释、致歉，并立即更正。

当收银员误将商品价格多打时，可询问客人是否还要购买其他商品，如客人不需要，则应将发票作废重新登录。

如果发票已经结出，应立刻将打错的发票收回，重新登录打印一张正确的发票交给顾客。

礼貌地请顾客在作废发票记录本（或作废发票）上签字。待顾客离去之后，在一定时间内将作废发票记录本填妥，并立即通知相关主管前往签名作证。

②顾客携带现金不足或顾客临时退货时：

若顾客所携带的现金不足以支付货款，可建议顾客办理一至二项商品退货。若顾客因钱不足或临时决定不买，绝不可恶言相向；若顾客愿意回去取钱，必须保留与差额等值的商品。

顾客欲退回其中部分商品时，必须将已打印的发票收回，并重新打印正确的发票给顾客。

礼貌地请顾客在作废发票记录本（或作废发票）上签字，等顾客离去之后，在一定时间内将作废发票记录本填妥，并立即通知相关主管前往签名作证。

③金钱收付发生错误：

收银员下班之前，必须先核对收银机内的现金、非现金和当日事先收入金库的大钞的合计数，与收银机结出的累计总账条上的收款额比对。若二者金额不符，且差额（不论是短款或长款）超过一定额度时（此数额可依各门店的营业额决定），应由收银员写报告书，说明短款或长款的原因。

若是短款，主管可依据收银员个人经验、收银机当日收入金额，对短款是由人为或自然因素所造成等情形加以分析，以决定是否应由此收银员赔偿；若是长款，则表示有顾客多支付了购物金额，将有损于超市及员工的形象，使顾客不愿再度光临。

因此，为了保证收银员执行任务的正确性及专业性，在金钱收支方面，不论是长款还是短款，都应由收银员自行负责，以强化收银员的责任感，这样也可减少舞弊发生。

8）收银审核作业

收银作业中的每一个步骤以及每一个环节，都是为了让超市在现金管理上能有良好的制度与规范。但是好的制度如果未能予以有效的报告，或是没有操守良好的执行者，仍然会有许多舞弊行为，会影响超市的收入，让其他工作人员为销售所做的各项努力化为乌有。为了及时发现收银作业上的人为弊端，并且矫正收银员在执行任务时的不良习惯及错误的收银作业，各门店应设立专门人员负责执行收银审核作业。审核作业的内容如下：

（1）收银台的抽查作业

为了评价收银员在为顾客提供结账服务的工作表现，审核人员（或店长）应于每天不固定的时间随机抽查收银台，抽查项目如下：

①检查收银机结出的总营业账条与实收金额是否相符。

②核对总营业账条的折扣总金额，与该收银柜台"折扣记录单"记录的总额是否相符，以审核收银员是否私自给予顾客过多的折扣额。

③检查收银机内各项密码及程式的设定是否有改动。

④检查每个收银柜台的必备物品是否齐全。

⑤检查收银员的礼仪服务是否良好，是否遵守作业守则。

收银台的抽查作业，不仅可以评价收银员的工作表现，还可以检核收银员是否依据规定的作业执行任务，以便立即纠正收银员的错误观念。

（2）清点金库现金

清点金库内的所有现金及非现金的总金额，与"金库现金收支本"登录的总金额是否相符，其点数的范围除了大钞之外，还应包括小额现钞及零钱。

此项审核作业可以避免负责金库的相应主管人员趁机挪用公款移做私人用途。

（3）检查每日营业结算明细表的正确性

每日结完当日营业总账后，必须将单日营业的收支情形予以记录，以作为相关部门在执行会计作业时的依据。因此，记录表的登录情况将影响到超市各项财务资料的计算以及日后营业方向的参考。鉴于此，审核人员有必要检查门店人员登录账表的作业情形。

（4）核对"中间收款记录本"与"金库现金收支本"

每台收银机过多的现金大钞必须依规定收回金库保存，而且每次收取现金大钞的时候，必须同时登录"中间收款记录本"及"金库现金收支本"。

案例精析

超市收银员多收1.9元　大妈称误了涨停板要求补偿

因为收银员多收取了一块九毛钱的工作失误，双方发生纠纷耽误了依姆回家的时间，事情处理完后，依姆发现股票已经收盘，收银员还嘟囔着"不就是一块九嘛"，依姆不禁对超市心生不满，要求对方补偿自己"一个涨停板的损失"。昨日中午，福州温泉派出所接到报警，称一名依姆在超市买菜后和超市方起了争执。民警抵达现场时，依姆正指着超市负责人的鼻子数落。原来，昨日上午，这位依姆在超市购物，买完单离开的时候发现收银员多收了她1.9元，就返回找收银理论，收银员核实后表示愿意退还依姆1.9元，依姆觉得对方工作太粗心，就唠叨了几句，没想到收银员回了句"不就是一块九嘛"。"什么叫不就是一块九，你浪费的是我的时间，我准备赶回家看股票的，一个涨停板损失何止一块九？"依姆本就不满意对方工作失误，再听到对方这样回应，不禁气从中来，在现场非要个说法不成。超市负责人表示，可以赔偿5倍错收的钱给依姆，并让收银员给依姆道歉。但依姆不同意，一定要超市的老板给她道歉并且赔偿她股票的损失。"这股票的损失要怎么估算呀?"超市相关负责人表示无可奈何,只能求助于民警。昨日,双方被带往派出所进行协商未果,事件正在进一步处理中。

　　注:依姆——福州话,指年龄相对比较大的婆婆。

　　资料来源:陈雪芳,温泉综.超市收银员多收1.9元 大妈称误了涨停板要求补偿[EB/OL].[2015-11-10].http://news.fznews.com.cn/fuzhou/20151110/56415b9cf009f.shtml.

　　精析:看似收银员在实际找零的钱款上只存在一点小失误,但却由此而引发后续的纠纷,这说明收银员的基本功并不扎实。

　　另一方面,当事情得到澄清后,收银员本应针对自己作业流程的不规范进行反思,但其却说"不就是一块九嘛",不但不承认自己工作失误,反而认为是顾客太过计较,可见工作态度才是其应该首先改正的。门店应针对该情况加以处理,加强态度及收银作业标准化培训。作为收银主管此时更应及时加强对收银员的现场培训与教育。

职业指南

日本超市中那些高效收银的细节和方法

　　在超市购物的时候,最让人烦躁的就是结账时漫长的排队等待了,尤其是下班的采购高峰期,怀着急着回家的心情,看着前面一个个满满的大篮子,真是心急如焚。

　　其实,并不是所有超市的结账都这么慢吞吞,今天日窗君为大家讲讲日本超市高效的结账方法。

　　在日本,每个超市的工作流程体系基本相同,但他们的结账速度真的是快得惊人。倒不是说收银员的工作能力超强,而是日本超市的结账方法不一样!去日本超市购物,一进门就要选择拿篮子还是推车,这一点和国内相同,不过日本超市内一般都有两种颜色的购物篮,客人用的和店员结账用的。

　　这种上面写着"已结过账篮子"(如图8-6所示)的购物篮,就是收银员专用的。

图8-6　已结过账篮子

结账的时候，客人需要把手中的购物篮直接放在收银台旁边空出的位置（如图8-7所示）。

图8-7　结账

收银员会把另一个结账专用的篮子准备好，放在另一侧，从客人的购物篮里一件一件地把商品拿出来，扫完条形码，放进旁边另一个篮子里。然后根据客人所需，在篮子里放入购物袋，再收款。客人付完款以后会自己拿着这个结账专用的篮子放到指定专用的桌子上，再一件一件将商品装袋并拿走。整个流程就是这样，在下班高峰期的时候，每个收银台还会安排两个人，一个人负责扫条形码，另一个人负责收款，这种方法效率非常高。作为服务行业，就是要站在客人的角度去思考问题，在方便客人的前提下，来改善自身的不足。我们只有善于发现，善于改善，才会进步得更快。

资料来源：佚名.日本超市中那些高效收银的细节和方法[EB/OL].[2015-08-31].http：//www.linkshop.com.cn/web/archives/2015/332694.shtml.

本章小结

收银员的工作内容除了结算货款外，还包括对顾客的礼仪态度、向顾客提供商品及服务信息、解答顾客疑问、做好商品损耗的预防，以及现金作业的管理、卖场安全管理等各项工作内容。收银是一个专业并细化的职业，从事这一职业的职员要清楚地掌握职业的基本常识、工作规范、重点环节，以保证门店营业收入的准确性，同时配合门店其他部门为企业树立良好的社会形象发挥作用。

主要概念

POS收银机　设零　兑零　扫描例外　消磁例外

基础训练

一、选择题

1.收银员的服装仪容应遵循一定的原则，其原则不包括（　　　）。

A.整洁　　　　　　B.简单、大方　　C.富有朝气　　　D.长发过肩

2.在收银过程中应遵循的"三唱一复"原则中的"三唱"不包括（　　）。

A.唱价　　　　　　B.唱收　　　　　C.唱付　　　　　D.唱零

3.条码扫描器有不同的种类，但各有优缺点，根据特性的不同，在小型超市中多使用（　　）条形码阅读器。

A.笔型　　　　　　B.CCD　　　　　C.激光枪　　　　D.固定式

4.收银作业过程中常见的例外包括（　　）。

A.扫描例外　　　　　B.消磁例外　　　　C.找零例外　　　　D.装袋例外

二、判断题

1.在零用金管理中，兑零要求遵循时间原则，即随时进行、无时间限制，那么在时间紧迫的情况下，收银员之间可以进行兑零或帮助兑零。　　　　　　　　　　（　　）

2.如临时有急事，收银员可以离开收银台办理相关工作。　　　　　　　　（　　）

3.在收到大钞时，为避免收到假币，收银员应当着顾客的面仔细检查钱币。　（　　）

4.在收银过程中，如发现商品有多重条码，收银员应第一时间通知收银主管核实采用哪一条码金额收款。　　　　　　　　　　　　　　　　　　　　　　　　（　　）

三、简答题

1.如何处理收银过程中的付款例外？

2.当收银员有急事需离开收银台时应如何处理？

3.简单说明收银员应遵守哪些作业纪律。

4.当收银过程中出现价格差异时应如何处理？

5.当收银过程中出现商品扫描例外时应如何处理？

🪐 实践训练

【实训项目】

项目一：当一天收银员。

项目二：收银情景模拟。

【实训场景设计】

项目二情景模拟：每天下午五点是卖场人最多的时候，也是营业最繁忙的时候。一天，在某购物广场听见收银台边一位女士大声喊："这是怎么搞的？我的卡怎么就不能用了呢？以前买什么都可以打折，现在为什么不能打折？你们这不是骗人吗！我要去报社让你们曝光！"

当时在场的收银员忙着收银，也没有理会那位顾客，那位女士见无人反应，又继续大声喊："你看，这是我以前花120元钱办的会员卡，以前买什么都打折，现在买什么都不打折，这到底是怎么回事啊？你们得给我一个明确的答复！"她的喊叫让周围的顾客纷纷驻足探望，投来好奇的目光。

看到这种情况，作为门店工作人员应该如何处理？

【实训任务】

项目一：通过"当一天收银员"的实训项目，掌握日收银工作流程及工作内容。

项目二：通过对模拟场景中的问题进行分析，掌握特殊情况下应如何应对处理。

【实训提示】

项目二提示:

1. 收银人员对此不应不闻不问,而忙于收其他顾客的钱款,应当首先问明原因,在此基础上给顾客明确的解释。

2. 如果顾客仍在现场吵闹不止,应联系值班经理或主管将其带离现场,以免影响正常的收银工作或因为吵闹给企业带来不良影响。

3. 工作人员如果当时不清楚此事,无法给顾客明确的解释与答复,应该及时通知当天的值班经理给顾客答复,而不是让顾客回家等电话,这只能暂时缓解顾客的情绪,但顾客的不满依然存在。

有关调查数据显示:若有一个顾客不满意,他会将这种"不满意"的讯息传递给16~20个顾客,这16~20个顾客又会将此讯息传递给其他顾客,所以最后不满意的顾客就会越来越多。因此我们在卖场处理顾客不满案例时,要提高办事效率,而且事后一定要跟进此事。

【实训效果评价标准表】

"当一天收银员"实训项目评价表见表8-9。

表8-9　　　　**"当一天收银员"实训项目评价表**

项　目	表现描述	得　分
仪容仪表		
举止态度		
待客用语		
作业纪律		
作业流程执行		
收银设备的使用、维护		
大钞、零用金管理		
营业收入管理		
收银员商品管理		
收银例外处理		
合　计		

得分说明:根据各小组的调查表现,分为"优秀""良好""合格""不合格""较差",相对应得分分值为"10""8""6""4""2",将每项得分记入得分栏,全部单项分值合计得出本实训项目总得分。得分90~100分为优秀;75~89分为良好;60~74分为合格;低于60分为不合格;低于45分(含45分)为较差,须重新训练。

学习目标

通过本章的学习，了解顾客购买的心理过程和购买行为，掌握销售人员接待顾客流程，掌握销售人员的服务规范，理解服务台作业管理。

引例　　　　　　　　　　　　　　服装店营业员的工作流程

1. 营业前的准备

（1）形象要求。

制服干净、整洁，不起皱；鞋子要同制服相配。化妆要配合制服，不要过于妖艳。不能佩戴过多首饰；头发不要染得过于夸张。不准留过长的指甲，不准涂过于抢眼的指甲油。要调节好自己的心态：使自己保持最佳状态，不要把自己的情绪带入工作中，要有热情，要微笑。

（2）早会。

对前一天的销售业绩以及重要信息进行反馈；说明当日销售目标和工作重点；朗读常用礼貌用语。

（3）检查准备好用品。

点数用品，查看留言本，核对数目，如无误在留言本上签字；如有出入尽快打电话问对班。补充产品，对款式品种缺少的或者货架上出样数量不足的产品，要尽快补充。对产品价格标签应检查有无脱落、模糊不清等。

（4）检查销售辅助工具是否准备好。

准备好产品说明、计算机、发票、笔、剪刀等。

（5）做好卖场和仓库的清洁整理工作。

保证通道、货架、橱窗等无杂物，无灰尘；保持试衣间整洁：检查地面、墙壁、镜子、椅子、拖鞋、挂钩等的卫生情况；检查灯光有无故障，道具是否完好。

2. 营业中的工作

（1）严格按公司规定的服务标准接待顾客。

（2）向顾客介绍推销总公司的商品。

（3）保管好店铺的货品及财物。

（4）协助顾客交款。

（5）留意店内货品的流动情况，若有需要及时补货。

（6）注意铺面清洁及陈列货品的整齐情况，如发现错误或凌乱的货品，应及时整理归类。

（7）练习基本功，如学习商品知识，熟记货号、价格、陈列位置、折叠包装衣服的技巧等。

（8）整理单据、报表，核对商品数量等。

（9）如遇顾客光临，应立即放下手头的工作，接待顾客。

3.营业结束前后的工作

（1）清点商品与助销用品。

根据产品数量的记录账卡，清点当日产品销售数量与余数是否符合，同时检查产品是否良好，助销用品（如宣传卡，POP）是否齐全，若破损或缺少需及时向店长汇报、领取。

（2）结账。

"货款分责"的商店，店员要结算票据，并向收银员核对票额。"货款合一"的商店，店员要按当日票据或销售卡进行结算，清点货款及备用金，如有溢、缺应做好记录，及时做好有关账务，填好缴款单，签章后交给店长或商店管理人员。

（3）及时补充商品。

在清点产品的同时，对缺档的、数量不足的，以及在次日需销售的特价商品和新品需及时补充，并查看商店库存，及时补货;若库存无货，应及时向店长汇报，以督促公司次日进货。

（4）整理商品与展区。

清点、检查商品及助销用品时，要边清点，边做清洁整理工作，小件物品要放在固定的地方，高级物品及贵重物品应盖防尘布，以加强商品保养。

（5）表格的完成与提交。

书面整理、登记当日销售状况（销售数、库存数、退换货数、畅销与滞销品数），及时填写各项工作报表。

（6）确保商品和财物的安全。

票据、凭证、印章以及商店自行保管的备用金、账款等重要之物，都应入柜上锁。要做好营业现场的安全检查，不得麻痹大意，特别要注意切断应该切断的电源，熄灭火种，关好门窗，以避免发生火灾和偷盗行为。在离开之前，还要认真地再检查一遍，杜绝隐患，确保安全。对于营业结束前后的工作，我们不要求一定要在确认顾客全部离开商店之后才开始，但要求必须接待好最后一位顾客。

资料来源：佚名.服装店员日常工作流程[EB/OL].[2015-10-05].http：//wenku.baidu.com/link?url=jQtDmIKXACTKrO9ICKKtXY4ZyycIS9jLxD4cj5aV42bwbbroQ5fdbSk3mtxi4bh5OyfeD- xV9z3vHVLOpv1b3edxH6hjoMVUI69ChUSBNG.

9.1　顾客购买的心理和行为过程

顾客的购买行为过程包括顾客内部活动的心理过程和外部行为的实施过程，两者相互包容，统一在购买过程之中。对顾客购买行为的研究，可以帮助企业和销售人员理解顾客购买心理的发展阶段，制定恰当的营销策略以吸引顾客，顺利地销售商品。

9.1.1　顾客购买的心理过程

顾客购买的心理过程是客观事物在顾客头脑中的动态反映。依据反映的形式和性质不同，这一过程具体分为认识过程、情绪过程和意志过程。

1）认识过程

认识过程是顾客购买活动的先导，顾客经过认识过程，可以确定行为的导向。顾客对商品的认识过程不是单一的、瞬间的心理活动，而是从现象到本质，从感性到理性的过程。这一过程经历了感觉、知觉、记忆、想象、思维等阶段。

（1）感觉

感觉是人脑对直接作用于感觉器官的客观事物个别属性的反映，是顾客认识事物的起点，顾客一般借助触觉、视觉、听觉、嗅觉和味觉这五种感觉来接受有关商品的各种信息，企业在设计、宣传自己的产品时，应千方百计地突出商品的特点，通过刺激顾客的感觉，加深顾客对商品的良好第一印象。

（2）知觉

知觉是人脑对直接作用于感觉器官的客观事物各种属性的整体反映，知觉过程受顾客的需要、期望、知识、经验等诸多因素的影响。企业可以将商品与广告宣传、包装设计、橱窗布置及货架排列等营销手段综合运用，增强顾客对商品的整体认识。

（3）记忆

记忆是在头脑中积累和保存个体经验的心理过程。顾客会将从外界获取的信息进行筛选、存储，形成形象记忆、情感记忆、逻辑记忆。企业在商品设计和包装上应注意引起顾客的形象记忆；营销人员的服务态度要诱发顾客的情感记忆；商品的排列和柜台的布置要便于顾客逻辑记忆。

（4）想象

想象是人脑对通过感知获得的并通过记忆保持的客观事物形象进行加工改造而形成新形象的过程。企业在商品设计、命名、广告设计和产品介绍时可以用多种方法来丰富顾客的想象力，来达到宣传和推销商品的目的。

（5）思维

思维是人脑对客观事物本质特点的间接和概括的反映，包括形象思维和逻辑思维。顾客通过对商品的形象思维和逻辑思维对商品形成初步的认识。

2）情绪过程

顾客购买的情绪过程是顾客对商品是否符合自己需要所产生的态度体验。顾客购买活动中的情绪过程可分为四个阶段。

（1）悬念阶段

在这个阶段，顾客产生了购买需求，但并未付诸购买行动。此时，顾客处于一种不安的情绪状态中，如果需求非常强烈，不安的情绪会上升为一种急切感。

（2）定向阶段

在这个阶段，顾客已面向所需要的商品，并形成初步的印象。此时，情绪获得定向，即趋向喜欢或不喜欢、满意或不满意。

（3）强化阶段

如果在定向阶段顾客的情绪趋向喜欢或满意，那么进入此阶段这种情绪就会明显强化，强烈的购买欲望会迅速形成，并有可能促成购买决策的制定。

（4）冲突阶段

在这一阶段，顾客对商品进行全面评价。由于大多数商品很难同时满足顾客的多方面需求，因此，顾客往往要体验不同情绪之间的矛盾和冲突。如果积极的情绪占主导地位，就可以作出购买决定。

3）意志过程

顾客的意志过程是指顾客自觉地确定购买目标，根据购买目标调节和支配行动，努力克服困难，实现预定购买目标的心理过程。顾客购买商品的意志过程分为两个阶段。

（1）作出购买决定阶段

这是购买前的准备阶段，包括购买目标的确定、购买动机的取舍、购买方式的选择和购买计划的制订。

（2）执行购买决定阶段

这是付诸实际购买行动的阶段，顾客通过一定的方式和渠道购买到自己需要的商品，是顾客意志活动的中心环节。

9.1.2 顾客购买的行为过程

顾客购买行为是顾客为满足自身需要而发生的购买商品的行为活动，它是顾客从产生需要到满足需要的过程，一般分为五个具体步骤，如图9-1所示。

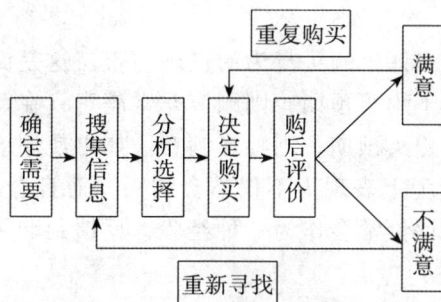

图9-1 顾客购买行为过程

资料来源：肖兴政.营销心理学[M].重庆：重庆大学出版社，2003.

1）确定需要

需要是购买活动的开始，是顾客受到某种刺激面对某种商品产生欲望和需求。这种刺激来自两个方面：一是顾客自身心理和生理的缺乏状态产生的刺激，如因口渴的刺激产生喝水的需要；二是顾客外部环境的刺激，如商品独特的外观造型、广告的宣传诱导都会刺激顾客产生购买的需要。

2）搜集信息

顾客在确定需要的前提下，会大量搜集与需要相关的信息，顾客搜集信息的渠道有4种：

（1）相关群体：口头传播的有关商品信息

（2）自身经验：顾客通过观察、试用和实际使用商品得来的信息

（3）市场信息：即营销人员、广告、包装、产品介绍等提供的信息

（4）公众来源：从报纸、杂志、电视、广播、互联网等大众传播媒介获得的信息

3）分析选择

当顾客从不同渠道获得有关的商品信息后，便对可供选择的商品进行分析和比较，并作出评价。顾客对收集到的信息中各种商品的评价主要遵循以下顺序进行：第一，分析商品属性；第二，建立属性等级；第三，确定品牌信念；第四，形成"理想商品"。这是一

个购买动机不断强化明确的过程。

4）决定购买

（1）试购阶段

由于顾客没有实际购买使用的经验，常先购买少量商品试用，以减少风险。

（2）重复购买阶段

试购的效果理想，会促使顾客重复购买，以减少再次选择新商品带来的风险，同时增强顾客的商品忠诚度。

在购买商品的过程中，只让顾客对某一商品产生好感和购买意向是不够的，真正将购买意向转为购买行为，其间还会受到两方面的影响：一是他人的态度。顾客的购买意图，会因他人的态度而增强或减弱，他人的态度对消费意图影响力的强弱取决于他人态度的强弱及其与顾客的关系。二是意外情况。顾客购买意向的形成，还与预期收入、预期价格和期望从商品中得到的好处等因素密切相关，但当某顾客欲采取购买行为时，发生一些意外情况，例如失业导致未来收入减少，都有可能使顾客改变或放弃购买意图。

5）购后评价

顾客购买后常用满意度来评价购买行为的正确与否。这是商品使用效果和顾客购买预期的比较。如果使用效果大于购买预期，则顾客非常满意，在购买行为上表现为顾客会重复购买。如果使用效果等于购买预期，则顾客满意。如果使用效果小于购买预期，则顾客不满意，那么顾客在购买行为上表现为不仅不会购买，而且会起到一个消极的宣传作用，阻止他人购买。可见，购后评价常会作为一种经验，反馈到购买活动的初始阶段，会影响顾客的购买行为。

9.2 销售人员接待顾客流程和服务规范

9.2.1 销售人员接待顾客流程

销售人员要针对顾客心理过程中各个阶段的不同特征，采取相应的销售方法。一般销售人员接待顾客流程分为四个步骤。

1）接近顾客

销售人员接近顾客时最重要的是能正确观察判断消费者的意图，寻找恰当的接近时机。顾客对商品形成感知，需要经过一个自主的、必要的时间过程。倘若销售人员过早地接近顾客，会使顾客受到情绪干扰，产生为难或戒备心理；反之，接近顾客过迟，又可能让顾客感觉受到轻视、冷遇，而降低购买的兴趣。

可以采用以下五种情景作为接近顾客最佳时机的选择依据：

①当顾客长时间凝视某商品时。

②当顾客从所注意的商品上抬起头来用目光寻找销售人员时。

③当顾客突然止步盯看某商品时。

④当顾客用手触摸商品时。

⑤当顾客在货架上寻找商品时。

2）接待顾客

（1）确定顾客需要

销售人员在第一阶段与顾客建立了最初的联系后，接下来要了解和确认顾客需要什么样的商品。进入商店的顾客，购买意图存在着多种差异，有的抱有明确的购买目标，进店的目的是直接实现购买行为；有的并无确定的购买目标，进店的目的在于观察比较，若对某件商品产生兴趣好感，则有可能诱发购买欲望；还有的顾客不存在购买意图，只在于随意浏览参观。这对销售人员来说，就要了解顾客的需要，帮助他们确定需要的商品。销售人员常采用向顾客询问和倾听顾客对商品的描述来确认顾客的需要。

（2）介绍商品

在这一阶段要求顾客掌握大量的商品信息，为购买作出信息的积累，此时销售人员应提供有关商品提示介绍的服务，力求全面清晰地介绍商品，强化顾客的心理感受，促进顾客产生丰富的联想和想象，诱发购买欲望。

为了满足顾客需要全面掌握商品信息的要求，在介绍商品阶段销售人员要做以下工作：一是如实介绍商品的性能、质量、使用效果等情况。二是通过演示商品、提供试穿、试用等手段，增加顾客对商品的亲身体验和全面感知。三是从商标、品牌、造型等方面展示商品的独特性，增强顾客获得精神享受的欲望。

（3）解答顾客疑问

在对商品的信息全面了解后，顾客会对已掌握的商品信息进行分析思考和评价比较。在这一过程中，会产生各种疑问。销售人员对这些疑问如果不解决或解决不恰当，都会导致购买活动的中止。销售人员解决顾客疑问的方法有三种：①正面解决。对顾客由于不正确的信息形成的问题，销售人员直接礼貌地给予否定并提供新的正确的信息。②间接否定。销售人员为了与顾客保持和气，不直接否定顾客的错误观点，而是通过比较、演示、图解说明等方法间接纠正顾客的错误观点。③迂回说服。销售人员开始同意顾客的观点，但是后来从另一方面分析，使顾客意识到有道理，以推翻顾客原有的观点。

3）完成销售

完成销售是指商品销售进程进入成交阶段。此时顾客虽然已有明确的购买意向，但仍需要销售人员巧妙地把握成交时机，促进销售的达成。

（1）结束销售的时机

对于一些顾客来说，当决定购买时，他们会用一些语言和举止向销售人员表示他们已经作出了购买决定，此时销售人员要能够及时发现这些信息，准确把握结束销售、达成交易的时机。顾客在决定购买阶段出现的行为表示和语言表示具体见表9-1。

表9-1　　　　顾客在决定购买阶段出现的行为表示和语言表示

行为表示	语言表示
顾客结束对商品的再考虑	顾客直接表明购买意愿时
顾客打开钱包	顾客询问售后服务的问题时
顾客点头同意销售人员对商品的介绍	顾客开始讨价还价时
顾客仔细检查商品的各个部件	顾客最后向他人征求意见时
顾客出现对商品喜欢的兴奋表情	顾客询问付款的方式

（2）促成销售的方法

在确定顾客已作出购买决定后，有经验的销售人员常会辅以恰当的语言和动作，加速顾客作出购买行为。常见的方法有：①直接促进，即销售人员直接询问顾客是否可以开票。②假定成交促进，即销售人员以成交的语气询问顾客"可以将商品包起来吗"。③总结——同意促进，即销售人员总结商品特征、优点，得到顾客的肯定，使顾客难于拒绝，促成销售。④强调利益促进，即销售人员强调现在购买会获得其他时间购买所没有的利益，使顾客产生紧迫感，推动顾客迅速实现购买行为。

4）建立售后关系

货款结算完毕后，销售人员应将商品交与顾客再次核对，并妥善包装，便于顾客携带，同时向顾客表达感谢、欢迎再次惠顾的语言和情感，使顾客体验到买到满意商品和享受良好服务的双重满足感，为企业与顾客建立长期购销关系奠定基础。

9.2.2　销售人员的服务规范

作为一名销售人员会直接与顾客接触，顾客对其服务的满意度直接影响着购买的效果。这就要求销售人员在购买的全过程中都要秉承服务顾客的理念，运用规范的服务赢得顾客。服务的全过程包括购买前的服务、购买中的服务、购买后的服务。

1）购买前的服务

购买前的服务是在营业前，销售人员作出的一系列能够帮助、促进顾客购买，减少顾客购买障碍的活动，具体表现为：

①保持销售地点环境清洁，检查自身的工作服、工卡的佩戴是否符合规范。

②理货、补货。

③检查、填写和更换价格标签，明码标价。

④准备、检查各种售货用工具，如秤、包装袋等。

2）购买中的服务

销售人员具体的服务工作是从顾客开始关注商品开始的。此时销售人员应礼貌、热情、周到、耐心地接待每一位顾客，优质地完成商品的销售工作。

（1）接待有序

对每一个到来的顾客首先都要致意问好。由于顾客到来有先有后，销售人员应按先后顺序依次接待服务。在营业高峰期应做到"接一、顾二、看三"，即手上接待第一位顾客，眼睛照顾第二位顾客，嘴里招呼第三位顾客，对其他顾客则微微点头示意。每当换一位顾客时，应礼貌地致歉"对不起，让您久等了"。

（2）介绍商品

①诚实客观。向顾客诚实客观地介绍商品，做到实事求是。切不可随意夸大、编造商品的优点，隐瞒商品的缺点，将不真实的商品信息传递给顾客，误导顾客。

②有问必答。对于顾客有关商品方面的问题，销售人员要礼貌回答。对于顾客要求就同一问题再次作答时，销售人员必须热情、耐心地详细回答，切不可流露出不满情绪。

（3）百拿不厌

顾客购买时反复挑选，这是人之常情，也正说明了顾客有购买意向。所以销售人员给顾客拿递商品时，动作要快、要轻，不能出现扔、摔的情况，以免引起误会。对于要求销售人员反复拿取商品的顾客，销售人员也不能在语言和行动上表现出厌烦，仍应拿出百拿不厌的态度，以示服务耐心、诚恳。

（4）为客参谋

销售人员在销售过程中还充当着顾客的参谋和顾问的角色，这就要求销售人员从顾客的角度出发，运用自己的专业知识，为顾客提供建设性、富有成效的意见和建议。

（5）计价收款

如果是销售人员计价收款，要坚持唱收唱付，避免现金交接差错。如果是收银台统一收款，销售人员应认真填好交款单，告之顾客商品的单价和总价，指明收银台位置。

（6）包装商品

销售人员核对顾客的购物发票，请顾客验货，确认是所购商品后，销售人员要按照不同的商品，采用不同的包装方法给顾客包装好商品。要求动作熟练，形式美观，确保包扎牢固后递给顾客，并提示顾客拿好。

3）购买后的服务

顾客购买完毕，销售人员要提醒顾客带好随身的物品，不要遗留物品。然后点头目送顾客离开并礼貌道别："欢迎下次光临。"

9.3 服务台作业管理

服务台是连锁门店专门为顾客提供各种服务的设施，通常设置在门店的入口附近，服务范围相当广泛，如提供顾客咨询、顾客投诉处理、顾客退货处理、赠品发放、开发票、包装、修配、广播、寄包等各种服务。一个发挥良好功能的服务台，不仅可以为顾客提供更多额外的服务，增加商品的附加值，还可以更好地塑造连锁企业的形象。下面重点介绍以下四项服务台的作业管理项目。

9.3.1 顾客咨询服务

1）顾客咨询服务流程

顾客咨询服务流程具体如图9-2所示。

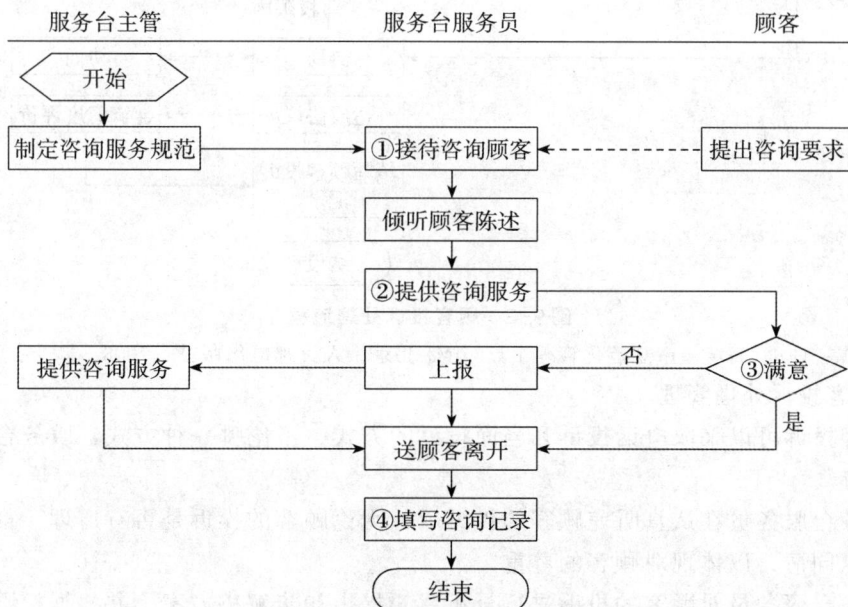

图9-2 顾客咨询服务流程

资料来源：许进.商场超市规范化管理工具箱[M].北京：人民邮电出版社，2008.

2）顾客咨询服务管理

①服务台人员热情接待咨询的顾客，认真听取顾客的陈述。

②服务台人员根据顾客的陈述，判断顾客咨询的范围和重点，对顾客咨询的问题给予明确的答复。

③顾客对答复满意，则送顾客离开；顾客不满意或认为服务台人员没有对自己咨询的问题给出明确、全面的回答，则可以向服务台主管提出，由服务台主管进行答复。

④服务台人员对顾客咨询进行登记，记录顾客咨询问题和处理结果，供相关部门参考。

9.3.2　顾客投诉处理

1）顾客投诉处理流程

顾客投诉处理流程具体如图9-3所示。

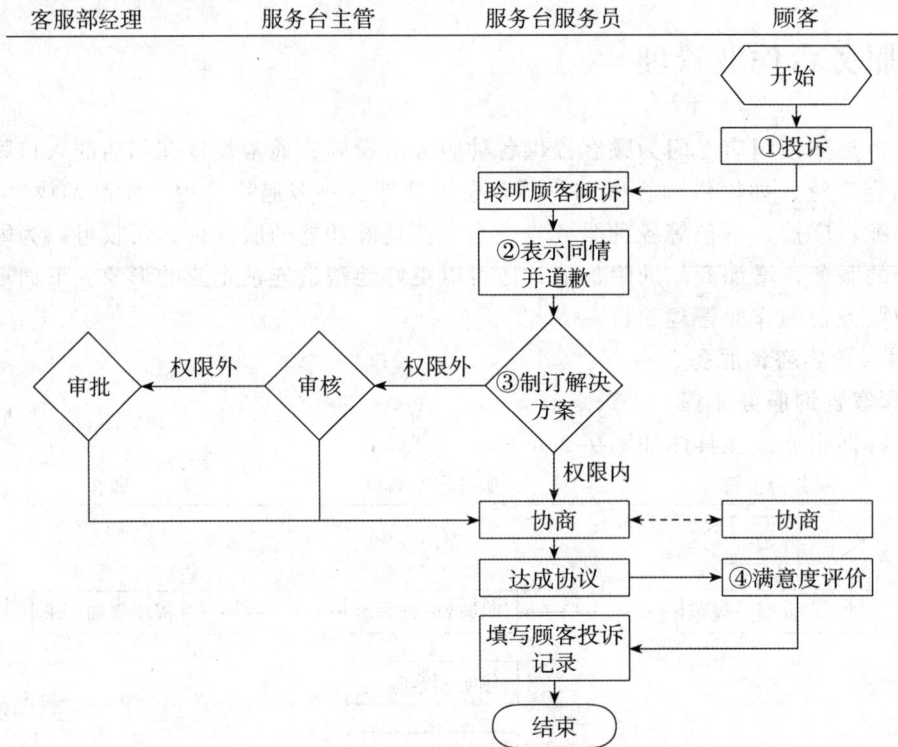

图9-3　顾客投诉处理流程

资料来源：许进.商场超市规范化管理工具箱[M].北京：人民邮电出版社，2008.

2）顾客投诉处理管理

①顾客投诉可以采取电话投诉和当面投诉的方式，不论哪一种方式，服务台服务员都要认真对待。

②服务台服务员在认真听完顾客的投诉后，无论顾客的投诉是否有道理，都必须先道歉，并表示同情，以体现对顾客的尊重。

③服务台服务员对顾客的投诉进行分析后，提出初步解决方案，并根据权限范围报服务台主管和客户服务经理审批。

④顾客评价此次投诉处理结果的满意度。

⑤服务台服务员做好投诉问题和投诉处理结果的记录，供相关部门参考。

9.3.3 顾客退货工作

1）顾客退货工作流程

顾客退货工作流程具体如图9-4所示。

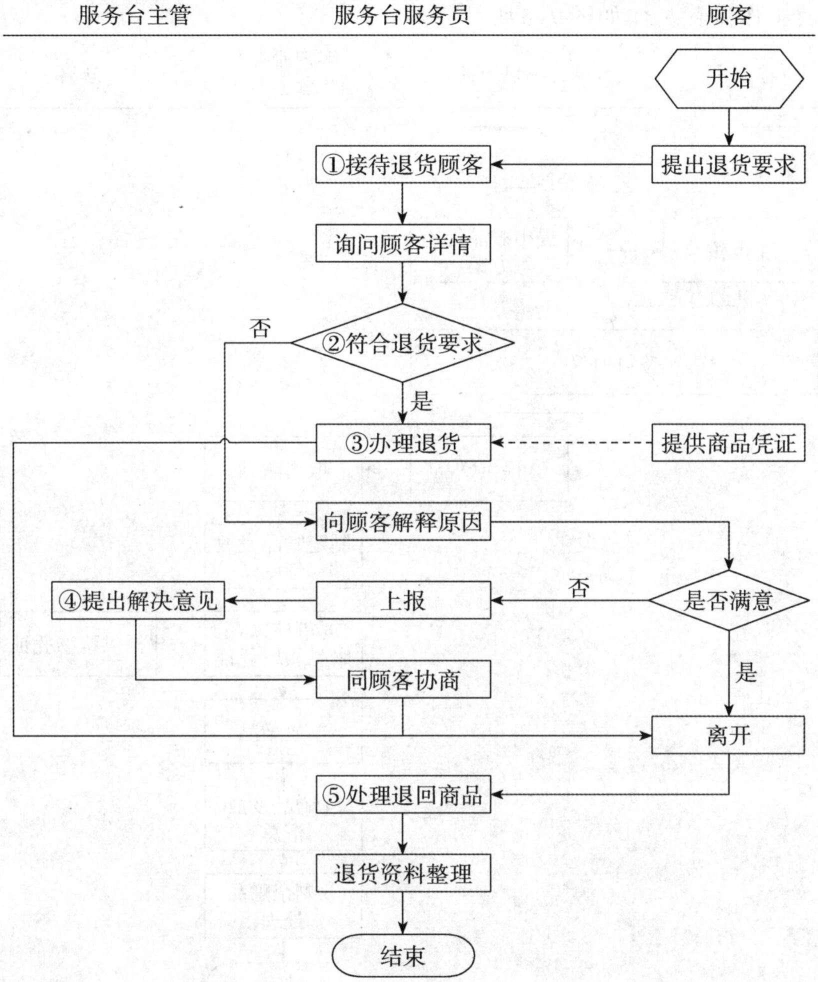

图9-4 顾客退货工作流程

资料来源：许进.商场超市规范化管理工具箱[M].北京：人民邮电出版社，2008.

2）顾客退货工作管理

①服务台服务员接待提出退货要求的顾客，询问是否带有购物小票或其他所需的退货凭证，查验待退商品，询问退货原因。

②服务员根据顾客的陈述、商品的种类、使用情况和连锁门店退货管理的相关规定，判断能否为客户办理退货。

③服务员填写"退货单"，请顾客确认并签字。复印顾客的收银小票或发票，退给顾客现金。

④服务台主管根据顾客意见和服务员上报的情况，提出解决顾客商品退货纠纷的建议。

⑤服务台服务员根据连锁门店《退回商品处理办法》将退货商品进行登记，然后将退货商品放在退货商品区，并将"退货单"的第一联贴在商品上。

9.3.4　赠品发放工作

1）赠品发放工作流程

赠品发放工作流程具体如图9-5所示。

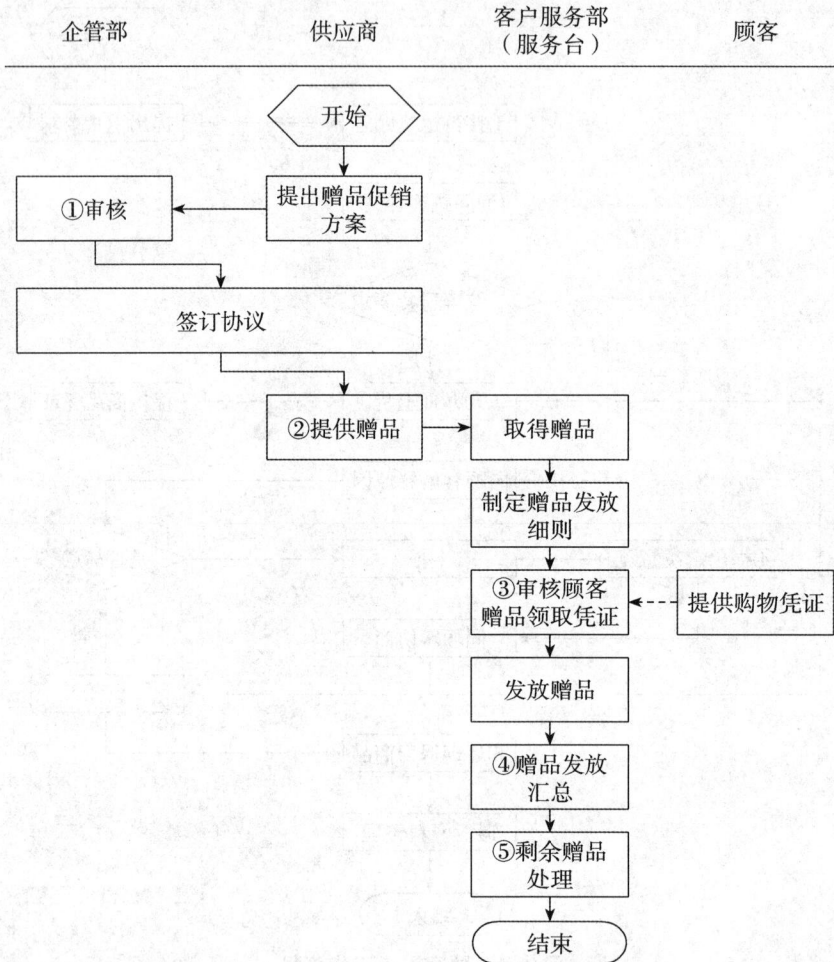

图9-5　赠品发放工作流程

资料来源：许进.商场超市规范化管理工具箱[M].北京：人民邮电出版社，2008.

2）赠品发放工作管理

①企管部根据连锁门店的经营计划和促销成本等，分析供应商提出的赠品发放促销方案是否可行，营运部、客户服务部（服务台）参与审核并提出意见。

②供应商根据双方达成的协议，保质保量按时向连锁门店供应赠品。

③服务台服务员认真审核顾客提供的赠品领取凭证，并请顾客在赠品领取登记表上签字后发放赠品。

④服务台对每天的赠品发放情况进行汇总，并通知供应商及时供货。

⑤服务台在赠品促销活动结束后对剩余赠品进行清点，通知连锁门店采购部及时对赠

品进行暂时存放，并通知供应商取回赠品。

> **案例精析**

销售着，快乐着

作为一名多年从事服装销售工作的员工，工作对我来说已不仅仅是简单的一项任务，而是一种兴趣，我喜欢在工作中发现美的存在与价值。

一个礼拜前，一位顾客来挑选衣服，我问她对衣服的款式、风格有什么要求，她说想找件长袖针织上衣，平时能单穿，也能当打底衫，我便向她推荐了一件粉色针织上衣，我说你先试穿，这件衣服上身效果很好，性价比高，颜色很衬肤色，试穿后她觉得很满意，很适合她。结合顾客本身的气质、年龄、肤色和一些外在因素，我又向她推荐了三件不同款式的上衣，条纹打底背心、短袖黑色开衫、玫紫色针织上衣，顾客一一试穿后都很满意，穿在顾客身上，符合她的年龄，不显得突兀，大气优雅时尚，改变了顾客一贯的风格。顾客本身十分喜欢那件条纹背心配黑色开衫，再搭配顾客身上穿的那条小脚裤效果很好。但对穿衣风格的改变却心有余悸，担心一下子改变接受不了。结合我们的品牌理念和以人为本、顾客满意的服务宗旨，我向她阐述了她的自身条件，首先让顾客了解自己的穿衣风格，哪些衣服她可以穿出不一样的独特效果，打消顾客的疑虑，使其买得放心穿得安心。最终，这位顾客心满意足地接受了我的意见，购买了我向她推荐的四件上衣，很满意我的服务，于是我们成了朋友，互相留了手机号。

昨天，这位朋友发信息告诉我，说中秋节当天穿这套衣服回家过节，受到家人和亲戚的一致好评，说自己显得年轻时尚了，所以特地感谢我。看完短信我很欣慰，我只回了以下几个字："顾客的满意是对我们最大的鼓励和支持。"所以，我认为销售不仅仅是工作，还是对生活的一种态度。销售是连接我们和顾客之间的桥梁，良好的服务会让我们走得更平稳。

试分析：

1.成功销售的关键是什么？

2.结合案例谈谈该员工的工作特点。

资料来源：佚名.销售着，快乐着 [EB/OL].[2015-12-05].http://wenku.baidu.com/link?url=jHTBIKhFr5uFCjAj8jjCYdd99H3OEAbdt5 – lUiQPi1Bt1BJ5pg3SkKaJ_IGvv0Ish2dfgK8cBRS1Mh7pZnV_hmjRvY5Tv6AuHxftEfDNV5q.

精析：

1.每一项销售活动都是建立在顾客需求的基础上的，结合顾客特点进行销售活动是成功销售的关键。

2.当你把工作当成一种兴趣，当你把顾客当作朋友，适时地为顾客提供优质的服务、建议和帮助，你就能赢得顾客的信任，销售自然也就水到渠成。

> **职业指南**

某购物中心总服务台工作指南

一、目的

为规范总服务台人员工作标准及工作流程，确保总服务台管理工作高效、有序开展，为客户提供高质量的服务。

二、范围

本规范适用于某购物中心总服务台日常工作管理。

三、总服务台人员工作职责

①接待咨询服务；②接听电话；③客户投诉处理；④广播管理；⑤报修服务管理；⑥证件办理；⑦物品借用；⑧失物招领管理。

四、工作内容

（一）基本行为准则

①总服务台人员须化淡妆，身着统一工装上岗；②为客户提供服务和指引；③总服务台人员应严格按照公司相关制度办理相关服务申请及业务流程，对服务申请及业务流程必须及时处理，给予客户满意答复，维护商场整体形象；④总服务台人员不得对外透露涉及公司内部事务、商业机密、业主个人信息等事项；⑤总服务台人员禁止在服务台内打闹、嬉戏、聊天、玩游戏等一切与工作无关的事情，开店前15分钟应做好服务台台面及台内的卫生清洁工作，将物品摆放整齐。

（二）基本工作权利

①对办理相关服务申请过程中察觉的问题，有向上级领导及相关部门主管级领导报告的权利；②对报修或投诉处理过程中出现的责任推诿现象或办理拖沓问题，有向相关经办人员质询、了解、调查的权利；③对违背各项业务流程的服务申请有权利拒绝办理；④对商场突发事件，有第一时间将问题反馈至相关部门负责人进行紧急处理的权利。

（三）客户接待规范

①总服务台人员对客户的咨询、来访、求助和现场投诉，应认真接待，微笑服务，对其反映的各项问题耐心细致地倾听，并做好解释；对责任范围之外且无法处理的事项，应将客户引导至相关责任部门，并协助处理。②总服务台在接待客户时，应立即停止手上工作并站立，面带微笑，目光专注，做到来有迎声、去有送声；与客户会话时，应亲切、诚恳，有问必答；工作发生差错时，应及时更正并向客户道歉。③总服务台在受理投诉及报修的同时，应做好相应的登记工作（如：来访人身份、咨询投诉内容、商铺号、故障现象等），认真详细填写相关工作表单，并及时把各种信息反馈至相关部门处理。

（四）总服务台来电接听规范

①所有来电必须在电话响铃三声之内接听。如果因客观原因，电话响铃四次以上，接听电话后应先向对方致歉"对不起，让您久等了"。②接听电话后应主动向客户问好，使用标准用语"您好，××总服务台，请问有什么可以帮到您"。在接听电话的过程中使用礼貌用语，不得出现因服务态度问题引起客户投诉的现象，应使用标准用语，如"您好！可以麻烦您再说一遍吗""您好！不好意思，您的电话声太小，可否大声一点"等。③接听电话时，避免使用免提功能或远距离大声叫喊其他同事接听电话。④接听来电受理投诉及报修时必须做好相应的登记工作。通话结束前，必须以"您好！请问还有什么能够帮助您"结束通话，等客户先挂断电话后方能挂断电话。

（五）商场活动宣导及咨询服务规范

①总服务台人员应认真学习掌握商场各类活动内容。对于商场主题、活动时间、活动细则应该熟练掌握。②总服务台人员对于商户及消费者有关商场活动的咨询，应及时准确地予以

答复。对于商户及消费者反馈有关商场活动的建议，应记录整理并于次日例会汇报。

（六）证件办理服务规范

总服务台人员在《营业人员出入证》上写明员工姓名、商铺号、品牌、编号，并贴好本人照片，盖上专用章后交给商铺员工。总服务台人员根据《运营期员工信息登记表》按要求录入电脑。

（七）客户便利服务规范

商场不负责商户快递的代收转发，由快递公司直接通知相关商户或相关人员至指定地点领取。

（八）总服务台物品借用服务

（九）总服务台失物招领管理

五、总服务台人员基本礼仪

立姿：（用于一般站立静止时）抬头、挺胸、收腹、两眼平视、收下巴、肩膀自然平放、腰挺直、双手置于身体前面、手掌打开交叉、左手在上、右手在下、大拇指藏内、手背平直、左脚跟微碰于右脚内侧中央并脚尖成45度开立、表情轻松自然、面带微笑。

坐姿：（在就坐的椅边呈立姿状态）双脚微贴椅边，先转头看一下座椅，坐下前双手向后整理裙摆（裤子），自然弯曲缓慢坐下，只坐座椅的三分之二，手自然移向前放于腿上，手掌交叉以立姿手势呈现。双肩自然平放，两眼直视前方，腰杆挺直，以立姿脚之姿势呈现，表情自然，面带微笑，随顾客问询移动，自然转动头部。

资料来源：佚名.总服务台工作流程 [EB/OL].[2015-12-05].http://wenku.baidu.com/link?url=cWvNtmxa7ASXFlqWmPhk75HZ8nY2DG4lwOSkA7z2zFxPFLZGwH-8FF2uiWzI2EOimnwkynestTBeXmDfCBizYchnLedOuQNYU55Lqzu93HK.

本章小结

本章主要介绍了三个部分的内容：首先是顾客购买活动的三个心理过程：认识过程、情绪过程和意志过程，并在此基础上分析了顾客购买活动的五个行为过程：确定需要、搜集信息、分析选择、决定购买和购后评价。其次是销售人员接待顾客的四个流程：接近顾客、接待顾客、完成销售任务、建立售后关系，并指出销售人员接待顾客的工作贯穿于销售前、销售中和销售后。最后介绍了服务台的工作项目，重点介绍了顾客咨询服务、顾客投诉处理、顾客退货工作和赠品发放工作的操作流程和工作重点。

主要概念

顾客购买心理过程   顾客购买行为过程   服务台

基础训练

一、选择题

1.顾客购买心理过程经历以下（   ）阶段。

A.认识过程   B.情绪过程   C.意志过程   D.思考过程

2.销售人员接待顾客流程分为以下（   ）步骤。

A.确定顾客需要   B.介绍商品

C.完成销售　　　　　　　　　　　D.建立售后关系

3.以下属于服务台工作范围的有（　　　）。

A.顾客咨询　　　　B.顾客投诉处理　C.顾客退货处理　　D.赠品发放

二、判断题

1.当顾客交清货款时，就可以认为此次销售活动结束了。　　　　　　　（　　）

2.认识过程是顾客购买活动的先导，顾客经过认识过程可以确定行为导向。（　　）

3.连锁门店应正确合理地运用服务台，以增加商品的附加值。　　　　　（　　）

三、简答题

1.顾客购买行为包括哪些内容？

2.销售人员在销售过程中的服务全过程包括哪些阶段？

3.简述顾客退货工作流程。

实践训练

【实训项目】

模拟一次商品销售过程。

【实训场景设计】

在教室中，安排两名学生，一名学生扮演销售人员，一名学生扮演顾客，就某一商品（教师自定）进行一次商品销售活动。

【实训任务】

1.学生能够运用本章知识分析顾客的心理活动。

2.学生能够顺利地将商品销售给顾客。

【实训提示】

1.课前安排学生的角色，可以给予一定的指导。

2.教师准备好销售的商品。

3.学生表演完毕可由其他学生点评，然后教师进行总结。

【实训效果评价标准表】

实训效果评价标准表见表9-2。

表9-2　　　　　　　　　　　　实训效果评价标准表

项　目	比　重	得　分
基本能够正确运用本章理论知识	30%	
基本能够正确完成全部销售过程	30%	
语言表达得体	10%	
动作表达得体	10%	
商品销售成功	20%	
合　计	100%	

得分说明：根据学生在实训过程中的表现，分为"优秀""良好""合格""不合格""较差"，相对应得分分值为"10""8""6""4""2"，将每项得分记入得分栏，全部单项分值合计得出本实训项目总得分。得分90~100分为优秀；75~89分为良好；60~74分为合格；低于60分为不合格，须补考；低于45分（含45分）为较差，须重修。

第10章　连锁门店促销活动和门店专柜管理

学习目标

通过本章的学习，了解连锁企业门店促销的作用，理解连锁企业门店促销的方式，掌握POP广告促销，掌握连锁企业门店促销方案的设计与实施，掌握连锁企业门店专柜管理。

引例　　　　　　　某名品中心新春促销活动：羊年大吉

【活动时间】2015年2月6日—2015年2月12日。

【写春联】2月7—8日书法家写春联；2月12日小书法家写春联。

【奔跑吧羊羊羊】2月8日名品中心金座与6~12岁儿童家庭一起，试新衣、绘羊年、做泥塑，现火热招募中，报名地点：1F服务台。

【爱·寄回家】2月6—10日购物满588元（家电、超市除外）凭当日购物小票至顺丰活动点（1F服务台）兑换免费寄递1kg试用券一张（数量有限，超重快件客户补续重差价即可）；写出爱：免费填写一张精美贺卡，随包裹一同寄出（数量有限）；拍出爱：免费拍照一张并将相片随包裹一同寄出（照片、贺卡活动二选一）。

【新年礼】购百货类满300/500/800/1 500/3 000元赠抽纸/福袋或咖啡杯/布偶羊或雨伞/碗套装/港澳游……（领取地点：8F客服中心，特例品除外，数量有限）。

【其他惊喜】双休幸运六十分，购物只花一半钱；你停车、我付费；凭私家车行驶证购物满200元即送停车费8元（8F客服中心）。

资料来源：万家热线.年前最后一个周末 合肥商场疯狂大促火热登场[EB/OL].[2015-12-05].http：//gouwu.365jia.cn/news/2015-02-06/2C0F791DE0EBCB44.html.

10.1 连锁门店的促销作用和方式

连锁企业促销是指连锁企业运用现代沟通方式，向顾客传递商品信息和企业信息，刺激和诱导顾客购买的活动。虽然连锁企业的促销活动多是短期的商品宣传推广活动，但是这对于连锁企业聚集人气、吸引客流、提高销售额有着深远的意义。

1）连锁门店的促销作用

（1）促销可以提升商品销量

促销的商品多为降价商品、新商品、季节性商品等，通过促销活动，可以满足顾客的不同需求，刺激顾客的购买欲望，对顾客的消费活动有很强的驱动性和指引性，能够在短期内有效地提升连锁门店的商品销量。

例如，福特公司为了销售一款新型的高顶客货车，就曾经与可口可乐公司联合举办过一次促销活动。人们被要求根据该款新车的货仓容积量，来猜测货仓内可以容纳多少罐可口可乐，猜中者就有机会得到一辆该款新车。另外，活动还设有10个小奖，获奖者每人可得12箱可口可乐。这次促销活动被命名为"猜中肚量，送您一辆"，引起了消费者的极大兴趣。人们纷纷到福特经销店内填写答案，参观车辆者络绎不绝，不少人由此了解了这款车的诸多性能和优点，福特公司的该款车型也因此销量大增。

（2）促销既可以保持现有市场份额又可以打击竞争对手

同一业态连锁企业门店之间的竞争是激烈的，促销是连锁企业门店保持现有市场，同时打击竞争者的主要手段之一。连锁企业门店可以通过促销活动，在短期内为门店聚集大量的客流，既能有效地保持原有的顾客忠诚度，又能吸引潜在顾客。

（3）促销可以建立顾客对连锁企业品牌的忠诚度和美誉度

促销可以突出连锁企业的特点，树立良好形象，扩大企业影响。麦当劳公司曾经创下了一项纪录，它们使众多消费者连续28天光顾了它们的餐厅。这一切都要归功于一套以28个国家的旅行者扮相出现的史努比玩具，例如有身穿唐装的"中国史努比"和身穿美国国旗图案衬衫的"美国史努比"。麦当劳公司每天推出一款，连续推出28天。为了集齐一整套史努比，人们不惜连续多日在麦当劳店外等候。每一年麦当劳都会推出各种各样的促销玩具来吸引消费者的光顾，这些玩具种类繁多，创意百出，十分招人喜爱，而在某种程度上，玩具的形象也向消费者暗示了麦当劳的品牌形象。因此，在每次活动之后，麦当劳收获最多的往往并非汉堡的销量，而是消费者的忠诚度。

2）连锁门店的促销方式

连锁企业门店为了向顾客传播信息、提高业绩、稳定老顾客、增加新顾客、提高门店知名度等，会定期、不定期地举办不同目的的促销活动，根据促销目的的不同，促销的方式也不尽相同。连锁企业门店常用的促销方式见表10-1。

表10-1　　　　　　　　　连锁企业门店常用的促销方式

广　告	销售促进	公共关系	人员推销	直复营销
报刊与广播	销售竞赛	记者招待会	销售介绍	商品目录
电视广告	奖金和礼品	演讲	销售研讨会	邮寄
包装广告	样品试用	研讨会	电话营销	电话营销
直接邮寄（DM）	交易会	年度报告	奖励推销员榜样	电子购物
产品目录	展览会	公司礼品赠送	交易会与商品	电视购物
电影广告	市场工具支持	慈善捐款	展览会	网络营销
家庭杂志	商品特价陈列	制造新闻	公司承诺	
小册子	表演性展示会	公司知名度		
海报和传单	特价优惠券	推展活动		
说明书	回扣			
广告单行本	延期付款			
焦点广告	招待会			
POP广告	以旧换新折扣			
路牌广告	附赠品/积分票			
售货现场陈列	编配商品			
视听材料	咨询			
标志与标语				

资料来源：周文.连锁超市经营管理师操作实务手册[M].长沙：湖南科学技术出版社，2003.

@ **阅读资料10-1**

超市促销的主要对策

1.组建高效的促销队伍

一般来说，促销队伍可以分为专职促销和兼职促销，虽然兼职促销队伍随机性强，可以现用现招聘，但是临时促销队伍对企业、产品及心态的把握差，只有及时培训，激发其热情，才会有意想不到的效果以及降低运营成本。在聘用兼职促销员时，除了要进行专业知识培训外，还要与他们进行企业文化交流，让他们接受公司的文化，使他们的价值观与企业的价值观一致，这样才能从本质上提升他们的工作积极性和热情，另外还要给培训好的兼职促销人员建立人事档案，和正式员工一样对待他们，在每个城市都建立相对稳定的兼职队伍，他们在无形中也会成为企业文化的宣传者。

2.创造良好的购物环境

良好的购物环境主要指超市整体的装潢设计，包括灯光、地面、天花板、商品陈列等等。暖色调布置的地面，能烘托出一种喜庆热闹的购物氛围，让人流连驻足，待的时间越长，自然买的东西越多。而超市的灯光布置经过精心选择，能刺激消费者的购买欲望。比如在食品货架附近总是橘色的灯光，这样购物者容易被诱发"食欲"而忘记考虑自己是否需要，日用品货架一般用白色的灯光，这样货物看上去光亮整洁，会吸引购物者情不自禁地欣赏、触摸，最后购买。合理的商品陈列有利于促销商品，通过堆码方式，堆成各种新颖的造型，如金字塔，既醒目又方便消费者从四个方向同时选购，充分利用消费者的群体消费观，因为这个位置聚拢了一群人购买的话，会在很大程度上带动其他消费者购买或是过来了解。

3.把握好鲜明准确的促销主题

促销主题要鲜明。一个良好的促销主题往往会产生画龙点睛的震撼效果，所以应针对整个促销内容拟定具有吸引力的促销主题。促销主题的选择应突出两点：一是"新"，即促销内容、促销方式和促销口号要富有新意，这样才能吸引人；二是"实"，即简单明确，顾客能实实在在地得到更多的实惠和利益。超市促销要确定一个有购买诱因的促销主题。任何一次促销活动都必须有一个正当的理由，如利用节假日、纪念日和新品上市作为活动的理由，不然会给顾客留下低价甩卖、产品销售不畅等错觉。每一场促销活动都要争取有一个鲜明的主题才能令促销活动长盛不衰、具有生命力。超市促销不能一成不变，要根据时尚、节日等各种契机找出新的恰当的促销主题。

4.灵活运用打折、降价的促销手段

从促销操作技巧上看，打折、降价要选择正确的时机，确定合理的促销期限，明确打折、降价的合理幅度，并采用相应的促销组合。终端营销市场中不同的产品有不同的特质，不同特质的产品在促销中应有不同时期的选择，如饮料选择在夏季或节假日，百事可乐和可口可乐每年几乎都推出新年促销装。而对促销期限来说，不宜太长，也不能太短，要考虑消费者正常的购买周期，促销期限太长了，价格难以恢复到原位，促销期限太短了，促销效果又很难达到，较合理的促销时间一般为2～4周。对打折、降价还应该与其他的促销手段相配合，如广告等，这样能够把促销的内容以更简洁、更准确的方式告诉消费者。

资料来源：成红巧.浅谈超市促销存在的问题及对策[J].商场现代化，2010（11）.

10.2 POP广告促销

10.2.1　POP广告的含义及作用

1）POP广告的含义

POP广告是英文"Point of Purchase Advertising"的缩写，意指"在购买场地能促进销售的所有广告"，也称为"售点广告"。因此，凡是在连锁企业门店内外能帮助促销的广告，或其他可以提供商品相关信息的服务、指示、引导等标识，都可以称为POP广告。

在百货公司、商超、餐厅、流行服饰店、鞋店等场所，经常可以见到POP广告。POP广告的任务主要在于简明扼要地介绍商品的特性，诸如告知商品的陈列地点、新商品、推荐商品、特价品等。同时，POP广告还可以活跃全店的销售气氛。一般而言，我们可以将POP广告的功能界定为商品与顾客之间的对话，所以POP广告常被称为"无声的推销员"。

2）POP广告的作用

（1）传递连锁门店的商品信息

连锁门店利用POP广告传递的商品信息包括：吸引顾客、告知门店内销售什么商品或正在举行哪些促销活动、告知商品的分类、对商品特性进行简单的说明、向顾客提供最新的信息、告知明确的商品价格、告知特卖信息、提高顾客的购买欲。例如，日本京都某家具店的POP广告非常有特色，将自家商店的特征、经营者的经营思想充分地表现出来。这家家具店非常聪明地利用居民住宅作为商品展示场所，在房间内适当的位置摆放了衣柜、床、写字台等家具，就像一个温馨的家。而且为了方便顾客进来选购，张贴了"不必脱鞋，敬请选购"的POP广告。因为日本人进屋都是要脱鞋的，像家一样的展示场所，顾客也许会觉得脱鞋才能进入有些麻烦，所以贴出那样的POP广告消除顾客的顾虑。该店的总经理自豪地说："也许我们的卖场并不那么清洁，因为顾客可以穿着鞋进来购物，但是我们的价格绝对是全日本第一便宜的。"

（2）塑造企业形象，与顾客保持良好的关系

企业形象也称企业形象识别系统（CIS），它包括企业理念识别（MI）、企业行为识别（BI）和企业视觉识别（VI）三部分，而POP广告是企业视觉识别中的一项重要内容。零售企业可将商店的标识、标准字、标准色、企业形象图案、宣传标语、口号、门店平面图等制成各种形式的POP广告，既加强了与顾客的沟通，又塑造了富有特色的企业形象。如麦当劳门店内外装饰的金黄色"M"标识，就是POP广告。当消费者一接触到这些标识时，马上就能联想到这是代表哪个企业以及这个企业的经营特色。

（3）巧妙利用销售空间与时间，达成即时的购买行为

POP广告常被大量运用于庆典、节假日、换季等时机，并且可以运用在门店的橱窗里、货架上、墙壁上、天花板上、楼梯口等任何合适的地方；另外，POP广告在设计上往往采用新颖的图案，绚丽的色彩，独特的构思。这些都很容易吸引顾客注意，使之驻足停留进而对POP广告中的商品产生兴趣。所以POP广告可以充分调动消费者的情绪，将潜在的购买力转化成即时的购买力。

10.2.2 POP广告的种类

POP广告按照不同的分类方式，可以划分为很多类型，这里按POP广告的形式和使用目的将其分为两类。

1）店外POP广告

这类广告主要是刺激顾客的认知，引起顾客对门店的注意。常用的店外POP广告有连锁企业的招牌、海报、实物大样本、高空气球、橱窗展示、广告伞、指示性标志等。

2）店内POP广告

这类广告主要用于告之顾客商品的陈列位置、说明商品的特色、渲染商店气氛，包括柜台广告、货架广告、墙面广告、地面广告。此类广告常利用墙壁、天花板、地面、玻璃门窗、柜台等可应用的立面，粘贴商品海报、挂旗、树立告示牌、布置门店装饰物、悬挂商品实物等。

@ **阅读资料10-2**

大型超市卖场典型新广告媒体应用

1.楼宇广告

2003年5月，一种新的广告传播媒体在上海的几幢楼宇内分别设立，这标志着"楼宇广告"的诞生。楼宇液晶电视广告具有4方面明显的优势：

（1）主动收视率。楼宇液晶电视广告的播放可以使等候电梯的人不再只是枯燥地等待，且大多数人会利用这段时间观看画面内容，从而加深对广告内容的记忆。

（2）低干扰、高品位的媒体环境。与众多传统媒体相比，电梯等候厅没有其他广告形式存在，环境优雅。每天仅安排8分钟左右的广告，每天每个安装场所循环播放100次左右，相同的地点，相同的时间，看到相同的广告，容易被人们欣赏和记忆。

（3）与传统媒体的互补性。传统媒体针对普通大众品牌宣传，而楼宇液晶电视针对中高层收入及消费阶层人士，由于高收入阶层对传统媒体（报纸、电视等）接触率低，所以此媒体是对传统媒体的有效补充。

（4）直接锁定目标。在大型超市卖场安置的楼宇液晶电视广告直接作用于潜在消费者，能直接命中目标，减少无谓的广告资源浪费。楼宇液晶电视在超市卖场的应用还有较大的发展空间，利用其优势灵活投放15秒、30秒或60秒的长年广告宣传或许可以帮助商家取得良好的销售效果。

2.卖场电视广告

卖场电视广告较楼宇广告媒体而言起步较晚，但据业内人士分析：卖场电视媒体比楼宇广告媒体更具针对性，也更具市场发展潜力。作为对家庭电视的创新衍生，同卖场内的广告媒体相比，卖场电视通过音频与视频相结合，使广告具有更强的表现力和打动力，直接刺激和煽动消费欲望。同时覆盖全场，连续性画面构成视觉冲击力。而且卖场电视与堆头及促销员的整合，点面结合，往往相互促进，效果倍增，容易引发冲动性消费。

如果说楼宇广告、卖场电视广告是今日新广告媒体的霸主，那么移动电视这些后起之秀无疑具有冲击新霸主的潜力。

3．手推车移动触摸屏

在未来的超市卖场中，手推车完全可以成为移动触摸屏新的创新载体。从卖场实际功能出发，手推车移动触摸屏可以开发如下功能：

（1）超市卖场平面图。前文提到大型超市卖场覆盖面积广大、结构复杂，那么拥有一份小型地图对消费者来说帮助巨大。消费者可以在地图上了解超市的各个入口、出口，可以方便地找到所需物品所在区域，甚至可以了解收银台的人流状况，方便选择支付通道。

（2）超市卖场导购仪。大型超市卖场客流量巨大，超市导购员有限，那么拥有一台私人导购仪无疑可以节省很多时间。消费者可以在触摸屏上列出所要购买的商品，防止购买遗漏；消费者可以在触摸屏上搜索所要购买商品的位置，甚至同类商品的比较；消费者可以预算整个购物时间，导购仪可以帮助规划购买最佳路径和所需时间。

（3）超市卖场直接广告载体。载入广告、促进销售还是整个手推车触摸屏的核心功能之一。当消费者不进行任何触摸或者超出触摸空隙时间时，触摸屏可以自动播放平面或者视频广告；当消费者进入一个新的商品区域时，触摸屏可以显示相应区域的商品信息等。

资料来源：康雷.大型超市卖场新媒体推广研究[J].魅力中国，2011（20）.

10.3　连锁门店促销方案设计及实施

10.3.1　门店促销方案设计

1）促销目标的确定

连锁门店的促销目标包括长期目标和短期目标，总的来说是为提升企业形象、提高商品销售量。具体包括扩大营业额、提高客单价、稳定老顾客、增加新顾客、增强企业知名度。由于促销的目的不同，促销的方式也不尽相同，所以连锁门店在每一次促销之前，都要先明确此次促销的目的。

2）促销时间的选择

确定促销的时间，应注意两个方面的问题：

（1）促销活动的延续时间

一般延续时间在1个月以上的促销活动称为长期促销活动，其目的是希望建立连锁企业门店的差异优势，增强顾客对门店的认同感，确保顾客长期来店购物。另一类是短期促销活动，通常为3~7天，其目的是希望在有限的时间内，通过特定的主题活动来提高来客数和客单价，以达到预期的营业目标。

（2）举办促销活动的季节

季节、气候、温度不同，顾客的购买需求和行为习惯会有很大差异，一个良好的促销计划应与季节、月份、日期、天气、温度相互配合。

3）促销商品的选择

（1）围绕主题选择促销商品

一般来说，结合连锁企业门店的促销目标，门店常会运用以下四类商品作为门店的促销商品：一是节令性商品。这类商品往往有一些特殊的含义或用途，如粽子、月饼。顾客对商品价格不十分敏感，更加注重商品的节日、时令作用，选择这类商品作为促销商品时，在定价上可以采用高价，但要烘托出节令气氛。二是敏感性商品。这类商品属于生活必需品，市场价格变化大，顾客对商品价格非常敏感，如鸡蛋、大米。选择这类商品作为促销商品时，在定价上只要稍低于市场价格，就能很有效地吸引更多的顾客。三是大众性商品。这类商品是指品牌知名度高、市面上随处可见、替代品较多的商品，如化妆品、饮料等。选择这类商品作为促销商品时，常常需要和商品供应商合作。四是特殊性商品。这类商品主要是指连锁企业门店自行开发、使用自有品牌的特殊商品。这类商品的促销活动主要应体现商品的特殊性，商品价格与品质要保持一致，不宜定价太低。

（2）选择促销商品依据的两个原则

这两个原则分别为：一是促销商品质量、品牌要过硬；二是"磁石"商品要精挑细选。

（3）确定促销商品结构

如：食品__%，生鲜品__%，百货__%，日化用品__%。

4）促销预算的编制

连锁企业门店用于确定预算的方法有：目标/任务法、过去销售百分比法。

（1）目标/任务法

目标/任务法决定着实现促销目标而采用的特定任务所需要的预算。使用这种方法时，连锁门店首先要确定一系列促销目标，然后门店要决定必要的任务及成本。执行此任务所需的所有成本的总和即为促销预算。这种方法的优点是：注重促销效果，使预算能够较好地满足实际促销的需要。其缺点是：促销费用的确定带有主观性，促销预算不易控制。某摩登百货公司采用目标/任务法确定的促销预算见表10-2。

表10-2　　　　　　　　　　　　　　某摩登百货公司的促销预算

目标	任务	预算费用
使摩登百货公司周围3 000米内生活或工作的女性知道摩登百货	（1）散发传单 （2）在路口竖立广告牌	（1）2 000元 （2）1 500元
1个月内提高20%的商品销量	（1）散发优惠券 （2）在当地报纸上登广告	（1）1 000元 （2）4 200元
合计		8 700元

资料来源：陈己寰.零售学[M].广州：暨南大学出版社，2005.

（2）过去销售百分比法

过去销售百分比法是用过去销售的一定比例确定促销费用的方法。这种方法的优点是简单、明确、易控制，缺点是缺乏弹性，未考虑促销活动的实际需求。例如：某连锁企业门店去年销售额为100万元，今年准备用去年销售额的10%作为促销费用，该连锁门店今年的促销费用为10万元（100×10%）。

10.3.2　门店促销方案的实施程序

1）促销方案的立案

在以上四项促销方案内容确定的基础上，研究分析竞争店的动态、消费者的生活方式、商圈生活水平的变化，拟定本次促销活动的诉求重点及具体做法。

2）召开促销会议

召集门店各部门人员讨论本次促销的主题、促销的时间、促销活动的重点商品、供应商的支持力度等内容的可行性，分析竞争对手的反应，以确保促销的成效。

3）采购人员与供应商洽谈

连锁企业门店的促销方法以商品特卖最具效果，如此一来，促销期间商品供应、价格等问题，应由采购员与供应商谈妥，这里需要洽谈的事项有：商品的品种、价格、数量、供货期间、支持力度。

4）宣传方式的确定

确定促销宣传的媒体。设计、制作宣传用的各种视频，立体、平面广告和宣传资料。

5）促销活动的准备与实施

向商圈内的顾客散发宣传资料、调整商品价格标签及商品销售系统中的商品价格、张贴海报、重新进行商品陈列等。

6）评估促销效果

通过促销效果的评估可以有力地说明此次促销活动成功与否，常用于评估促销效果的指标有销售额、客单价、来客数、企业知名度和美誉度。

10.4 连锁门店专柜管理

目前，专柜的配置对连锁门店整体营运的作用越来越大。如果专柜的商品选择得当，会给门店创造高额的效益。所以连锁企业门店也越来越关注专柜的建设，将其作为企业的一个利润增长点。连锁门店专柜就是指在门店内针对某一类商品或某品牌商品集中销售的区域。

10.4.1 门店专柜经营的重要性

1）为消费者提供更为丰富的商品

我国的连锁门店鉴于立地条件、资金、管理等因素的限制多为中小型门店，销售的商品种类和规格都非常有限，很难满足顾客一站式购买的需要，为此超市可以结合商圈内顾客消费的特点开设商品专柜，针对某一类商品或某个品牌提供丰富的商品。比如连锁企业门店在商业区可以设立美食专柜、化妆品专柜，在住宅区可以设立生鲜专柜。

2）延长顾客购买时间

顾客在连锁门店内停留的时间越久，产生更多购买行为的可能性就越大，设立专柜可以有效地延长顾客购买的时间，有助于提高销售额。

3）充分利用门店空间创造利润

为了充分利用门店空间，连锁企业门店常会在不规则的地方设立专柜，让原本不具有经营价值的门店空间也能创造营业收入，从而提升整个门店的单位面积营业效率。

10.4.2 门店专柜设计的步骤

1）分析商圈特点

对于商圈的分析主要从三个方面考虑：一是判断连锁企业门店所处的商圈性质，是在住宅区、商业区、文教区、办公区还是在混合区，由此判断目标顾客的消费特点、购买时段，作为开设专柜的参考。二是分析竞争者的情况。如果某个门店要开设的专柜是化妆品专柜，就要考察门店周围是否有销售同类商品的企业，这些都会给专柜的经营带来影响。

三是分析商圈的发展趋势和发展前景。

2）调查同行设柜情况

收集同一业态下其他门店开设专柜的资料，包括专柜的类型、装潢配置、营业面积、营业状况，为开设专柜提供参考。

3）综合评估

收集到相关资料后，即可选择专柜经营的商品种类，招标专柜的经营者。

@ **阅读资料10-3**

某百货商场专柜商品日常管理

一、统一收银工作流程。

（一）顾客购物时由各专柜服务人员统一开具销售小票。

（二）顾客凭销售小票到收银台付款。

（三）顾客付款后凭盖有公章及私章的销售小票及电脑单取货。

（四）顾客凭电脑小票在收银台（或总服务台）开具发票。

二、专柜每班指定专人负责，每专柜应指定质量价格负责人并在柜台指定位置上明示给顾客。

三、各柜台应建立《商品资金管理手册》，并根据需要设立存数记数本，专柜营业员应在每日早9：00（营业时间）前将《商品资金管理手册》上交楼层办公室，由楼面管理人员送交财务。

四、专柜盘点。

（一）每月盘点时间应与商场盘点时间一致。

（二）每月其他时间盘点的柜台，应在营业时间以外进行，并提前报楼层经理批准。

（三）盘点盈负由专柜自行承担。

五、专柜库存控制。

（一）楼层指定专柜应建立"缺断货登记本"，专柜营业员在每日早9：00前进行登记。楼面管理人员对指定柜台进行每周两次的抽查。

（二）指定原则——满足下列条件之一者定为指定专柜一般经销商：经营规模小、不正规的专柜；经常发生缺断货且补货不及时的专柜。

（三）非指定专柜每月覆盖检查一次。

（四）违约责任。

如发现专柜商品在本商场断货2天以上而其他商场有售的情况，每一品种收取500元以上违约金，如发生专柜商品断货较多（每个品牌断货品种超过20%）且断货时间长（超过半个月），除须交纳上述违约金外，将取消该品牌的合同经营范围。

六、专柜的销售管理（自营柜相同）。

（一）正常销售。

1.专柜营业员应正确填写销售小票（一式三联），销售小票应有以下内容：

（1）柜号、日期、商品名称、条形码或小类码。

（2）单价、数量、金额、合计金额、营业员全名（不得以工号代替）。要求：项目齐全、字体工整、不得涂改，数字填写不得连笔。营业员应面带微笑，用双手将销售小票（撕成单张）递给顾客，并提示顾客如需要发票在收银台开具。

2. 营业员在发货前应认真核对销售小票（是否加盖收款章、收银员私章，是否和电脑小票相符，若不符应要求收银员重新打印电脑小票）。

3. 小票填写统一用双面复写纸，禁止用单面复写纸，并随时检查更换复写纸，保持小票清晰一致。

4. 如遇停电或特殊情况，收银员不能入机的，可以在销售小票上盖收银专用章和私章，先行收款，后补入机，但须通知柜台营业员，可开具发票留给顾客作为购物凭证。

（二）商品优惠、打折。

商品优惠、打折时，须请示楼面管理人员并签字，如优惠、打折商品为一种时，可写在一张销售小票上，销售小票单价一栏填写原价，在合计栏上方注明"××折优惠"或"优惠××元"，合计栏填写打折优惠以后的价格。如优惠、打折商品为几种并且优惠额、打折率不同，则必须分单填写销售小票。不允许在一张销售小票上出现一种商品打折、另一种商品不打折的现象。单品管理柜台需使用权限卡，非单品柜台管理员须在销售小票上签名。

（三）顾客的退货或换货。

1. 专柜营业员应本着积极热情的态度及时处理顾客的退货和换货，首先核对销售凭证，对于符合商场规定并在自己权限范围内的，应立即给顾客处理。不能处理的及时带顾客到总服务台解决问题，不得以任何理由有意拖延或推卸责任。

2. 用红笔（红色复写纸）填写销售小票（一式三联），简单写明退换货原因。顾客持退货小票及原购买凭证（电脑小票或发票）的，管理人员应核对顾客的原始凭证。

3. 楼面管理人员办理退换货时，需核对顾客使用何种方式付款，并将相应的顾客原有购物凭证订在收银自存联上。销售小票的保存期为三个月。

（四）相关责任。

1. 柜台营业员所开销售小票内容完整、金额正确，由于收银员未审核单据，而导致少收或收错款的，由收银员赔偿其金额，并在业绩报告做扣分处理。柜台营业员也做相应的扣分处理。

2. 柜台营业员所开销售小票不符合规定，收银员又未审核出错误，而导致少收款或收错款的，其损失由收银员和营业员按70%和30%的比例进行赔偿。营业员和收银员分别在业绩报告中扣5~10分。

3. 柜台营业员所开销售小票不符合规定，收银员审核发现后，须在销售小票第二联用红笔在错误处打"×"，并将第二联返还给柜台。这时营业员必须检查核对，并重新开具正确的销售小票送交收银台。如营业员只在返回的第二联作出更改，而没有重新开具销售小票，收银员可通知楼面管理人员处理。

4. 柜台营业员接到收银员返还的第二联小票后，为推卸责任而要求顾客到收银台取第三联小票的，收银员可通知楼面管理人员处理。

5. 收银员每日将柜台填写错误的销售小票第三联交收银部，由收银部统一整理后交到各楼层进行处理。

6. 收银员只有审核单据的权利，而不能在销售小票上作任何更改，否则酌情扣5~

10分。

7.一经发现销售小票有误，收银员必须将第三联暂扣，如发现收银员未暂扣小票，按违纪处理，每次扣5分。

8.专柜营业员、促销员严禁代顾客到收银台交款，一经发现通知楼面管理人员处理。

七、内部员工购买及批量购买商品优惠打折的规定。

（一）专柜进行批量打折优惠必须经过楼面管理人员批准，专柜提出的批量优惠打折，其损失金额由专柜承担。

（二）批量购买商品需要商场承担点数的，应事前请示商场总经理批准，并填写"专柜优惠打折申请表"（一式三份，专柜、楼层、财务各一份，在每月25日前上交财务）。

（三）内部员工购买专柜商品，应写书面申请，商场总经理签字，经楼面管理人员与专柜协商，原则上进入电脑优惠打折。

八、专柜商品的安全。

（一）专柜营业员上班时间不得将私人物品带入柜台，下班时应自觉接受商场防损部门的检查。

（二）专柜营业员应在晚上下班前，将贵重商品妥善保管。

（三）专柜撤柜离场时，应自觉接受防损及楼面管理人员的共同检查。

资料来源：佚名.商场管理制度：某百货商场专柜商品日常管理[EB/OL].[2015-12-05].http://wenku.baidu.com/link?url=UoL10b23BUKODOyeVOZ00GMKAmDPWxSdrDb6CScd8J8Wu-sU6Gz1Z6D1UbDRmkpci KF9QxviPx-zfHToBT1iAPv_LdMSDhT_QdHyVL5y0e.

资料来源：江文，林祎闽.我国连锁经营企业标准化建设初探[J].中国标准导报，2014（6）.

案例精析

北京马甸国美新活馆万家乐店庆全案

一、促销目的

万家乐将此次活动的目的梳理为以下几点：

1.探索核心大店开业新模式：针对核心大店频繁店庆和促销，打造一种新的促销模式；

2.打造新VI形象：万家乐在北京市场全新的VI形象惊艳亮相于该店，借助此次开业庆典，宣传万家乐畅享低碳优质生活的经营理念，突出万家乐综合厨卫品牌的形象，并继而带动经销商开始进行全面的形象升级；

3.锻炼队伍，提升士气：抓住绝佳的促销机会，锻炼销售队伍，继而带动全区域以高昂士气迎接"五一"促销；

4.探索套餐销售模式：着重强调整体厨卫套餐销售的概念和思路，所有参与马甸战役的人员都要有这样的意识，通过此次店庆探索新的套餐销售模式。

二、整体策略与销售目标

以热水器带动厨电，实现万家乐整体厨卫套餐销售高端化，弱化万家乐只是做热水器这种过于专业化的形象，突出综合厨卫品牌，制定精准的产品和价格策略，点对点展开与其他品牌的竞争。考虑到马甸新活馆此次开业的影响力以及行业内各厂家的重视程度，公司也投入了大量促销资源，具体目标如下：

1. 冲击整体厨卫品牌第一宝座；
2. 实现70万元的销售额，其中热水器45万元，厨电25万元；
3. 套餐销售占比达到30%。

三、促销资源

马甸新活馆在北京家电圈的地位和此次促销规模决定了各厂家的投入力度，万家乐北京分公司从渠道客情、促销费用、销售团队及其他方方面面均给予最大化的支持和投入，重点包括如下几个方面：

1. 高端形象展厅：一定要进行助销物料装饰；
2. 全新产品陈列：根据产品定位对该店产品做了全新的布局和调整；
3. 价格政策及特价机型：每个价位段有一个主打机型，并配合限量特价机型；
4. 店内活动和赠品支持：厂送赠品、店内买赠以及返券全部参加；
5. 人力资源：精英导购、公司业务代表、经销商人员、临促人员近20人组成；
6. 物资准备：重点保障两方面内容，一是各项助销物料，二是参战人员饮食问题。

四、策略与主题

通过此次店庆，公司将资源投入到与顾客联系较为紧密的生活热点上，我们以消费者耳熟能详的洋快餐巨头麦当劳的"巨无霸"套餐为主题，推出万家乐自己的"巨无霸"套餐，具体如下：

1. 主题活动：万家乐"无敌巨无霸"超值套餐，你还在等什么？

万家乐"无敌巨无霸"超值套餐=优质优价产品+超级赠品+返券+低碳补贴+厨房安全卫士+幸运免单大抽奖+"买立装"服务+麦当劳巨无霸汉堡；

2. 户外演示：通过外展进行产品展示，配合店内销售；
3. 邀请经销商老板现场签名售机；
4. 迎宾和礼仪小姐：身披"万家乐无敌巨无霸超值套餐"绶带，全场巡游；
5. 在卖场入口处和二楼电梯处安排2名临促人员用一句话（万家乐今天有无敌巨无霸超值活动，活动力度非常大，请您关注）提示顾客活动。

五、销售团队及费用支持

为了保证此次店庆顺利进行，挑选了部分精兵强将组成店庆团队，并对团队人员统一部署、统一调度，同时公司其他部门和经销商单位无条件全力配合。

在费用支持上，有以下几个方面：

1. 赠品费用：经销商采购厂赠，根据任务完成情况按比例承担；
2. 临促费用：尖刀班，普通临促和礼仪小姐；
3. 奖励费用：完成任务奖励；
4. 后勤费用：参战人员饮食保障；
5. 店内客情费：打点店内关系，建立较好客情；
6. 物料费：DM单、海报、条幅、X展架、地贴、统一服装、无线扩音器等；
7. 机动费用：突发事情处理费用。

六、激励方案

考虑到此次店庆任务艰巨，届时将会出现白热化的竞争场面，72小时不打烊的消费场景，对所有参战人员都提出了强有力的挑战，我们将此次店庆当作一场战役来看待，并制定了富有竞争力的奖励方案。实行阶梯达成目标奖励，即达成80%，奖励5 000元；达到100%奖励8 000元；达到120%，奖励15 000元。待活动结束时由总监和活动现场负责人进行现场奖励。

资料来源：贾建兵.如何做好城市核心大店的店庆促销[J].现代家电，2011（12）.

精析：

1.自2010年开始，国美开始进行大店改造，在全国范围推广新活馆模式，力争打造大型家电SHOPPING MALL，设置了多种体验区，万家乐在此店内利用店庆探索套餐销售模式，可谓事半功倍的做法。

2.在制定销售目标时，我们发现，万家乐充分考虑到了两方面的工作：一是目标考核可以量化；二是目标具体、细化到产品品类及销售形式，如厨卫套餐销售。量化目标的重要性不言而喻。

3.北京马甸新活馆模式，力争打造集购物、娱乐、休闲于一体的大型家电SHOPPING MALL，所以，高端商品、新品及赠品、人员的支持都大有必要。

4.赠品在促销中的作用还是不可低估的。万家乐"无敌巨无霸"超值套餐＝优质优价产品＋超级赠品＋返券＋低碳补贴＋厨房安全卫士＋幸运免单大抽奖＋"买立装"服务＋麦当劳巨无霸汉堡。这系列超值赠，长远和现在结合，因而体现的吸引力还是很充分的。

5.国美马甸新活馆在固定区域设置大型综合服务台，集咨询、结款、延保办理、发贷、验货、退货、换货、会员办理、赠品发放于一体，但众多品牌参与在极短的时间内赢得顾客的青睐并最终开单，还是需要品牌大量的人员支持，挑选精兵强将，才能保证势在必夺。

6.激励销售人员，奖励及时到位非常重要。此案中，活动结束时由总监和活动现场负责人进行现场奖励，可以说是一个很到位的激励措施。

职业指南

促销员岗位职责

一、岗位职责：

服务顾客，创造销售额与利润，塑造并维护公司形象。

二、工作内容：

1.对照执行营业员一日行为规范、服务规范和柜台纪律，服从上级领导的各项工作安排，并接受上级的监督检查，认真完成部门下达的销售指标，并力争超额完成任务。

2.严格遵守企业规章制度和服务规范，接待顾客使用普通话和礼貌用语，做到主动、热情、耐心、周到地接待每一位顾客。

3.对本柜商品的品名、单价、规格、质地、产地、性能、使用和保管方法等要了如指掌，当好顾客参谋，掌握商品知识及销售技巧，热情回答顾客提出的各种问题，促进商品销售，介绍商品时应实事求是，不得有诋毁其他品牌的行为。

4.维护柜台、货架的商品陈列，做到整洁、丰满、美观，商品的配件搭配要得体、大方，新品、主销品、畅销品等要摆放在显要位置，对顾客造成视觉冲击，从而激起顾客的购买欲望，方便顾客挑选购买。

5.做好柜台内外环境、商品卫生，注意个人卫生，保持仪容仪表整洁，化妆要适度，上班时间统一着装、佩戴工号牌，始终以精神饱满的形象气质展现在顾客面前。

6.定期将所负责的品牌样机给予更换，确保样机无磨损，样机销售后要及时予以打包并做好商品的清洁工作；同时要确保所负责品牌品种的合理库存，每月对每个品种都积极促销，力争使商品动销率达100%，避免不合理库存长期压库。

7.实现销售后，认真、清晰地填写好送货安装服务单（确保仓库能及时准确发货），并陪同顾客到服务台登记送货、安装。

8.认真执行牌价卡和采价要求，遵守物价管理，规范填写商品牌价卡，按要求执行采价制度，对周边地区同类商品的价格、品种、质量、产地等要了如指掌，并及时反馈给部门经理或管理员。

9.认真参加晨会、晨操，做好柜组营业前的各项准备工作。

10.每天上班提前15分钟到柜组进行交接，交接柜位未达事项，确保各项工作顺利完成。

11.每天营业结束后，按规定做好清场工作，与警消人员做好清场交接工作，确保商品安全。

12.认真学习业务知识，熟练掌握操作技能，熟悉本柜组商品的库存，了解商品库存动态，提高业务水平和工作效率，配合管理员做好各项工作。

13.认真执行并宣传大世界满意工程，做好"不满意便退换"的信息记录和反馈工作。

14.提高警惕，加强安全防范意识，做好本柜组商品和货款的防窃工作，加强防火意识，熟悉消防知识，确保安全生产无事故。

15.按要求做好每月的盘点工作，如实、仔细地盘点库存情况，做到账实相符；日常工作中注意对商品库存的管理，及时将过季、滞销、破损等有问题商品信息反馈到管理员处，以便及时处理，避免损失。

16.利用业余时间，认真学习专业知识和业务知识，提高自己的促销技巧，并运用到实际工作中去。

资料来源：佚名.促销员岗位职责[EB/OL].[2015-12-05].http：//wenku.baidu.com/.

🪐 本章小结

本章主要介绍了四个部分的内容。首先，介绍了连锁企业门店促销的三个作用：可以提升商品销量，可以保持现有市场份额又可以打击竞争对手，可以建立顾客对连锁企业品牌的忠诚度和美誉度。在此基础上分析了连锁企业门店促销常用的方法。其次，介绍了连锁企业门店促销中常用到的POP广告，分析了POP广告的含义、作用、分类。再次，详细地阐述了连锁企业门店促销方案设计的过程：促销目标的确定、促销时间的选择、促销商品的选择、促销预算的编制、设计促销方案的实施程序、评估促销效果，其中重点阐述了促销方案的实施程序。最后，就连锁企业门店中越来越重要的专柜管理，介绍了专柜的含义、专柜的重要性、专柜设计的步骤。

主要概念

连锁企业促销　POP 广告　连锁企业门店专柜

基础训练

一、选择题

1.以下（　　）项属于连锁企业门店促销的作用。

A.可以提升商品销量

B.可以建立顾客对连锁企业品牌的忠诚度

C.可以提升企业美誉度

D.既可以保持现有市场份额又可以打击竞争对手

2.专柜经营的重要性表现在（　　）方面。

A.适用于销售任何商品　　　　　　　B.充分利用门店空间创造利润

C.延长顾客购买时间　　　　　　　　D.为消费者提供更为丰富的商品

3.按 POP 广告的形式和使用目的可以将其分为（　　）。

A.店外 POP 广告　　　　　　　　　B.店内 POP 广告

C.平面广告　　　　　　　　　　　　D.立体广告

二、判断题

1.凡是在连锁企业门店内外能帮助促销的广告，或其他可以提供商品相关信息的服务、指示、引导等标识，都可以称为 POP 广告。　　　　　　　　　　（　　）

2.敏感性商品作为促销商品时，在定价上只要稍高于市场价格即可。　（　　）

3.连锁企业门店专柜就是指在连锁企业门店内针对某一类商品或某品牌商品集中销售的区域。　　　　　　　　　　　　　　　　　　　　　　　　　　（　　）

三、简答题

1.POP 广告的作用有哪些？

2.简述连锁企业门店促销方案设计的过程。

3.简述专柜设计的步骤。

实践训练

【实训项目】

设计一份连锁企业门店促销用海报。

【实训场景设计】

模拟某连锁企业门店 10 周年店庆，进行商品促销活动以回馈顾客。

【实训任务】

1.能够正确运用本章知识。

2.能够在教师指导下完成海报的设计。

【实训提示】

1.由教师介绍实训背景资料。

2.班级学生分组（建议 4～5 人一组）。

3.每一组在规定的时间设计一份促销用海报。

【实训效果评价标准表】

实训效果评价标准表见表10-3

表10-3　　　　　　　　　　　**实训效果评价标准表**

项目	比重	得分
基本能够正确运用本章理论知识	20%	
能够正确完成海报的设计工作	20%	
海报主题突出	20%	
海报设计新颖	20%	
海报有较好的视觉效果	20%	
合计	100%	

得分说明:根据学生在实训过程中的表现,分为"优秀""良好""合格""不合格""较差",相对应得分分值为"20""16""12""8""4",将每项得分记入得分栏,全部单项分值合计得出本实训项目总得分。得分90~100分为优秀;75~89分为良好;60~74分为合格;低于60分为不合格,须补考;低于45分(含45分)为较差,须重修。

第11章　连锁门店顾客投诉和顾客关系管理

学习目标

通过本章的学习，了解顾客投诉的类型及其处理方式，掌握处理顾客投诉的程序，并学会制定顾客关系管理制度。

引例　　　　　　　　超市近20天没有空调　顾客购物如入"蒸笼"

大热天时，超市竟近20天没有空调！有市民向羊城晚报投诉称，在公园前附近的百佳超市连日不开空调，顾客进内购物如入"蒸笼"。超市方面表示，空调出了故障，管理公司已在修理，但一直没有修好。

近日，市民张先生到公园前附近的百佳超市购物，尽管外面已是酷暑，但超市竟然不开空调。"不开空调已经不是一天两天的事情了。"张先生告诉记者，十多天前，超市突然把空调关了，问及原因，服务员不理不睬。

9日，记者来到位于中山五路中旅商业城负一层的百佳超市。尽管超市内放置了很多电风扇用于降温，但前来购物的顾客仍然满头大汗。记者以顾客的身份向店内多名服务人员询问为什么没有开空调，大部分工作人员说"空调坏了，一直没有修好"。记者留意到，不仅仅是百佳超市没开空调，在中旅商业城的负一层，除了招商银行的两个营业厅外，其他地方也感觉不到有空调供应。由于楼层较为封闭，空气不流通，记者在里面逛了十多分钟已经满头大汗，不少业主只好用电风扇降温。空调下午才开，上午不开，这种情况已经持续了好长一段时间。

资料来源：何伟杰.超市近20天没有空调　顾客购物如入"蒸笼"[N].羊城晚报，2012-05-11.

11.1 顾客投诉意见的主要类型及处理方式

顾客投诉既是门店经营不良的直接反映，同时也是改革门店销售服务十分重要的信息来源之一。最新研究数据表明，一个顾客不再去某家商店购物的原因有很多，具体见表11-1。

表11-1　　　　　　　　　　　　　顾客不再光顾商店的原因

原　因	死　亡	搬　迁	兴趣转移	转向竞争者	对产品不满	对服务不满
比　例	1%	3%	5%	9%	14%	68%

从表11-1可以看出，82%的顾客不再去某商店的原因在于顾客对于产品和服务不满。而美国消费者研究统计的数据进一步显示：96%的顾客不打算对产品或服务投诉，只有4%的顾客会投诉。研究表明，96%不投诉的顾客是以"拒绝再次光临"的方式来表达

其不满的情绪，甚至会影响所有的亲朋好友来采取一致的对抗行动。反过来说，如果顾客是以投诉来表达其不满的话，至少可以给门店有说明与改进的机会。通常，顾客的投诉主要包括对商品、服务、安全与环境等方面的意见。

11.1.1　顾客投诉的主要类型

顾客对商品的投诉意见主要集中在以下几个方面：

1）对商品的投诉

（1）价格

连锁门店销售的商品大部分为非独家销售的民生消费品，顾客对这些商品价格的敏感性都相当高。因此顾客对价格的投诉在总投诉中占相当大的比重。顾客对连锁门店价格不合理的投诉，一般集中在虚假折价、虚夸标价、虚假标价、虚构原价行为等，如许多经营场所打着"全市最低价"等文字进行宣传，误导消费者。

@ **阅读资料 11-1**

超市货价不符成投诉新热点

2011年春节长假期间，广州市工商局12315消费者申（投）诉举报电话共接来电1 099个，同比大幅下降34.6%！记者从市工商局获悉，节日期间的消费投诉主要涉及旅游服务、邮政快递、餐饮消费等方面，其中有关超市价格的问题成为新热点。

大年初一，市民黄小姐到越秀区某超市购买开心果，货架明明标价为52元，但其付款时超市实际收费为70元。认为超市涉嫌价格欺诈的黄小姐立即致电求助。12315中心立即将该情况受理，并依法将案件转给市物价局处理。据悉，春节期间市工商局12315中心共接到涉及超市价格类消费来电45个，其中咨询24个、申（投）诉21个。

根据投诉情况来看，春节期间涉及商品价格方面的投诉主要有三类：商品标价与实际收费不符；商家将商品的价格标高后，再以打折优惠的形式进行销售；消费前未告知消费者商品或服务因节日提价。

资料来源：邢冉冉.超市货价不符成投诉新热点[EB/OL].[2011-02-12].http://news.xkb.com.cn/guangzhou/2011/0212/118232.html.

（2）商品质量

商品质量往往也会成为顾客投诉较集中的方面，主要包括以下几个方面：

①假冒伪劣商品。商品以假充真、以次充好、冒用品牌标识等。②坏品。如商品买回去之后，发现零配件不齐全或商品有瑕疵等。③商品品质差。顾客所购买的商品已过保质期，购买的干货类商品打开包装袋发现内部变质、出现异物、长虫，甚至有些在食用后发生腹泻及食物中毒等现象。④商品重（数）量不足，包装破损等。⑤商品标示不当。商品上的价格标签模糊不清楚；商品上同时出现几个不同的价格标签；商品上的价格标签与促销广告上所列示的价格不一致；商品外包装上的说明不清楚，如无厂名、无制造日期、无具体用途说明或其他违反商标法、广告法的情况；商品外包装上中文标示的制造日期与商品上打印的制造日期不符；进口商品上无中文说明等。

（3）商品缺货

顾客对连锁企业门店商品缺货的投诉，一般集中在热销商品和特价商品，或是门店内没有销售而顾客想要购买的商品，这往往导致顾客空手而归。更有甚者，有些门店时常因为热销商品和特价商品卖完来不及补货，从而导致经常性缺货，致使顾客心怀疑惑，有被欺骗的感觉，造成顾客对该连锁企业失去信心。这样不仅流失了老顾客，而且损害了整个连锁企业的形象。

2）对服务的投诉

虽然连锁企业门店属于自助性服务，但顾客还是会有需要服务人员提供服务或协助的时候，顾客的投诉意见主要集中在以下几个方面：

①工作人员态度不佳。例如，不理会顾客的询问要求，回答顾客的语气有不耐烦、敷衍或是出言不逊等现象。

②收银作业不当。收银人员货款登录错误造成多收货款、少找钱给顾客；包装作业失当，致使商品损坏；入袋不完全，遗漏顾客的商品；等候结账的时间过长等。

③服务项目不足。如门店不提供送货、提货、换零钱等服务；营业时间短；缺少某些便民的免费服务；没有洗手间或洗手间条件太差等。

④现有服务作业不当。如顾客寄放物品遗失；寄放物品存取发生错误；自动存包机收费；抽奖或赠品发放等促销活动不公平；顾客填写门店发出的"顾客意见表"未得到任何回应；顾客的投诉意见未能得到及时妥善的解决等。

⑤原有服务项目取消。如百货商店取消儿童托管站；取消超级市场DM广告中特价商品的销售，取消特价宣传单的寄发、礼券的发售等。

3）对安全和环境的投诉

①意外事件的发生。顾客在卖场购物时，往往因为连锁门店安全管理上的不当，造成顾客的意外伤害，而引起顾客的投诉，如顾客摔伤、被窃等。

②环境的影响。如门店内音响声音太大；卖场过道内包装箱和垃圾没有及时清理，影响商品品质卫生；商品卸货时影响行人交通或附近车辆的出入；违反建筑物使用办法等。

11.1.2　顾客投诉的处理方式

通常顾客投诉主要有电话投诉、信函投诉或者是直接到门店内或连锁企业总部进行当面投诉这三种方式。根据投诉方式的不同，可以分别采用相应的处理方式。

1）电话投诉的处理方式

电话投诉简单迅捷，是顾客常选用的投诉方式。许多企业都设有免费投诉电话。电话投诉只能通过有限的声音了解顾客的情绪，因此处理时要小心谨慎。

首先，应注意仔细倾听顾客的投诉，站在顾客的立场分析问题，同时应用温柔的声音及耐心的话语来表示对顾客不满情绪的支持。其次，要尽量从电话中了解顾客所投诉事件的基本信息，其内容包括4W1H：Who、When、Where、What、How，即什么人来投诉、该投诉事件发生在什么时候、什么地方、投诉的主要内容是什么、其结果如何。最后，应将顾客的电话内容予以录音存档，尤其是顾客投诉情况较特殊或涉及纠纷的投诉事件。存档的录音带一方面可以作为日后有必要确认时的证明，另一方面可以成为连锁门店教育培训的生动教材。

2）信函投诉的处理方式

信函投诉便于记录和保存，投诉较理性，很少感情用事。门店收到顾客的投诉信时，应立即转送负责人。相关人员应立即联络顾客，告知其已收到信函，以表示出门店对于所投诉的意见极其诚恳的态度和认真解决该问题的意愿，同时与顾客保持日后的沟通和联系。

3）当面投诉的处理方式

顾客不采用电话或信函投诉，而不惜时间和精力亲自上门投诉，表明顾客的不满可能更严重，或者对投诉处理的期望值更高。对于顾客当面投诉的处理，门店应尽量迅速解决问题。在处理顾客当面投诉时，应注意以下几个问题：

①将投诉顾客请至会客室或卖场的办公室，以免影响其他顾客购物。

②创造亲切轻松的气氛，以缓解对方的紧张情绪，尽可能保持谈话明朗和态度诚恳。

③谨慎措辞，避免导致顾客的再次不满。

④严格按规定的"投诉意见处理步骤"妥善处理顾客的各项投诉。

⑤一旦处理完毕顾客的投诉意见，必须立即以书面形式及时通知投诉人，并确定每一个投诉内容均得到解决及答复。

⑥注意记住每一位提出投诉意见的顾客，当该顾客再次来店时，应以热诚的态度主动向对方打招呼。

此外，顾客也逐步开始采用网络投诉。如果顾客通过网络进行投诉，相关人员应立即处理投诉，并将处理结果在网上公布，以显示连锁门店处理投诉的及时性和有效性，也显示门店对处理投诉的诚恳态度和认真解决该问题的意愿。

@ 阅读资料11-2

处理抱怨八步曲

第一步：倾听抱怨而不打断。

1.顾客愿向好的听众发泄不满，他们常常希望自己的抱怨能引起他人的注意。

2.在你试图解决问题之前，给顾客一段"大声讲"和"发泄"的时间，让他们表达自己的情绪。顾客希望允许讲述自己的经历，等他安静下来便会听你讲道理。

3.听的时候不要摆架子，好像你早就知道他要说些什么的样子，而是要显现出并告诉顾客你理解他们的感受，千万不要表现出傲慢的神情来。

4.要一眼让顾客看出你在用心倾听，而且听的时候要记下重点，待顾客说够之后，你可以总结一下问题。

5.与顾客立场一致，善用"同情心"。这里的"同情"是指为了解决问题而对顾客感情和情绪作出的反应，即共鸣的意思，而不是慰问性质。

6.当顾客向你抱怨的时候，不要有强烈的戒备心理，否则顾客会指责你想找借口来推卸责任。

7.不要把客人的抱怨看成是对个人的不满。

第二步："谢谢您！"并说明为什么。

1.无论如何，把抱怨看成是有价值的信息。

2.显出你真正支持顾客抱怨的权利。

3.使用"抱歉也高兴"的方法，因为有问题而抱歉，也因听到意见而高兴。

4.让顾客知道你现在可以处理这个问题，并在今后加以改进。

5.除非万不得已，不要把顾客的问题推到别人身上，如果确实需要，把你名字或名片交给顾客，同时也问明顾客名字及联系方式，向他们保证你将一直关注此事。

6.如果你没有足够的权威、技术或信息，必须请其他人来解决。

第三步：为造成的不便而道歉。

1.道歉时使用"我"，而不是"我们"。

2.为顾客遭受不方便道歉并不一定是承认有过失或有责任。

3.即使是顾客的过失也不要责备。

4.不管是谁的责任，顾客确实希望有人道歉，以及向某人申辩理由。

5.向他们表示你对此事感到抱歉和关心，并承诺采取行动。

第四步：确定顾客需要什么。

1.不要做任何假定，一旦顾客冷静下来，向他们确认你听到的信息，并寻求其他所需要的资料，对问题达成一致意见。

2.询问为了满足顾客的需要并使他们满意要采取什么措施。

3.顾客如能参与问题的解决通常会更满意，这给他们重新获得参与的感觉。

4.按照对顾客有利的原则以及你能否实施的条件，来探索替代的方法和要求。

5.对具体的行为达成一致意见——谁做什么?何时?何地?

6.没有把握时，就不要轻易承诺一定能够解决问题，顾客需要的是具体的行动而不是空头的承诺。

第五步：解决问题，并且要快。

1.恢复顾客满意的要点是：迅速公平地解决问题，反应迅速，表示真正的同情。

2.显示出你是熟练的、有权的，并正在为及时解决问题而工作。

3.与提供正常服务阶段相比，恢复顾客满意阶段的紧急性更重要。

4.如果有耽搁，通知顾客并一起安排新的计划。

5.让顾客感到有人正在尽可能快地努力把事情做好。

6.让顾客了解工作的进程。

第六步：提供适当的增值赔偿。

1.赔偿不是所有恢复顾客满意的情形中都需要的。

2.赔偿可以是象征性的或实际性的。

3.赔偿时说："我愿意由您来决定怎么做。"

4.赔偿是歉意的象征。

5.赔偿要针对人和情况而定，并非用你的想象力决定。

6.把赔偿看作增加价值，而不是花钱。

第七步：跟踪核实顾客满意情况。

1.跟踪是感谢顾客的抱怨，并维系跟他们做生意的另一次机会。

2.跟踪传达了一种关心的态度，并且也是一个推销的机会。

3.跟踪增强了可靠的感觉，不但有助于树立企业的信誉，而且有助于企业避免未来的风险。

4.跟踪顾客满意情况，保留获得的重要信息记录。

5.通过与顾客的积极联系，跟踪能增加服务人员的自尊感。

6.跟踪过程会使服务人员在许诺时更贴近现实，工作做得更彻底。

第八步：防止未来类似的错误发生。

1.像你解决问题那样努力工作，改进工作机制，以防止未来类似的错误发生。

2.员工看到企业如此认真，他们对于恢复顾客满意和不断改进工作的热情将更高。

3.为了利用抱怨，必须找出和消除最终的原因。

4.抱怨是不断改进的基础之一，而防止未来类似的错误发生，是对企业承诺的最终评定。

资料来源：刘敏.如何挽留抱怨的顾客[J].饭店世界，2008（3）.

11.1.3　建立顾客投诉意见处理系统

对于连锁企业来说，虽然顾客的投诉意见大多发生在下属的各个门店，但为了防止由于一个门店的处理不当而波及连锁企业的全系统门店，建立顾客投诉意见处理系统是十分重要的。连锁企业应当把顾客投诉意见处理系统纳入整个企业的服务系统中，既要有统一的处理规范，又要培育服务人员及有关主管人员的处理技巧。

1）顾客投诉意见处理系统的规划

顾客投诉意见处理系统具有两大功能：一是投诉意见的执行功能；二是投诉意见的管理功能。其内容见表11-2。

表11-2　　　　　　　　　　　　　　顾客投诉意见处理系统的两大功能

执行功能	管理功能
受理顾客的投诉意见	流程控制
时间的记录与分类	门店立即处理的事件
	由总部处理的事件追踪
	记录存档
了解事实 解决问题 处理事件的过程 顾客回应 事后追踪 呈报	资料存档
	统计与分析资料
	评估
	建议
	责任规划
店长和总部的相关部门	奖惩
	政策的制定及执行
记录的传送	公布

连锁企业应该对顾客投诉意见处理系统进行系统的规划，主要应做好以下一些工作：

（1）建立受理顾客投诉意见的通道，如投诉电话、投诉柜、意见箱、投诉电邮等。

（2）制定处理顾客各类投诉的准则。

（3）明确各类人员处理顾客投诉意见的权限及变通范围。

（4）必须将投诉事件进行档案化管理，并由专人负责整理、归纳、分析和评估。

（5）经常通过教育与训练，不断提高门店服务人员处理顾客投诉意见的能力。

（6）要对所有顾客投诉事件及时通报，并对有关责任人员作出相应的处理。

2）顾客投诉意见处理系统的权责处理层次划分

连锁企业对顾客投诉意见处理系统进行系统规划后，就必须根据该系统的每一项功能来划分意见处理的权责层次，以及每一层次所拥有的处理权限。就一般连锁企业的组织形态而言，顾客投诉意见处理系统的权责处理一般分为三个层次。

（1）基层服务人员或部门管理人员

在连锁企业门店的每一位服务人员都有可能接触到顾客的投诉，尤其是服务台的工作人员，其本身就负有受理顾客投诉意见的职能。因此，连锁企业在事前都会明确基层服务人员或部门管理人员的任务，并授予其处理顾客投诉意见的具体权限，让门店现场直接发挥顾客投诉意见处理系统的执行功能。如果所有的小事都要逐一向店长汇报同意后才能够处理的话，必定会进一步引发顾客的不满情绪，从处理事情本身的时间成本来看，这样也是非常不经济的。

因此，对门店的商品缺货、通道不畅、价格标签错误、单纯的收银错误等可以立即处理的事件，或者是顾客附带的小的建设性意见，可由基层服务人员或该层级部门管理人员根据连锁企业总部的既定政策，以及个人的经验与判断后当场作出处理，给予消费者比较满意的答复，并做好相应的记录，事后及时向店长汇报。

（2）门店店长（或副店长）

门店店长在顾客投诉意见处理的权责上，除了负有执行功能外，还有管理功能。

就执行功能而言，对一些并非只涉及单纯的商品赔偿的事件，基层服务人员与部门管理人员在权限上往往无法处理，必须立即转给店长，由店长亲自处理，以免因处理不当再次发生顾客投诉。店长不在时，则由副店长代为负责处理顾客投诉。门店店长除了具有一定的处理权限外，对顾客的投诉意见处理还有管理功能。店长要负责将投诉意见及时汇总上报，并参与投诉事件责任确定、作业与管理具体改进措施的建议等投诉管理处理工作。

（3）连锁企业总部专职部门经理

在顾客意见处理系统中，对于属于决策性质的管理，如投诉事件的整理分析、评估、建议、重大事件的追踪，处理政策拟定和具体奖惩条例的公布等，都应由连锁企业总部专职部门经理负责处理。对于一些具有较大社会影响的投诉事件，甚至需要由连锁企业总经理亲自处理，如门店的重大意外事故、食物中毒及由消费者协会转来的投诉事件等。

连锁企业在规划顾客投诉意见处理系统的权责层次时，应尽量将层级缩减，避免因门店的层层汇报而降低处理的效率，或增加处理成本。各层级在处理顾客投诉意见时，都必须依照总部所制定的投诉处理原则操作，对于无法处理的投诉事件，必须在事态扩大之前，迅速将事件移交至上一层权责单位处理。

@阅读资料11-3

有效处理服务行业顾客抱怨的策略

1.塑造以顾客为中心的组织文化和"顾客满意"的经营理念

企业必须抱有"顾客始终是正确的"观念，对顾客不满迅速作出反应，立即实施补救措施。企业应该将"一次服务使顾客满意"作为其追求的目标，对顾客抱怨的回应越迅速，越容易恢复顾客对产品的满意度和忠诚度。服务顾客的最基本动力是指引企业所有人员为企业目标努力的指导思想，企业全部经营活动都要从满足顾客的需要出发，以提供顾客满意的商品或服务为企业的责任和义务，以满足顾客需要为企业的经营目标。

2.建立服务补救预警系统

服务企业要用科学的方法和手段，跟踪、检测顾客对企业服务的满意程度，主动地去查找潜在的服务失误，再识别、预见即将发生的问题，从而采取措施加以避免，及时修正服务系统中的某些环节，并快速反馈给企业管理层，不断改进服务工作，使其成为挽救和保持顾客与企业关系的良机。企业也需要通过听取顾客意见来确定服务失误之所在，还可采取收集顾客批评、倾听顾客抱怨等措施。

3.建立专职的顾客服务部

为了迅速妥善处理顾客抱怨，及时了解顾客对抱怨解决的满意程度，把不满意的顾客转化为满意乃至忠诚的顾客。规模较大的服务企业应建立专职的顾客服务部，专门处理顾客投诉。

4.在服务补救中学习

将服务补救与组织学习结合起来，要向全体员工灌输"在服务补救中学习"的观念，把这种观念融入企业文化中去，使员工乐于接受顾客投诉，从处理顾客投诉中获得宝贵的信息。利用这些信息，企业可以及时发现潜伏的弱点、危机和问题的根源，提高管理水平，不断完善工作，超越自我，持续发展。

资料来源：王花毅，李小艺.对服务行业顾客抱怨的分析及对策探讨[J].知识经济，2015（1）.

11.2 顾客投诉意见的处理程序

相关研究表明，争取一位新顾客所花费的费用是保住一位老顾客所花成本的5~6倍。因此，店铺一定要重视并处理好顾客投诉。连锁企业门店中的任何人员，不论是基层服务人员、管理人员或者是总部负责顾客服务的专职人员，不管他在门店中有没有处理顾客投诉的权力，在接受顾客投诉意见时，其处理原则都是一致的，都应认真对待顾客的投诉意见。顾客投诉意见处理的基本原则是：妥善处理每一位顾客的不满与投诉，并且在情绪上使之觉得受到尊重。无论处理什么样的抱怨，都必须要以顾客的思维模式寻求解决问题的方法。因此，在处理顾客投诉意见时应遵循一定程序。

1）保持冷静

（1）就事论事，对事不对人

当顾客对连锁门店的工作人员表达不满和抱怨时，在言语和态度上往往带有一定的情绪，甚至有非理性的行为。这很容易使接待或处理顾客抱怨的工作人员觉得顾客是在指责他个人。在情绪的感染下，工作人员也很容易被激怒，从而采取防卫的行为和态度，甚至不愿意面对和处理顾客的抱怨。

事实上，这是一种最不好的处理方式，因为这样做只会导致更多的情绪反应和紧张气氛。其实，顾客的抱怨并非对个别的服务人员，工作人员采取正面的应对态度往往可以让对方产生正面的反应，很多事情并不需要用冲突的方式来解决。因此，为了降低顾客的激动情绪，可以客观地面对问题，工作人员一开始最好是平心静气地保持沉默，用友善的态度请顾客说明事情的原委。

（2）充满自信，充分认识自己的角色

每一位处理顾客抱怨的工作人员都身兼连锁门店及顾客代表的双重身份，不仅门店要通过工作人员处理各种抱怨以满足顾客的需要，为企业带来营业上的利润，同时顾客也必须通过工作人员来表达自己的意见和维护自己的消费权益。因此，门店的从业人员除了要自觉认识自己的角色外，还必须以自信的态度面对顾客的抱怨，让企业和顾客双方都得到最大的利益，而不是以回避的方式来忽略自己的重要性。

2）有效倾听

有效倾听就是为了让顾客心平气和。一般顾客对门店有意见前来投诉时，其情绪都是比较激动的，甚至是非常激动的，接待人员应保持平静的心情，善意接待。

所谓有效倾听，是指诚恳地倾听顾客的诉说，并表示完全相信顾客所说的一切，要让顾客先发泄完不满的情绪，使顾客心情得到平静，然后倾听顾客不满发生的细节，确认问题所在。

不论是什么样的抱怨，都不要试图马上为自己辩解，应让顾客说完，顾客会因满足感而感到安慰。最不好的情况就是试图辩解，做一些言语上的辩解，这样只会刺激顾客的情绪，最容易引起顾客的反感。同时，在倾听过程中，也千万不能让顾客有被质问的感觉，遇到不明白的地方，应以婉转的方式请顾客说明情况，例如"很抱歉，刚才有一个地方我还不是很明白，是不是再向您请问有关……的问题"，并且在顾客说明时投以眼神，随时间歇地点头或以"我懂了"来表示对问题的了解。

在无处理权限的员工遇到顾客投诉时，也必须在不打断顾客说话的前提下，委婉地向顾客解释说："很抱歉我们给您带来了麻烦，但是我无权给您一个满意的答复，万一答错的话反而再给您添麻烦，所以还是我马上去请我们的负责人来，请您稍等。"然后立即去找相应的负责人。

3）运用同情心

在顾客将事情原委全部述说清楚后，应用同情心来回应对方。也就是站在顾客的立场，为顾客着想，扮演顾客的支持者，并且让顾客知道工作人员了解整个事情对其产生的影响。例如，当顾客抱怨做菜时才发现肉不新鲜时，可以回答对方"我知道那种感觉一定不舒服"。

4）表示道歉

不论引起顾客抱怨的责任是否在于连锁企业门店，如果能够诚心地向顾客道歉，并感谢顾客提出问题，都会让顾客觉得自己受到了尊重。事实上，从连锁门店的立场来说，如果没有顾客提出抱怨，企业的从业人员就不知道在营业上还有哪些地方有待改进。一般来说，顾客愿意向企业提出抱怨，说明他们愿意继续光临，并且希望这些问题能够得到解决。因此，任何一个向连锁门店提出抱怨的顾客都值得向其表示道歉和感谢。

5）提出解决方案

对所有的顾客投诉意见，都应有处理意见，都必须向对方提出解决问题的方案。在提出解决方案时，必须考虑以下几点：

（1）连锁企业既定的顾客投诉意见处理规定

一般连锁企业对于顾客的投诉意见都有一定的处理规定。门店在提出解决顾客投诉方案时，应事先考虑到连锁企业的方针以及顾客投诉意见的有关处理规定，既要迅速又不能轻率地承担责任。考虑到连锁企业的既定方针，主要是为了研究能否立刻回复顾客，有些问题只要按照既定的办法，即可立即解决。例如门店商品退换货的处理等。至于无法按照既定办法解决的问题，就必须考虑到连锁企业的原则作出弹性处理，以便提出双方都满意的解决办法。

（2）提出先例

处理顾客投诉最重要的事情之一，就是要让每一个投诉事件的处理质量具有一致性。如果同一类型的顾客投诉意见，因为处理人员的不同而有不同的态度和做法，会让顾客丧失对企业的信赖与信心。因此，处理负责人在处理顾客投诉时要注意适当地利用先例，与以前类似的顾客投诉事件相比，了解是否有共通点，参照该投诉事件的解决方案，即处理同类抱怨问题的方式基本保持一致。而对于门店来说，能坚持以公平一致的态度对待所有顾客的投诉，也能提高门店对顾客投诉意见的处理效率。

（3）让顾客同意提出的解决方案

处理人员提出任何解决方案，都必须亲切诚恳地与顾客沟通，以期望获得顾客的同意，否则顾客的情绪还是无法恢复。若是顾客对解决方案仍然不满意，必须进一步了解对方的需求，以便进行修正。有一点是相当重要的，即对顾客提出解决方案的同时，接待和处理人员必须尽力让顾客了解，他们对解决这个问题所付出的诚心与努力。

6）执行解决方案

当双方都同意解决方案之后，就必须立刻执行。如果在自己的权限之内，则应迅速利落，务必圆满解决；如果不能当场解决，或是自己无权单独决定时，则应明确告诉顾客事情的原因、处理的过程和手续，并告诉顾客处理时间的长短、经办人员的姓名，同时请顾客留下联络方式，以便事后追踪。

在顾客等候处理结果的期间，处理人员应随时跟踪抱怨的处理过程，遇到变动必须立即通知顾客，直到事情全部处理完毕为止。对移交给其他部门处理的顾客投诉，工作人员必须了解事情的进展情况，定时追踪，以便顾客询问时能迅速准确地回答。

7）分析结果

（1）分析处理的得失

对于每次顾客投诉的处理，都必须做好完整的书面记录并存档，以便日后查询和定期分析抱怨处理的得失。一旦发现某些投诉经常发生，就必须追查问题的根源，以改进现有作业或是明确规定处理办法。

对于偶发性投诉及对特殊情况的抱怨，连锁企业门店也应明确制定处理政策，以作为工作人员遇到类似事件的处理依据。

（2）对店内人员进行宣传、督导，防止日后再发生

所有的顾客投诉事件都应通过固定的渠道（如例行早会、公告栏或内部刊物等）在店内或总公司所属的各分部进行宣传、督导，让工作人员能够迅速消除造成顾客投诉的各种因素，并了解处理投诉事件时应避免的不良影响，以防止类似事件再次发生。

表11-3是某连锁门店的顾客投诉意见处理记录表。

表11-3 **某连锁门店顾客投诉意见处理记录表**

顾客姓名		受理日期	
地 址		发生日期	
联系电话		最后联系日期	
投诉项目		结束日期	
发生地点		投诉方式	
投诉事件经过：			
处理原则依据：			
事件处理经过：			
事件处理结果：			
处理人员： 经 理：			
意见备注：			

11.3 建立顾客关系管理制度

建立顾客关系管理制度的目的是形成以客户为中心的营销机制，从而达到吸引客户、留住客户，并且与客户建立长期稳定关系的目的。在企业参与市场竞争的资源中，客户资源是至关重要的，客户资源的有效管理与维护应是整个企业的事情，是企业健康发展的前提。顾客关系是连锁企业与顾客之间的外部公共关系，是连锁企业赖以生存和发展的土壤。顾客关系的处理将直接关系到连锁企业的命运，连锁门店通常可从以下几个方面来建立顾客关系管理制度。

1）顾客档案管理

首先建立统一共享的顾客数据库资料，共享的顾客数据库可以把销售、市场和客户服务连接起来。顾客管理的内容主要包括：

（1）顾客的基本信息

姓名、职务、生日、婚姻家庭情况、兴趣爱好、关系等级、地址、电话号码等，这些资料是顾客管理的起点和基础。

（2）顾客的需求

搜集顾客需求、购买记录、服务记录、顾客关系状况等动态信息，并提供充分的客户

状况分析。

2）顾客意见访问

连锁企业可以设置网址、意见箱等，对本连锁门店的消费者以及商圈内的潜在消费者进行问卷调查，征询消费者的意见，并给予回复，对提供意见者要给予奖励，每月抽奖并公布姓名，以鼓励这些参与者。门店还可以由店长出面邀请商圈内经常购物的消费者，或公开召集热心提供意见的顾客，来担任连锁企业门店商圈顾问团的团员、消费者服务员，并由店长担任召集人，定期举行咨询会议，了解顾客的需求和意见。

3）以定期的方式向消费者提供日常生活信息

如在卖场内特定商品的前方制作POP广告，说明商品特色、用途或使用方法；在服务台免费派送消费信息印刷品；也可以利用门店设置的固定公布栏来提供日常生活信息。

4）举办公益活动

发起慈善公益活动，如献血，救济商圈内的特困学生、老人等；关心社会公益活动，如赞助当地消防队救火器材、赞助当地学校等；关心社区公益活动、如认养动物、树木等；根据门店消费者资料卡上的信息，适时向消费者寄发生日卡、节庆贺卡等，代表门店向其表示祝贺。

案例精析

处理顾客纠纷　几个要点需要重视和掌握

一天中午，药店营业员小张和小李利用空闲时间开始打扫卫生，店助刘姐在中药区做养护。忽然走进一位怒气冲冲的阿姨，冲着正在门口做卫生的小张问："店长在吗?叫你们店长出来!我要投诉!"

小张是刚到店一个月的新员工，见到这个阵势，立即意识到是有顾客来找麻烦了，有些不知所措地站在原地，求助的目光望着身边的同伴小李。小李倒了一杯凉茶，面带笑容地走过去，对阿姨说："阿姨您好!您先别生气，先坐会喝杯茶，告诉我发生了什么事情，我帮您解决。"阿姨没接话，眼睛盯着小李的工牌看了一会，接着说道："小姑娘，你不顶事，让你们店长出来，我只和她讲!"说完不再听小李的解释。

事情正要闹僵的时候，在中药区做养护的刘姐拿出店长的工牌戴在胸前，径直走到阿姨面前，说道："阿姨，您好!我就是本店的店长，请问有什么可以帮到您?"说着把工牌递到阿姨跟前，阿姨仔细地看了看工牌，确认站在自己面前的正是"店长"，情绪稳定了一些，说道："我昨天在你们这买了一盒痔疮栓，拿回家才发现里面的药全部都融化了，这种质量的药你们也敢拿出来卖么?这不是坑人吗?我要求你们赔偿我的经济损失和精神损失费1 000块!"

刘姐看着周围的顾客投来好奇的目光，赶紧说道："王阿姨您不要着急，您的心情我完全可以理解，这样，外面天热，您先到休息室坐坐，吹吹空调，喝杯凉茶，我们好好聊聊。"说完，刘姐把王阿姨带到休息室。

在休息室，刘姐耐心地听着王阿姨的讲述，问清了事情经过。原来，昨天王阿姨在店里给老伴买了一盒痔疮栓，回家后，把药在客厅放了一天，等到今天上午准备用的时候发现里面的栓全部融化用不了，因此还和老伴大吵了一架，情绪激动的她立即来药店讨要说法。听到这里，刘姐继续热情地和阿姨说："阿姨，我们确实有做得不到位的地方，忘记提醒您这么热的天痔疮栓拿回家后要冷藏保管，为此要向您道歉!"说完站起身对王阿姨鞠了一躬，接着说:"其实这并不是质量问题，只是储存方式不妥导致了药品融化，是可以补救的，您只要把这盒痔疮栓拿回去在冰箱放一会就可以正常使用了，为了弥补您的损失，我会向上级申请给您一定的补偿，保证让您满意。"

在接下来的聊天过程中，刘姐发现王阿姨居然和自己是老乡，便用家乡话和王阿姨唠起了家常。一番闲聊之后，王阿姨逐渐平复了心情，刘姐告知她其实自己只是店长助理，但是可以全权代理店长负责处理此事，王阿姨没有介意，非常赞赏刘姐的处事态度，放弃了赔偿1 000元的要求并答应了给她时间处理此事，随后高兴地离开了。

下午，店长上班后，得知了此事，给予刘姐高度的表扬。经过请示，最终给王阿姨赠送了精美礼品一份，王阿姨领取礼品时，刘姐还给她办理了一张会员卡，从此，王阿姨成为该门店的忠实顾客。

资料来源:曾骁.处理顾客纠纷 几个要点需要重视和掌握[EB/OL].[2015-03-23].http://www.linkshop.com.cn/web/archives/2015/320481.shtml.

精析:在处理顾客纠纷的时候，有时会因为员工的态度不端正、处理不及时、处理无方等而导致严重后果。掌握处理顾客纠纷的方法至关重要，主要注意以下要点:要点一，接待要快，处理要慢，满足顾客的第一需求;要点二，不在卖场处理顾客异议和纠纷;要点三，遵循当事人、新员工回避原则;要点四，认同顾客的说法，多听顾客倾诉不满情绪，找到和顾客的共同点;要点五，及时道歉，但不轻易代表公司作出实质性承诺;要点六，找到解决事情的方法和补救措施，不能当场解决的答复处理期限;要点七，给顾客超出预期的结果，让顾客占便宜。

> **职业指南**

投诉抱怨处理技巧:令顾客心情晴朗的"clear"方法

先处理心情，再处理事情，令顾客转怒为喜。

在卖场运营中，处理顾客抱怨是服务提供者的一项重要工作，如何平息顾客的不满情绪，使被激怒的顾客"转怒为喜"，是企业提高顾客忠诚度的重要手段。令顾客心情晴朗的技巧:"clear"方法，也称顾客清空技巧。

理解和实践清空技巧能够帮助企业妥当处理最棘手的情况，"令顾客心情晴朗(clear)"的顾客抱怨应对原则包括以下步骤:

C:控制你的情绪(control)

L:倾听顾客诉说(listen)

E:建立与顾客共鸣的局面(establish)

A:对顾客的诉怨表示歉意(apologize)

R:提出应急和预见性的方案(resolve)

资料来源:马瑞光.复制连锁帝国:连锁企业持续赢利法则[M].北京:东方出版社，2006.

本章小结

顾客服务管理是企业在经营中的一个重要环节。本章重点讲述了客户投诉的类型及处理办法、如何建立顾客投诉意见处理系统、顾客投诉意见的处理程序以及如何建立顾客关系管理制度，使学生初步掌握有关如何处理顾客投诉方面的内容。

主要概念

电话投诉　信函投诉　当面投诉　顾客投诉意见处理系统　顾客关系管理制度

基础训练

一、选择题

1.如果一个顾客不再去某家商店购物，可能性最大的原因是（　　）。

A.兴趣转移　　　　　B.对产品不满　　C.对服务不满　　　D.搬迁

2.门店不提供送货、提货、换零钱等服务，应属于（　　）。

A.服务项目不足　　　　　　　　B.现有服务作业不当

C.原有服务项目取消　　　　　　D.收银作业不当

3.顾客投诉的方式有（　　）。

A.电话投诉　　　　B.信函投诉　　　C.当面投诉　　　　D.短信投诉

二、判断题

1.顾客因买到坏品而投诉，属于对商品质量的投诉。　　　　　　　　　　（　　）

2.顾客投诉意见处理系统的权责处理一般分为三个层次。　　　　　　　（　　）

3.在处理顾客投诉时，首先应有效倾听。　　　　　　　　　　　　　　（　　）

三、简答题

1.简述顾客投诉意见的处理程序。

2.如何建立顾客关系管理制度？

实践训练

【实训项目】

项目：对顾客投诉意见进行处理。

【实训场景设计】

情景模拟：7月的某一天，在惠州人人乐购物广场，顾客华某购买了一台价值约
1 100元的华帝双盘式煤气炉。不久后的某日，华某母亲在厨房做饭时煤气炉发生爆
炸，炉具表面的玻璃钢全部炸裂，喷出的火焰不仅烧伤了华母的头发、面部，而且全身多
处大面积烧伤（当时是夏天，华母身穿遇火易燃的薄丝面料衣服）。事故发生后，华某马
上把母亲送进医院，并让家人用照相机、摄影机对事故现场进行了拍摄，随后华某打电话
到商场顾客服务中心投诉，要求商场对事故的发生给出合理解释并对患者予以20万元的
经济赔偿。遇到这种情况，该商场应该如何处理？

【实训任务】

针对顾客对商品、服务和安全性等方面的投诉案例进行处理，掌握顾客投诉的处理程
序，并进行详细记录。

【实训提示】

面对这一突发顾客投诉事件的处理，惠州人人乐购物广场负责此事件的处理人在紧急
的情况下进行了迅速而冷静的处理，具体步骤如下：

1.接到顾客投诉电话后保持冷静，先聆听事情的经过，倾听完毕马上打电话通知厂家与我商场相关负责人去医院探望病人，做好病人家属的安抚工作，避免事情传播扩大而造成负面影响。

2.待患者家属情绪稍平稳后，请病人家属出示在我商场购买该商品的电脑小票及销售小票，核实确认患者使用的产品确系我商场出售的商品。

3.迅速通知当地权威质量检查部门和厂家技术部门去事故现场进行实地考察鉴定，了解事发原因，由权威检查部门出具有效的质检报告，明确事故的责任人。

4.在医院探望病人的过程中听取（病人）事故现场目击者对事故发生的详细讲解并及时做好记录，记录完毕后请患者家属确认并亲自签字。

5.及时听取质量检查部门的现场鉴定反馈，对事故原因的调查迅速进行了解，并让质量检查部门在现场检测后出具有效的质检报告，明确事故责任人。

6.根据事情的轻重缓急，与厂家协商达成共识给予消费者一定的慰问金。

【实训效果评价标准表】

"顾客投诉处理"实训项目评价表见表11-4。

表11-4 **"顾客投诉处理"实训项目评价表**

项 目	表现描述	得 分
处理程序		
举止态度		
待客用语		
作业纪律		
细节处理		
合 计		

得分说明：根据学生在实训过程中的表现，分为"优秀""良好""合格""不合格""较差"，相对应得分分值为"20""16""12""8""4"，将每项得分记入得分栏，全部单项分值合计得出本实训项目总得分。得分90~100分为优秀；75~89分为良好；60~74分为合格；低于60分为不合格，须补考；低于45分（含45分）为较差，须重修。

第12章 连锁门店防损和安全管理

学习目标

通过本章的学习，了解门店经营中损耗产生的原因及门店安全管理的重要性，掌握损耗的防范方法和措施，熟悉门店安全管理的内容及系统的解决方案，培养一定的门店防损和安全事务管理的能力。

引例 永辉如何让生鲜降损耗增利润

生鲜一直都是超市的聚客利器。长期以来，由于生鲜损耗大，绝大多数超市只将其当作以微利甚至无利的优惠赢得客流量和客单价的策略性商品。不过，如今随着生鲜自营和精细化管理的普及，生鲜通过科学的防损管理，也可以成为企业的盈利商品。

源头：预处理降损耗。

采用源头直采的方式，缩短供应链的长度，不仅可以降低采购成本，还能加强对生鲜状态的把握。永辉超市生鲜采购配有运输车队，在源头会通知各农户将商品集中送到集散地，然后进行挑拣、剥皮、削根、清洗、打捆、装袋装箱和降温等简单处理。对于那些怕湿的生鲜品类，超市会在发货地进行除水处理。这样可保证装车运走的都是适合售卖的商品，节省了运输成本，同时也节省了配送中心处理损耗所需要的库房、人力等成本。通过这些措施，超市以很小的成本，既有效地控制了运输过程中的损耗，又保证了商品的新鲜度。据介绍，永辉生鲜从田间到门店的损耗率远低于平均水平，例如蔬菜损耗率一般在10%~15%，而永辉的则只有5%左右。

储存：创造不同的保鲜环境。

不同的生鲜商品有不同的保鲜环境，超市就需要创造适合的环境以减缓生鲜新陈代谢过程中所造成的损耗。例如，木瓜、芒果、香蕉、凤梨、哈密瓜等热带水果储存在密闭纸箱中，经过长时间的运输，温度会急速上升，运达仓库后要尽快进行降温处理，充分散热，再以常温保管。叶菜类生鲜要直立保藏，有切口的蔬菜，切口应朝下。同时避免冷风直吹果蔬，否则果蔬容易失去水分而枯萎。为保持仓库内的湿度，可在容器上覆盖吸水性好的湿麻制厚布。对于鲜活品类，必须保证鱼池中的商品都是活的，死亡的鱼要及时捞出做相应处理，以免细菌传染而影响其他鱼类。一般面包房的面包和蛋糕只有一至两天的保质期，酥饼类保质期为半个月以上。所有商品在常温干燥的环境下保存即可。

售卖：促销加快周转。

为了保持商品的新鲜程度，售卖时需要根据商品的品质进行价格调整，目的是保持商品质量，降低商品的损耗，从而加快商品售卖速度。在业界看来，超市应适时把握折扣时机，以便将品质有差异的商品以不同价格尽快销售出去。但在打折时需要更注意商品的品质，对品质不一的商品要进行分拣，不可同台销售。对失去销售价值的商品，也应及时报损，否则影响顾客的信任度。根据生鲜状态的不同，还可以以不同形式来销售。例如企业可通过专业设备来判断西瓜的糖度。如果糖度达到 13 度时，当天卖不掉，只能做损耗处理。那么超市可以在糖度达到 13 度时将西瓜切开售卖，并进行试吃体验。既解决了口感问题，也增加了销售机会。有时候，促销低价也并不完全是按照商品品质来进行的。例如，永辉的生鲜经理每天 5 点开始市场调查，根据市场和竞争对手的价格情况及时调整售价，做到变价迅速，打击准确。为给顾客留下天天低价的形象，节假日时，商品的价格是最低的，因为这时客流量大，低价无疑会带来更大的销量，同时也会给顾客留下低价的形象。

资料来源：娄月.永辉如何让生鲜降损耗增利润[EB/OL].[2014-06-18].http：//www.yonghui.com.cn/platform/news/201406/20140618_38054.html.

12.1　连锁门店损耗产生及防止

狭义的损耗是门店中商品价值的损失。广义的损耗则指店面财物的损失，包括事故损耗、账面损耗、商品损耗、店内自用品损耗等。门店在进行损耗管理的过程中不仅要关注门店所经营商品因人为不当或因商品报废所产生的损失，还应当关注那些看不见的损失（比如门店打印纸的过量使用），当然也包括由于商品品质等原因售出去后，被顾客退换回来但不能退回厂商的商品等。损耗是不可避免的，但是门店可以通过管理上的措施将其控制在正常或较低的范围之内。

12.1.1　门店损耗产生的原因

1）作业损耗

（1）订货损耗

①订货过程中的品牌错误、品项错误、规格错误、数量错误、重量错误、品质错误、有效期限错误等，比如订货量过大，导致商品滞销、变质、超过保质期。②自行采购商品损耗，如用现金采购的自采商品未经过正常的验收手续。

（2）收货损耗

①商品品名、数量、重量、价格、有限期限、品质、等级、规格、包装、单位、质量与标准或订单不符；发票金额与验收金额不符，未验收或未入库。②赠品、折扣与合同不符。③供应商的欺诈行为，如厂商套号，以低价商品冒充高价商品。④员工与供应商勾结导致损耗。⑤未严格按收货标准验货，含有水分。⑥送货不及时，收货时间过长，导致商品"鲜度"降低。⑦对厂商管理不严，出入时厂商带走商品。⑧叉车等设备没有安全操作，损坏商品。⑨漏记进货账款或进货重复登记，收货数据录入错误。⑩入库商品条码贴错。

（3）转移损耗

①搬运工具使用不当，造成包装或商品破损。②员工未按要求或商品特性搬运商品，造成商品破损，无法正常销售。③顾客拿放商品不当损坏商品。④内部转货单据与实际不符，店铺间移出手续不完备。⑤部门与部门之间移库，账务处理不当。⑥自用商品未如实填报或未列入费用明细。

（4）储存损耗

①库存环境不符合要求，比如储存冷库的温度不正确、仓储湿度过高或鼠虫等侵害致

使商品受到损害。②储存的方式不正确，导致商品损坏破包。③交叉感染或串味。④未遵循先进先出原则。⑤库管员工未尽到对商品的维护职责或未能按规定核查商品导致储存时间过长而过期、变质。⑥冷藏冷冻设备损坏或因机器设备发生故障，致使商品败坏产生废弃。

（5）商品管理损耗

①陈列的损耗：商品的自然腐烂变质。商品的陈列方式不对，导致损耗；陈列的冷柜温度不正确，导致商品变质；顾客的挑拣而造成的损耗。②理货的损耗：未能正确处理商品而导致商品受损；散货未及时清理而损坏（如面包、蔬菜、冷冻食品、鲜活品）；商品未按先进先出的原则销售，导致商品过期。

（6）商品销售损耗

①商品标价错误，POP广告不清楚或错误，顾客要求以较低价购买。②商品磅秤故障，使商品重量价格比实际低。③商品在销售过程中受到污染。④管理者对兑换券作业流程是否入账未尽督导责任，兑换券有效期已过，无法向厂商询问价格。

（7）收银损耗

①每日的收银现金差异（收银员错误收款、短款、假钞等）。②遗漏商品扫描或收款。③收银员损坏商品。④收银排队导致顾客未能付款或无零钞找补导致顾客不能付款等。

（8）退换货损耗

①节庆商品逾期未售完，例如灯笼因年节已过无法售出。②国外进口商品，如进口葡萄酒、进口牛肉等，因无法退货产生废弃损耗。③对不该接受的顾客退货却接收，而又不能原价售出。④开发自有品牌，建立企业形象，但由于自产自销无法退货而产生废弃。⑤顾客或员工因一时疏忽毁损商品却无法退货给供应商。⑥客服人员利用退货、换货等手段偷窃公司钱款。⑦坏品未登记、未确定数额而未能及时办理退货。

（9）盘点损耗

①点数不准，漏点、多点、误点实物库存。②数据抄写、录入错误。③盘点的价格错误、计算错误。

（10）加工损耗

①对原材料未能进行深加工、未能有效利用。②配方操作未能实现标准化作业，导致损耗。③加工技术不当，口味变差，难以销售。④加工过程因卫生问题，污染食品。⑤包装耗材浪费严重。⑥生产不合理。

2）偷窃损耗

（1）顾客偷窃

①顾客利用衣服、提包等藏匿商品，不付账带出超市。②顾客更换商品包装，用低价购买高价的商品。③顾客在大包装商品中，藏匿其他小包装商品。④顾客未付款白吃超市中的商品。⑤顾客撕毁商品的标签或更换标签，达到少付款的目的。⑥顾客与店员相互勾结进行盗窃。⑦盗窃团伙的集体盗窃。

（2）员工偷窃

①员工管理不当：员工偷吃、偷用店内商品，将商品售价低标卖给亲朋好友；兑换券未如实呈报，而且作业人员窃取私用；直接偷窃公司的商品、赠品、用品或直接偷窃公司

同事的私人财物。②专柜人员管理不当：专柜人员利用身份偷吃偷窃、掩护其他人偷吃偷窃。③收银人员管理不当：利用收银机退货键或立即更正键取消登打金额，乘机抽取现金；遇到熟人，故意漏扫其中的部分商品或私自按下较低价格进行充抵。

（3）供应商偷窃

①由供应商派驻超市的促销人员，因偷盗而引起的处罚同"内盗"一样。②将已经收货完毕的商品，重新按未收货点数。③利用收货员的疏忽，趁机偷窃商场的商品。④随同退换货夹带正常商品出店。⑤与门店员工勾结实施偷窃。

3）变价损耗

变价损耗主要是指进行竞争促销时，为吸引来客而降低商品售价的做法，所发生的降价损耗。

①固定促销变价：如月特卖品、定期特价活动、周年庆、开幕庆等。

②临时促销变价：为应对竞争店而临时降价或生鲜食品因各种原因降价出清存货。

③厂商调降市面零售价，存货因而产生降价损耗。

④快过期商品促销变价：因商品食用期限或使用期限超过三分之二，为求销量增加成立特价区而降低售价。

⑤为消耗量大的商品库存变价，在月底或年关将近时，为减轻库存所做的促销变价。

⑥部分促销商品在促销期结束后未能及时变更回原价，顾客要求以促销价购买产生的零售损耗。

4）意外损耗

①自然意外事件，如火灾、水灾、地震、台风、停电等。

②人为意外事件，如抢劫、夜间盗窃、诈骗等。

12.1.2　门店防损措施

1）运营作业过程中的损耗防范

（1）订货作业管理

①订货前，要切实检查卖场及后场存货状况。②订货时，要注意未来的天气、气温及是否有促销活动或竞争店动静如何，以避免疏忽。③过去历史订货资料保管与参考。

（2）进货作业管理

①进场管理：供应商送货务必出示订货单，并将商品一一陈列整齐，由验收人员逐一核对；验收人员检验时务必要拆箱核对，查看是否与订货商品一致，尤其有拆箱痕迹的更需要检查；验收人员检验时，食用期限超过三分之一以上之商品或有凹罐情况时，不得收货；商品验收无误后，应立即移至暂存区或卖场，不得随意逗留，以避免混淆。

②供应商进入管理：供应商进入门店时务必先持证登记，更换厂商名牌佩挂，离去时经检查再交回识别证；供应商从现场或后场更换坏品时，须有退货单或先向后场登记换货单，且经部门主管签字确认后，方可准予放行；供应商的车辆欲离去时，要经门店人员检查无误后方可离开。

③商品出入管理：店与店移库时要确实填写移库单，填明商品代号、品名、规格、数量、单价等资料，便于会计部门做账，避免混淆；移库时须先报店长同意，并且与其他店事先取得协议后，方可进行移库；商品移出时程序须与进货、退货相同，要由验收人员确认验收后，才可确实完成手续。

④员工出入管理：员工上下班时，须由规定的出入口出入；员工下班离开门店时，一律要自动打开提带皮包，由警卫或验收人员检查，店长也不例外；员工在店内购物后，须主动提示收银发票确认；员工提带皮包不得带入作业场或卖场，须暂存于员工休息区的衣物柜内。

（3）收银作业管理

①收银员安全管理：收银员每天轮换不同收银台，避免滋生事端；新进收银员上机时，务必要由资深收银员陪同，防止紧张发生错误；收银主管要随时在收银台后管理，注意是否有异常状况；吃饭休息时间，常是有企图之收银员趁机大作手脚的时刻，主管此时要特别注意。

②收银机管理：避免收银员使用退货键或立即更正键来消除已登录商品之记录；收银主管要注意不同时段各收银台金额进度，假使有异常时要先停止该机台，进行查核；发票记录纸卷卷回存档时，注意是否有断裂或短少等情况。

（4）变价作业管理

①固定促销活动变价，促销计划必须在一个月前提出，由商品行销部负责。②门店促销活动变价，促销计划亦须在一个月前提出，由门店的部门主管负责。③临时变价，由各部门主管随时提出计划，店长及各部门主管负责。④正常商品变价可随时提出计划，经商品部主管同意后公布实施。⑤价格变动时，必须填写变价单，调整电脑系统价格，会计调整售价及会计账务。⑥价格变动前，现场应盘点库存数量；促销结束后，再作残存量盘点，交给会计登记。

（5）盘点作业管理

①盘点一定要先将盘点计划拟定，如区域划分、盘点人员及注意事项逐一列出。②盘点前一定要作一次讲解及工作分配、支援人员分配及盘点的方法。③盘点时要依据盘点作业规定，将盘点过后的商品数量写在纸条上，粘贴于商品前，以便主管抽查，亦可辨认盘点与否。④营业中盘点要将盘点前营业额记下，等盘点结束后，再将营业额登记上，扣除盘点前营业额除以2，得到可能产生的误差值。⑤盘点时，店铺主管要随时了解盘点进度，人员工作是否按照计划执行。⑥盘点人员容易将不同商品或售价相同的商品登录在同一货号下，或者单价小但数量高的商品以概估情况计数。⑦盘点工作结束时，各组人员须先经过主管验收无误后，方可离开。

（6）自用商品使用管理

①自用商品领用要适于领用范围，且必须经部门主管同意，再填写自用商品表。②自用商品表由后场检验人员依表格至各门店拿取交给单位，再交给会计做进货账处理。③查获未依照程序登记者，依偷吃偷窃办法处理。

（7）坏品管理

①坏品登记表每日由各部门负责填写，并且加上原因说明，由店长抽查确认。②生鲜区如水产、果菜、日配商品可于登记后立即丢弃，杂货可每周一次集中报废，但须会同地区督导监督执行。

（8）标价机操作管理

①标价机只有负责者本人及指定人员才能操作，避免错误发生。②标价错误和废弃标签不得任意丢弃，避免他人操作。③标价机操作完毕后，应设定锁住，避免他人操作。

（9）加强门店日常管理

对夜勤工作、专柜人员、员工购物、兑换券等加强损耗的防范管理工作。

2）重点区域防损

（1）收货口、员工出入口的管理

参见上述"1）运营作业过程中的损耗防范"中有关进货作业管理相关要求。

（2）收银出口的管理

收银出口处设立电子防盗门系统、安全员岗位，监管人员要及时了解卖场中的商品情况，并注意收银区前是否堵塞，防盗设备是否损坏。

（3）现金室的管理

所有进出现金室人员必须是授权人员，非授权人员必须取得批准并得到监控人员的认可才能进入；

现金室的门禁系统、监控系统全天24小时处于工作状态；

现金室的资金必须按公司程序予以正确处理，确保安全；

现金室的钥匙管理、密码管理必须符合公司规定；

所有资金提取、进出，必须有安全人员陪同；

现金室必须保持同时有三人以上的人员作业，进餐、交接班共同进行；

现金室的任何改动，包括设施的移动、搬出、搬进，必须在管理层和安全员的共同监督下进行。

（4）精品区的管理

顾客只能从进口进入，从出口出去；

顾客不能将非精品区的商品带入精品区，只能暂放外边；

顾客在精品区内购买商品，必须在精品区结账；

检查顾客的小票是否与商品一致，特别是包装是否符合精品区商品的包装要求。

（5）高损耗区域的管理

监管顾客的不良行为，及时发现盗窃行为，如私拆商品包装，将其他商品放入某商品包装中，调换包装，往身上藏匿商品，破坏防盗标签等；

检查门店人员在防盗方面的工作疏忽和漏洞；

检查试衣间的员工是否执行试衣间的发牌收牌、检查核实制度。

（6）垃圾口的管理

检查垃圾，保证所有垃圾中无纸箱、纸皮等可以回收的废品，回收纸皮离开门店不走垃圾口，经收货口办理手续；

检查门店的垃圾袋，保证没有未执行报废手续的商品混杂在垃圾中；

检查收货部的垃圾桶，保证所有报废商品必须经过相应的处理程序和处理手段，使其彻底失去使用价值。

3）商品偷窃损失防范

（1）选择正确的防盗系统和防盗措施

①防盗系统。

小型超市：可以采用广泛使用的防盗镜，在超市的各个角落安装防盗镜，能让理货员方便地监视整个门店卖场的情况，再配合安全的商品陈列、理货员巡视，一般可以起到防盗的效果。

大型卖场：由于面积较大，经营的商品品种多，员工负责区域广，且以理货为主要职责，因此有必要安装电子商品防盗系统 EAS 和闭路电视监控系统。

大型百货：对失窃率高、商品单价高的商品，如裘皮皮衣、高档西装、女士内衣等商品采取防盗式布局，安装电子防盗系统。

②防盗措施。目前常用的措施包括电子防盗标签、面对面销售、利用收银员附近的货架或橱窗将贵重商品锁起来销售、在门店的墙壁上安装玻璃镜等方法。

（2）顾客偷窃防范

①加强现场工作和卖场巡逻，尤其特别留意转角及人多聚集之处。②注意由入口处出去的顾客。③顾客边走边吃商品时，委婉地进行口头提醒。④定期作现场防盗讲解，鼓励全体人员共同防盗。⑤发现有偷窃事实时，须待其结账离开收银台后才能上前取缔。⑥抓到偷窃者，应依照公司统一处理规则处理。

（3）内部偷盗的防范

内部偷盗的防范是超市管理非常重要的环节，是上至总经理下至每一位员工的重要工作之一。

①加强员工的预防教育。对员工进行从入职开始的不间断的教育工作，教育分正面、反面等多种方式，采用开会、板报、活动等多种方式。②设立内部举报制度。③开展内部安全调查，防患于未然。④检查现金日报表、现金损失报告表、营业状况统计表、换班报告表、营业销售日报表、营业销售月报表、商品订货簿、商品进货统计表、商品进货登记单、坏品及自用品统计表、商品调拨单、商品退货单、盘点统计表等各类报表。

（4）供应商偷盗的防范

①安全员严格对供应商的进出进行控管，对进出携带物品进行检查核实。不允许供应商人员进入仓库。②严格管理制度。由收货人员进行全过程的收货操作；必须将已经收货、未收货的商品按区域严格分开；由门店的操作人员会同收货人员共同配合，做好每日生鲜食品的退换货工作。

@ **阅读资料 12-1**

小偷在超市最爱偷什么？从"香皂"说开去

超市对于商品的防损费尽心机，但是有调查机构调查显示，盗窃一直是零售行业损失利润的一大原因。如果能在防损上有所突破，那么超市的利润率会相对可观。防损要防贵重物品（比如电子产品）被盗是每个商家都有的意识，但是一些你不起眼的小物品也应是防损的重点商品，这恐怕是很多商家还没有意识到的问题。

药店把香皂锁在柜子里。

在旧金山的 Walgreens（美国最大的药店连锁商），顾客需要让店员为他们打开一个上锁的柜子，以拿取自己需要的商品。顾客要买的，既不是高价值的手提电脑，也不是昂贵的珠宝，更不是顶级的烈酒。这些上锁的柜子里陈列的一般都是婴儿用品、洗发露或者香皂等日用品，其上锁的最主要原因是防止内部员工和低收入者盗窃。但是，为什么要把香皂锁起来呢？一瓶价值 6 美元的多芬沐浴露真的值得商店这样大动干戈吗？要理解

Walgreens 的行为，首先就来看看小偷最爱偷的是什么，以及为什么。

什么是小偷的"最爱"？

一项最新统计结果显示，在英国，小偷最喜欢偷的是猪后腿肉、帕尔马干酪和咖啡等。据中国的《新民晚报》报道，国内专业机构调查显示，零售业最受小偷"青睐"的食品包括猪后腿肉等鲜肉，鸡胸肉等冻肉，以及烤肉、奶酪、咖啡、红酒和烈酒等。在个人护理领域，剃须刀片、睫毛膏、唇膏排在了"小偷愿望单"的头几位。而在家用物品和婴儿用品领域，位居前列的是洗衣粉、婴儿配方奶粉和纸尿裤。这些商品就是我们日常所说的快消品，其特点是每人每天都会反复消费，重复购买率高，消费需求大。

为何"香皂"是小偷的最爱？

对小偷来说，有大量需求并且易脱手的商品比真正高价值的商品更值得偷。业余的小偷不能把偷来的东西放在仓库等待买家，一方面容易留下罪证，另一方面成本太大。只有有组织有计划的小偷团队，才会把东西放在仓库等待买家，让商品的价值最大化。在超市的小偷中，业余的小偷占大多数，所以也就能明白为什么 Walgreens 要把肥皂类快消品锁在柜子里。小偷最喜欢的当然是昂贵的电子产品，但是电子产品等贵重物品都是超市重点防盗品类，不容易得手，再加上这类产品消费者不会轻易购买，不易脱手。所以小偷们就把目光锁定在需求旺盛但是商家疏于防范的商品。举例来说，英国的一项调查报告显示，小偷向警察解释，他固定只偷香烟，是因为只要在酒吧走一圈，偷来的香烟就能脱手。

小偷最爱的物品往往都是商家疏于防范的商品，其实不管是内盗还是外盗，商家加强自身的防损意识是最重要的。超市很少将香皂等洗涤用品锁在柜子里，一般都是烟酒、电子产品等高价值的东西才锁在柜台。"香皂"成为小偷最爱这一事实或许是出乎门店管理人员和防损人员的意料的。那么如何防止这一现象呢？最简单最直接的方法，是像美国的 Walgreens 药店一样，给这些商品上锁，但是这必然降低顾客体验，以及增加运营成本。如何打破这个矛盾，值得国内商超从业者研究。

资料来源：胡柯柯.小偷在超市最爱偷什么？从"香皂"说开去[EB/OL].[2014-04-08]. http://www.linkshop.com.cn/web/archives/2014/286209.shtml.

12.2 连锁门店安全管理

12.2.1 门店安全管理概述

1）门店安全

所谓门店安全，是指门店及顾客、员工的人身和财产在门店所控制的范围内没有危险，也没有其他因素导致危险发生。

2）安全作业管理的重要性

安全管理可以消除存在的各种隐患和风险，通过对物的不安全状态的控管，最大程度地预防和避免意外事故的发生。

①确保消费者购物的安全；

②为员工提供安全的工作环境；

③减少门店的财物损失；

④维持良好的企业形象。

3）安全事故发生的原因

（1）设备陈旧

门店购买的一些安全设施、设备和工作器械如消防设施、逃生设备等，平时不定期检查、多年不更新，一旦需要使用时，常会发现设备老化甚至不能正常使用，不仅会危害公共利益，也使得内部员工的工作安全性难以得到保障。

（2）员工缺乏安全常识

由于企业对安全工作不重视，对员工的安全培训不到位，员工的安全意识缺乏，造成许多安全隐患。

（3）缺乏警惕

许多意外事故在造成重大伤害之前已有事故苗头，常常是由于员工缺乏高度的警惕，没有及时改善，最后导致局面一发不可收拾。

12.2.2　安全管理内容

1）公共安全

（1）消防安全管理

消防安全管理是指防止火灾、灭火及其他灾情处理的专门工作。

①消防安全管理工作的范围包括：火灾预防及抢救；各项消防安全设备的定期检查和管理；消防水源的定期检查和管理；消防安全的教育及宣导。

②门店消防系统。门店消防系统主要包括：消防标识、消防通道、紧急出口、疏散指引图、消防设施。

（2）购物环境管理

门店不仅仅应该提供给顾客一个赏心悦目的购物环境，更重要的是，从消费者一踏进营业区域开始，就应保证其生命财产安全。为此，企业应该从以下几个方面检查自己是否为消费者提供了一个安全的购物环境。

①货架质量；②商品陈列；③购物车安全；④溢出物管理；⑤电梯安全；⑥顾客纠纷；⑦卖场装潢安全；⑧障碍物管理。

（3）顾客安全管理

顾客安全管理一般是指顾客在卖场购物时应防止顾客摔伤、挤伤及顾客间争斗等，具体如下：

儿童坐在购物车上，是否有广播、文字、店员提醒顾客有危险因素；

是否有儿童在玩耍或乘坐电梯而无人照顾；

顾客在选购商品时，因不慎损坏商品而引发不安全因素；

开业或节假日是否会导致顾客哄抢而引发不安全因素；

特价商品的促销是否会导致顾客哄抢而引发不安全因素；

顾客之间的矛盾导致在门店购物中的相互伤害而引发不安全因素；

商品展示时，电、水、电器的使用是否安全；

商品展示完毕后，电源是否关闭，带有危险的器具是否收回；

商品展示台是否过大，导致通道过窄，引起拥挤。

2）内部安全

（1）开（关）店的安全管理

加强开（关）店的安全管理，开（关）店作业时仔细检查各类设施、设备及环境有无异常，提高警惕，确保店内每一个角落的安全。

（2）设备安全管理

铝梯、叉车、托盘、卡板等设备存放于指定的安全地点，严禁占用通道、销售区域及门店的各出口。使用前必须检查设备本身及使用地的环境，特定设备使用前必须经过培训，并严格按操作规程使用设备。

（3）强化安全管理意识

强化员工安全管理意识，包括安全意识、用品设备操作规范等。

（4）锁匙管理

店门、店长室和金库的锁匙应有备份，由专人保管。未经许可，不得任意打造；金库的保险锁密码应只有必要的相关作业人员知道。当门店店长或副店长换人时，应随时更换保险锁密码；锁匙编号管制，利于追查责任。

（5）金库管理

金库室（店长室）除必要人员外，其他不相关人员不可随意进入；金库门应随时关上并上锁。

（6）业务侵占之防范

定期抽检员工的储物柜，以及离开公司时的手袋及物品。定期抽验收银人员、商品验收人员和负责现金处理的相关主管人员的作业情况，避免发生工作人员借着职务上的便利，侵占公司钱财或图利亲友。

（7）夜间行窃

歹徒偷窃的时机除了在一般的营业时间之外，也在夜晚打烊之后，因此必须加以防范。

（8）抢劫

由于门店的现金流量相当庞大，收银柜台又邻近于出入口的位置，在金钱一进一出的同时，难免引起歹徒觊觎而发生抢劫事件，因此门店对抢劫事件必须加以防范。

（9）顾客的扰乱行为

进出门店的顾客不仅人数众多，层次也不一。有些顾客来到门店并不以购物为主要目的，而带有其他的扰乱或暴力行为。

（10）专柜的安全管理

门店业者必须将专柜一并纳入卖场的安全管理范围，除了提供必要的安全设备以外，还必须将专柜人员视同门店人员一同实施安全训练和演习，以确保门店的整体安全。

（11）恐吓事件

随着犯罪形态的日新月异，食品及零售业界遭受歹徒恐吓胁迫的事件屡见不鲜，对社会、企业和消费大众无不造成莫大伤害。鉴于此，业者必须研拟一套有效的应对程序，才能将危机事件的伤害降至最低程度。

（12）诈骗事件

由于零售业的现金多、商品多，加上员工都比较年轻，因而经常成为歹徒诈骗的对象。常见的案例有：要求兑换金钱、送货、以物抵物，或是声称存放在寄物柜的贵重商品遗失等。

（13）停电应变处理

由于国内的电力管理仍未臻完善，而电力又是门店必备的营业条件，一旦停电，除了加速低温商品的损坏外，还可能造成顾客或员工乘机窃取公司之财物。因此门店必须针对停电拟定一套应变作业程序，以减少公司损失。

（14）保安报告管理

①门店发生的任何保安状况，店长均应在了解状况发生的原因之后，迅速向上级相关主管报告，以便进一步做更有效的处理或追踪。

②任何对警方或上级主管的保安报告，其内容必须简短、明确，并且包括人、事、时、地、物等，以使对方能迅速了解发生的状况。

③门店主管应熟记119消防电话、110盗窃电话、当地警察派出所电话、当地电力公司营业所电话和上级主管的呼叫器或移动电话号码，并抄录张贴在电话机旁、公布栏，或其他指定地点。

12.2.3　安全管理作业

1）建立安全机制

尽管有一些门店设置了保安部门，然而就大多数超市而言，基本上没有设置专职负责安全和防盗的保安经理。

事实上，无论是总销售额多少或店铺规模大小，任何一家企业都应该建立和运转一套处置、监控、审计机制，以防因偷窃和暴力抢劫而承受各种不应有的损失。

（1）明确管理人员和职责

门店的法定代表人或非法人单位主要负责人是本单位安全工作的第一责任人，对本单位的安全工作负全面责任，依法履行各项安全职责。

门店应逐级落实安全责任制和岗位安全责任制，明确逐级和岗位消防职责，确定各级和各岗位安全责任人。

（2）成立安全管理小组

安全管理小组一般由以下人员组成：

①总指挥一人，由店长担任；②副总指挥一人，由副店长担任；③救灾组；④人员疏散组；⑤通讯报案组；⑥医疗组，负责伤员的抢救及紧急医护等任务。

店长则应将安全管理小组列成名册，并特别注明总指挥、通讯报案人，以及重要工作的代理人姓名，同时将"防灾器材位置图"和"人员疏散图"张贴在店内指定位置。

（3）安全审核

门店的新建、改建、扩建和内部装修工程须经公安消防机构审核合格后，方可施工；工程竣工后，须经公安消防机构验收合格后方可投入使用或开业。未经验收或经验收不合格的，不得投入使用。

内部装修面积在200平方米以下，不改动防火分区、火灾自动报警、自动喷水灭火、防排烟等消防设施，并且装修材料符合《内部装修设计防火规范》要求的非高层建筑，可不报公安消防监督机构，由商场、超市负责安全的部门审核、备案。

2）安全培训

①每月对店内员工至少开展一次安全教育、考核，未经安全培训和培训考核不合格的人员不得上岗。

②新员工上岗前必须进行岗前安全教育、考核，特殊工种要依法取得资质证书，持证上岗。

③员工应与各门店签订安全合同，明确双方责任，落实安全措施，并对其员工进行安全防火教育。

④应制订并完善火灾扑救和应急疏散预案、处置突发事故等应急预案，并由顾问或店长负责每半年开展一次消防演习和应急救灾活动演习。

⑤各级安全员做好各种安全教育记录。

3）突发事件处理

（1）突发事件的类型

突发事件包括火灾、恶劣天气、人身意外、突然停电、抢劫、示威或暴力、骚乱、爆炸物、威胁（恐吓）等。

（2）处理原则

①预防为主，计划为先；②处理迅速、准确、有重点；③以人为先，减少伤亡，降低损失。

（3）制订紧急计划和事故应急预案

①紧急计划制订。紧急情况计划是门店安全管理的重要组成部分，它是以书面形式制订的防止各种潜在紧急情况发生的预备方案。计划包括紧急小组的成立和人员名单，各个岗位的具体责任和任务，发生各种情况的处理办法，发生紧急事件时可以提供援助的机构或可以救援的机构组织等，紧急情况下的通讯联系，紧急设备的维护等。

②各类突发事件处理。各类突发事件的处理方式可以参见"阅读资料12-2 某家居卖场突发事故应急预案"中的处理办法。

@ **阅读资料12-2**

某家居卖场突发事故应急预案

各类事故应急预案

（一）火灾应急预案

1.接到报警信号，消防员须在2分钟内到达现场确认火情，火情确认后，应立刻采取相应的灭火措施，同时监控室值班员立即通知物业保卫部、值班经理、总经理，并向"119"报警，通知消防班、保安队、物业保卫部值班人员5分钟内到达火场（限局部小范围火情）。

2.消防中控室值班人员按程序打开应急广播，及时通知各部门按应急疏散线路带领顾客安全有秩序地撤离，同时启动排烟风机，听命令启动消防泵和降落卷帘门等消防设施并密切监视和通报火势情况。配电室要立即切断电源，启动应急供电系统。

3.物业保卫部人员接到报警后5分钟内到达着火地点，按命令带领保安队员组织实施灭火和疏散顾客及商户。

4.报警后，由物业保卫部派专人到大门迎候，指引消防车到达火灾现场。

5.物业保卫部经理负责对火灾现场人员的安排调动，对火灾区域设警戒线，并在商场外安全区域开辟出现场急救区，严禁无关人员进入该区域。

6.指挥人员立即组织消防、保安队员协助专业消防队伍实施灭火。

7.财务室人员应迅速整理好账本、现金、支票等重要文件，锁好保险柜、门、窗，并迅速离开。

8.配电室、物业维修人员要坚守岗位听从应急指挥部的命令。

9.人员撤离火灾现场后，由各部门负责人及时联系本部门当班人员，确认其是否安全撤离，同时业务部门各楼层主管应迅速与本层商家导购员联系，确认其是否安全撤离，并将相关情况迅速上报应急指挥部领导。

10.如发现和确认火灾现场有未撤离人员，应及时上报专业消防抢救队伍，并组织相关人员全力协助专业消防人员的救援工作。

11.物业保卫部组织保安人员维持现场秩序，确保救火、救人车辆畅通无阻。

12.注意事项：

（1）火灾发生后，应立即通知总经理或由总经理授权报"119"。

（2）着火后保持冷静，本着先救人后灭火和抢救财物的原则进行。

（3）火场一切行动听从指挥，切不可随意行动。

（4）着火后，持对讲机人员一律不准讲与火场无关事情，不得在指挥人员下达命令时随意插话。

（5）确认事故后，应根据规定向相关部门报告。

（二）停电应急预案

1.发生商场停电时，应立即通知物业保卫部，确定停电范围及原因。如属于局部电路（器）着火，应参照火灾应急预案，迅速通知总经理及相关部门。

2.立即组织电工和保安逐层检查电梯内是否有人被困并采取相应急救措施。

3.组织电工技术人员检查相关系统，若属供电局线路问题，立即与供电局联系，确定恢复供电时间；若属内部维修范围，应立即抢修。

4.组织保安队员在各楼梯口实施紧急接应，打开疏散门，及时疏导顾客。

5.通知商户、顾客不要慌乱，保持冷静，禁止使用明火（蜡烛、打火机等）。

6.加强对办公区财务部及其他要害部门的保护。

7.市场内恢复正常供电后，物业保卫部立即组织维修人员检查各相关设备，确保各系统正常运行。

8.确认事故后，应根据规定向有关部门报告。

（三）停水应急预案

1.接到事故通知后，物业维修人员应对所发生事故地点的现状进行初步了解并带好相应工具迅速到达事故现场，机房内必须留一人用对讲机随时联系，作出相应处理。

2.到达现场后迅速切断事故点的控制阀门、电源，避免造成更大的经济损失。

3.事故发生后，运行人员、维修人员要紧密配合，迅速准确地控制事态发展，尽快维修处理，将损失降到最低。

4.停水后，应立即联系市政自来水公司询问停水原因、停水时间，以便市场及时做好应对措施。

5.确认事故后，应按照规定向相关部门报告。

（四）电梯突然停运应急预案

1.接到事故通知后，物业维修人员应迅速赶赴现场，采取相应措施，将被困人员尽快解救出来，同时向总经理或值班店长汇报详情。

2.物业保卫部人员要对受伤人员及被困人员进行安慰，如有受伤或惊吓过度人员应及时安排去医院治疗。

3.故障电梯恢复正常后，维修人员将故障原因填写后交物业保卫部存档。

4.确认事故后，应按照规定向相关部门报告。

（五）触电伤人应急预案

1.立即切断相关区域的电源，将触电者从触电区域转移到安全区域。

2.立即拨打"120"急救中心电话，在急救人员到来之前，应积极对触电者进行抢救，可采取人工呼吸等办法帮助触电者恢复生命机能，同时向总经理或值班店长汇报详情。

3.联系伤者亲属并安排人员随同伤者一同到医院进行抢救。

4.确认事故后，应按照规定向相关部门报告。

（六）发生踩踏应急预案

1.如果发生火灾、地震等突发事件，由于人员拥挤而导致踩踏事件发生时，物业保卫部人员要迅速引导顾客向安全出口疏散，物业保安人员要采取有效措施控制后面的人员不要继续往前拥挤，在保证人群秩序的情况下引导顾客迅速、安全分流撤离，避免接连发生踩踏。

2.对摔倒但能够保持自由活动的人马上帮助其起身并引导至安全区域。

3.对已丧失活动能力的人，物业保卫人员要采取有效措施，将伤者迅速转移至安全区域，同时拨打"120"急救中心电话，应在急救人员到来之前采取简易救助办法抢救伤者，同时向总经理或值班店长汇报详情。

4.物业保卫部人员要做好安抚工作，如有轻伤或惊吓过度顾客应及时安排去医院治疗。

5.确认事故后，应按规定向有关部门汇报。

资料来源：佚名.某家居卖场突发事故应急预案[EB/OL].[2015-12-05].http：//www.linkshop.com.cn/web/Article_Jygl.aspx?ArticleId=85647&ClassID=48，2008-1-23.

案例精析

门店夜间偷窃事件

一超市连锁门店营业到凌晨一点钟，下班打烊后门店工作人员把夜间安全工作事宜交接给了值夜班的防损员。夜班防损员在值班巡查的过程中，发现门店后面的一扇门被打开了，防损员惊讶之余细查，才知后门已经被人撬开，防损员立即把此事报告给了门店店长，店长立即赶到现场，并把该事件上报给了营运部及安全管理部门。

第二天，营运部及安全管理部门在协同警方共同侦破此案件后初步断定：昨晚在门店作案的小偷在门店下班打烊之前就躲在门店里面的某一角落，等门店工作人员下班后避开店内所有监控录像，撬开了办公室装现金的柜子并把现款占为己有，再撬开后门扬长而去。营运部及安全管理部门一同协查，门店晚间"清场记录表"有相关人员巡场记录签名；夜班防损员也有半小时的巡查记录；店长晚间下班也已经把现金锁入抽屉，一切都按规定流程操作着，为何还会发生此类现金被盗事件？

资料来源：李春波.防损案例研讨[EB/OL].[2015-12-12].http：//blog.linkshop.com.cn/u/chunbo/archives/2010/136242.html.

精析：

1.门店应按相关规定流程在晚班打烊时由店长或主管、防损员（至少两人以上）一同清场，检查仓库、卫生间、办公室及卖场内有无滞留顾客与工作人员；检查电源是否合理关闭，有无安全隐患；检查某些特殊物品是否已经特殊存放等。

2.夜班防损员在夜间接班就应该与店长一起巡场检查，防患于未然。

3.无论是财务人员还是门店负责人，都应该对现金管理有相当高的觉悟，并且对于门店所有的灵动资金及备用现金都应该做好相关的保密工作。同时，门店下班后所有现金都应该放入保险柜中，而非抽屉里。

4.对于现金盗窃，无论是内部人员还是外部窃贼，商场负责人员都要引以为戒，在今后不光要加强安全管理，还要时刻加强对内部人员诚信做人、道德为先的思想教育。

职业指南

看英国超市如何防损

在英国的超市里经常会见到防损员穿着特制的制服蹲在一个屏幕前认真地观察着，还有一些防损员会围着超市或超市周边的停车场巡视。一般他们的工资都在7～9镑，相比较英国超市便利店的副店长起薪也才8镑，防损薪资在零售业并不算低。一般人看了可能觉得，这一份工作没什么技术含量，凭什么要给这么高的工资呢?下面就来讲讲超市防损员都在做什么，他们的职责都有哪些。

超市的防损员有五大职责：货物进与出（goods in/out），库存损失和库存损耗（wastage and shrinkage），防止内部行窃（internal theft），防止外部行窃（external theft），健康与安全（health and safety）。

1.货物进与出

大型超市都有一个后仓，都会设立两道门，一个门货物只出不进，一个门货物只进不出，而且两个门口都要有专门的防损员进行看管。防损员需要做的是保证所有货物的数量和产品描述必须与入库和出库单保持一致，这样就保证了库存的准确率，库存数量正确，才能保证公司采购部对采购量的判断。

2.库存损失和库存损耗

库存损失和库存损耗都是防损员应重点负责的，二者有很大的区别。库存损失是指货品合理并且是可知的损失去向，比如运输过程中的货物损坏，产品过期或变质等造成的货物损耗。防损的职责就是必须亲自检查这些货品的数量、保质期、名称，记录并且汇报给当值经理，经由经理允许后才能丢入废物处理机中。在这之前，废物处理机必须由防损员上锁，以防止任何未经授权的内部员工随意处理过期变质货品。库存损耗是指货品不合理并且是非可知的损耗，比如内部与外部行窃、进出库数量与单据不一致、条形码错误、系统Bug引起的货品实际数量与电脑库存信息不符。由于超市中每天货物进出过于频繁，这种货品损耗很难查出原因。而防损员需要注意的是每天监察高价值产品的库存信息，一旦一些高价值产品出现"入库数量+当前库存-销售量≠电脑库存"的现象，就要及时上报当值经理，由经理进行进一步调查。

3. 防止内部行窃

内部行窃是由企业内部的某人行窃，这种行窃在超市比较常见。由于零售业门槛较低，所以员工的素质可以说是参差不齐。这就需要防损员和门店经理一同监管。员工下班后，防损员需逐个检查员工的提袋，如果有员工在超市购买了货品，防损员需对照其收据检查产品数量、种类、出单日期和时间、员工打折卡编号。如果员工拒绝防损员检查其包裹，防损员需立即告知当值经理，由经理出面调查，如员工再次拒绝，那么作为防损员或经理有权报警。

4. 防止外部行窃

防止外部行窃是防损员的主要工作职责，首先，防损员要确保进入超市的顾客把携带的大型背包或手提购物袋放到超市门口的寄存柜里。如顾客携带小型背包入内，应留意其购买行为。防损员还需要留意死角和多人聚集处。其次，对店内未付款就边吃东西边购物的顾客，应委婉提醒其到收银台结账。如果发现顾客没有付款就走出收银台，但还未走出超市，防损员不能对顾客进行询查。防损员需等顾客走出超市后才能将其拦住并询查。

5. 健康与安全

防损员在每日巡店过程中最重要的一项工作就是防范和消除各类安全隐患，特别是重大隐患，任何对健康与安全有威胁的事件，不论多大的隐患，都必须记录并及时汇报给门店当值经理。在每日巡店过程中，防损员需检查消防门，检查确保消防门没有被任何障碍物阻挡，且门能畅通无阻地打开。并且所有消防门都必须用特殊的安全封条绑住，如发现其中的封条被无故拆开，说明很有可能有人无故打开此安全门（如行窃行为），需立即汇报当值经理，并调查其原因。此外，防损员还需检查消防设备，确保消防设备稳定运行并且没有任何障碍物阻挡。

常规消防演习也是防损的其中一项职责，英国法律规定，必须每半年进行一次消防安全演习。对员工进行消防安全教育，确保员工充分了解工作中存在的潜在火灾危险；确保员工熟练使用消防器材。防损员除了每日店内巡视外，还要定时围着超市周边的停车场巡视。巡视过程中须检查机动车辆是否停放有序，有无占用专用车位的车辆，停车场各种标识是否完好无损、有无脱落，车辆车身状况、车门、车窗是否关上，是否有身份不明的人在停车场闲逛。巡逻防损员发现问题时，应及时通报当值经理，填写巡逻记录并负责解决问题和最终落实。

总之在英国超市，防损员所承担的职责对门店是非常重要的，任何与健康和安全相关的事宜他们都需要亲自过问，门店所赋予防损员的某些权利有时甚至可以高于店长。

资料来源：中国商业联合会商业防损专业委员会.他山之石[EB/OL].[2015-06-10].http://www.cgcc-lp.org.cn/othersViewsInfo/898.html.有改动.

❈ 本章小结

本章阐述了连锁门店损耗和安全管理的基本内容，以及损耗管理和卖场安全管理的相关知识，主要介绍了门店损耗、安全问题发生的原因，重点介绍损耗的控制方法及安全管理手段。

❈ 主要概念

损耗 变价损耗 门店安全 消防安全管理

❈ 基础训练

一、选择题

1. 下列属于收银人员作业不当所造成损失的是（　　）。

A. 搬运工具使用不当，造成商品破损　　　B. 商品在销售过程中受到污染

C. 收货数据录入错误　　　　　　　　　　D. 遗漏商品扫描

2. 引起损耗的意外事件通常包括（　　）。

A. 水灾　　　　　　　B. 抢劫　　　　　C. 内盗　　　　　D. 台风

3. 以下（　　）情形表示连锁门店是不安全的。

A. 水产品区保持地面干爽

B. 消防通道上散落着卡板、商品

C. 对购物车、货架等定期进行检查

D. 对消防设施设备定期检查

二、判断题

1. 损耗就是指门店内的商品丢失。　　　　　　　　　　　　　　　　　　（　　）

2. 任何部门的任何人员（除收货部授权员工和授权岗位），都不能从收货口进出。　（　　）

3. 顾客之间产生矛盾导致在门店购物中相互伤害而引发不安全因素不属于门店安全管理的范围。　　　　　　　　　　　　　　　　　　　　　　　　　　　　（　　）

4. 促销人员归属于厂家直接管理，所以促销人员在门店内实施的商品偷窃行为属于外盗。　　　　　　　　　　　　　　　　　　　　　　　　　　　　　　　（　　）

5. 突发事件虽然难以预料，但门店仍要以书面形式制订防备各种潜在紧急情况发生的预案。　　　　　　　　　　　　　　　　　　　　　　　　　　　　　　　（　　）

三、简答题

1. 变价损耗主要表现在哪些方面？

2. 如何保证门店现金安全？

3. 门店损耗管理中应进行重点管理的区域有哪些？

❈ 实践训练

【实训项目】

项目：门店安全检查。

【实训场景】

以一名门店防损工作人员的身份，按照安全检查表对门店日常安全开展例行检查。

【实训任务】

1.对记录门店安全状况所需的安全检查表进行设计。

2.以安全检查表中的内容为基本调查内容，对门店安全状况进行检查，并对所调查门店的安全状况作出评述。

【实训提示】

参考门店安全检查表（见表12-1）。

表12-1 **门店安全检查表**

店铺名称： 检查日期： 年 月 日

	检查项目	检查结果及整改情况
一、紧急出口	1.所有紧急出口是否畅通？	
	2.紧急出口是否上锁？遇紧急状况可否立即打开？	
	3.紧急出口灯是否明亮？	
	4.警报器是否性能良好？	
	5.紧急照明灯插头是否插入电源？性能是否良好？	
二、灭火器	6.数量是否符合要求？	
	7.灭火器是否到位？	
	8.灭火器指示牌是否挂好？	
	9.外表是否干净？	
	10.灭火器性能是否良好？	
	11.灭火器有无过期？	
三、消防栓	12.是否容易接近？	
	13.是否被挡住？	
	14.水源开关是否良好？	
	15.是否可立即操作？	
四、急救箱	16.有无放置急救箱？	
	17.箱内的药物是否齐全？	
五、电器设备检查	18.机房是否通风良好？里面有无堆放杂物？	
	19.电器插座是否牢固？有无损坏？	
	20.电线是否依规定设置？	
	21.电器物品是否性能良好？是否正确操作？	
	22.冷冻库温度是否正确？有无杂乱现象？	
六、消防安全注意主要事项	23.有无编制"应急处理小组"？员工是否知道自己的任务？	
	24.是否张贴灭火器材位置图及防火疏散图？	
	25.员工是否知道如何正确使用灭火器材？	
	26.紧急报案电话是否附在电话机上？	
	27.是否定期举办防火演习？	

	检查项目	检查结果及整改情况
七、一般安全	28.电梯是否正常使用？有无定期保养？	
	29.新进员工有无实施安全教育？	
	30.铝梯及推车有无损坏？	
	31.商品堆放是否符合安全规定？	
	32.卷闸门操作是否正常？	
	33.员工是否有安全意识？	
	34.下水道是否淤塞？	
	35.收货方法是否符合规定？	
八、保安	36.贵重商品管理是否符合规定？	
	37.拿出门店的纸箱、垃圾，管理人员是否检查？	
	38.货币现金管理是否符合要求？	
	39.安全设施是否良好？	
	40.各项记录本是否如实填写？	
	41.办公室及柜子是否依规定管理？	
	42.保险柜及收银机抽查是否有长短款？	
	43.商品验收作业是否符合规定？	
	44.是否抽查员工储物柜及携带的手袋？	
	45.员工及顾客盗窃案是否妥善处理？	
	46.顾客滋扰案件是否妥善处理？	
	47.其他有关安全事项的处理是否完善？	

检查人：

【实训效果评价标准表】

实训评估分为两个部分：其中表格设计部分占全部实训效果评价的50%，门店安全检查占全部实训效果评价的50%，两个项目的综合得分为整个实训效果的总得分。

一、表格设计部分

1.以实训提示中给出的"门店安全检查表"为参考内容，按照学生设计的表格进行对照，85%~100%符合为优秀，70%~84%符合为良好，60%~69%符合为合格，低于60%为不合格须补考，低于45%（含45%）为较差须重修。

2.如果学生根据所检查门店的具体情况在"门店安全检查表"中给出自行设计的合理项目或内容，适当给予加分。

二、门店安全检查部分

对所检查项目和检查情况的打分给予明确、清晰的描述。其中，检查认真仔细、项目表述明确清晰、打分合理为优秀；检查较为认真明确、打分基本合理为良好；检查一般、打分一般为合格；检查不仔细、现象描述不清晰、打分不合理为不及格；没有进行门店安全检查为较差，须重修。

附录 综合实训

【实训项目】

项目一：收银员情景服务。

项目二：客服员情景服务。

项目三：防损员情景服务。

【实训场景设计】

项目一：收银员实训情景设计。

（1）收银员多收顾客的钱或找错顾客零钱时，该如何处理？

（2）如果门店正在进行购物满48元可以赠送纸巾一包的活动，此时一位顾客购物为42元，如果当时正在你的收银台付款，你会怎么做呢？

（3）收银员在扫描时，电脑显示商品不存在，你该如何处理？

项目二：客服员实训情景设计。

（1）针对卖场的卫生保洁情况，现场拟定播音稿一篇，并播音。

（2）顾客在商场内买了一盒鲜牛奶，小孩吃后拉肚子，查看是鲜奶过期了，顾客提出赔偿各种费用，你该如何处理？

（3）顾客投诉员工服务态度不好，且目前情绪非常激动，你该如何处理？

（4）顾客声称存入自动存包柜的物品不见了，要求赔偿，你该如何处理？

项目三：防损员实训情景设计。

（1）卖场内有顾客挑选商品时，因口误与员工发生争执，在卖场吵闹，请问该如何处理？

（2）顾客购物后，出防盗门时报警，但顾客确实已将所有商品买单，你应如何处理？

（3）防损员在卖场巡视时，发现一女性顾客在卖场内吃零食（我超市没有销售该商品），你该如何处理？

【实训任务】

项目一：通过收银员情景服务的实训项目，掌握收银工作服务规范和服务技巧。

项目二：通过客服员情景服务的实训项目，掌握客服工作规范、播音技巧和处理顾客投诉的方法。

项目三：通过防损员情景服务的实训项目，掌握服务意识、防损意识和处理突发事件的能力。

【实训提示】

项目一提示：

（1）首先向顾客道歉，耐心向顾客做好解释，并带至服务台进行处理；明确表示我们会加强培训和学习，避免下次再发生此类问题，希望顾客给予一定的谅解，并表示会尽力做好工作。

（2）告知顾客我们商场正在举行的这一档活动内容，询问其是否要买满48元的商品，并向其推荐与所差金额相当的商品。

（3）跟顾客致歉："由于本公司系统问题，该商品暂时不能付款，待我把其他商品结账后再为您处理，请您稍等！"在顾客流量较少时，自己找商品理货员，通知开出库单销售；在顾客流量较多时，通知防损员跟踪服务，确保销售的实现和保证顾客满意。

项目二提示：

（1）播音稿紧扣主题、文字流畅、通俗易懂、篇幅精短；播音时咬字准确、普通话标准、抑扬顿挫、缓慢得当。

（2）首先向顾客道歉，站在顾客角度及时安抚顾客情绪，聆听顾客倾诉和要求；汇报上级，进行协商解决。

（3）首先对顾客提出的问题给予感谢；站在顾客角度安抚顾客，并对员工的行为表示道歉；若非常严重，则交由上级主管进行处理；若问题较轻，道歉后明示我们会即刻对此事拿出解决方案，给予顾客满意的答复，并留下顾客的联系电话，及时将处理结果告知顾客，并加强对员工的培训和管理。

（4）如果顾客的物品是在自动存包柜中丢失，原则上我们不作赔偿。顾客将包裹寄存在自动存包柜内，并未转移寄存物品的占有，自动存包柜的占有人仍然是顾客，而不是我们门店。我们只是免费提供存包场地，而不负保管责任。应协助顾客分析丢失物品的原因，交由防损部门和当地派出所进行立案处理。

项目三提示：

（1）应在不偏袒任何一方的情况下将双方分离，并带至安静场所（防损办公室），及时通知当天值班负责人，由他们出面处理。

（2）防损员拦住顾客，礼貌地询问："请问您是否还有商品未买单？"若顾客表示已经全部买单了，防损员将顾客商品通过防盗门测试，依然发生报警，则应请顾客稍等，将商品交给收银员检查是否有商品漏扫，或者未取防盗扣。如果发现确实未取防盗扣，则应向顾客致歉。

（3）防损员上前，有礼貌地说："小姐，请不要在卖场内吃东西，以免引起不必要的误会。"如果该顾客表示所吃的零食不是卖场内商品，且对防损员表示极其不满，并故意继续吃零食，防损员应有礼貌地重申："小姐，不好意思，这只是为了避免不必要的误会，我公司也有相关规定，而且您既然选择来我们超市购物，相信您对我公司的购物环境、相关规定也是认可的，对吗？"若顾客表示合作后，防损员应致谢。

【实训效果评价标准表】

项目一评价表见表1：

表1　　　　　　　　　　　收银员情景服务实训项目评价表

项　目	情景服务标准要求	情景服务表现描述	得　分
服务表情举止态度	自然、亲切的微笑；热情、友好、自信、镇静；全神贯注于顾客和工作；身体直立、姿势端正；良好的个人生活习惯；良好的行为习惯；良好的职业习惯		

项　目	情景服务标准要求	情景服务表现描述	得　分
待客用语	口齿清楚，语言标准流利，声音适中、柔和；使用标准的普通话服务；主动与顾客打招呼		
多收找错顾客零钱	首先向顾客道歉，耐心向顾客解释，并带至服务台给予退换货处理；希望顾客给予一定的谅解，并表示会尽力做好工作		
促销活动介绍	告知顾客我们商场正在举行的这一档活动内容；询问其是否要买满48元的商品，并向其推荐金额相当的商品		
机器故障	跟顾客致歉："由于本公司系统问题，该商品暂时不能付款，待我把其他商品结账后再为你处理，请您稍等！"		
合　计			

项目二评价表见表2：

表2　　　　　　　　　　　**客服员情景服务实训项目评价表**

项　目	情景服务标准要求	情景服务表现描述	得　分
服务表情举止态度	自然、亲切的微笑；热情、友好、自信、镇静；全神贯注于顾客和工作；身体直立、姿势端正；良好的个人生活习惯；良好的行为习惯；良好的职业习惯		
待客用语	口齿清楚，语言标准流利，声音适中、柔和；使用标准的普通话服务；主动与顾客打招呼		
播音服务	播音稿紧扣主题、文字流畅、通俗易懂、篇幅精短；播音时咬字准确、普通话标准、抑扬顿挫、缓慢得当		
顾客投诉	向顾客道歉，站在顾客的角度及时安抚顾客情绪，聆听顾客的倾诉和要求；汇报上级，进行协商解决；给顾客满意的答复，并留下顾客的联系电话，及时将处理结果告知顾客		
存包服务	协助顾客分析丢失物品的原因；交由防损部门和当地派出所进行立案处理		
合　计			

项目三评价表见表3：

表3　　　　　　　　　　防损员情景服务实训项目评价表

项　目	情景服务标准要求	情景服务表现描述	得　分
服务表情举止态度	自然、亲切的微笑；热情、友好、自信、镇静；全神贯注于顾客和工作；身体直立、姿势端正；态度严谨；良好的个人生活习惯；良好的行为习惯；良好的职业习惯		
待客用语	口齿清楚，语言标准流利；主动与顾客打招呼		
处理纠纷	立场中立，消除负面影响；应在不偏袒任何一方的情况下将双方分离，并带至安静场所（防损办公室），及时通知当天值班负责人，由他们出面处理		
防盗报警	防损员拦住顾客，礼貌地询问："请问您是否还有商品未买单？"若顾客表示已经全部买单了，防损员将顾客商品通过防盗门测试，依然发生报警，则应请顾客稍等，将商品交给收银员检查是否有商品漏扫，或者未取防盗扣。如果发现确实未取防盗扣，则应向顾客致歉		
卖场巡视	防损员上前，有礼貌地说："小姐，请不要在卖场内吃东西，以免引起不必要的误会。"如果该顾客表示所吃的零食不是卖场内商品，且对防损员表示极其不满，并故意继续吃零食，防损员应有礼貌地重申："小姐，不好意思，这只是为了避免不必要的误会，我公司也有相关规定，而且您既然选择来我们超市购物，相信您对我公司的购物环境、相关规定也是认可的，对吗？"若顾客表示合作后，防损员应致谢		
合　计			

得分说明：根据学生在实训中的具体表现，分为"优秀""良好""合格""不合格""较差"，相对应得分分值为"20""16""12""8""4"，将每项得分记入得分栏，全部单项分值合计得出本实训项目总得分，得分90~100分为优秀；75~89分为良好；60~74分为合格；低于60分为不合格，须补考；低于45分（含45分）为较差，须重修。

主要参考文献及网站

[1]谭新兰.管理学理论与实务[M].北京：人民邮电出版社，2015.

[2]罗伯茨 B，伯格 N.向世界零售巨头沃尔玛学应变之道[M].崔璇，译.北京：中国电力出版社，2014.

[3]肖晓春.店长终端管理工作手册[M].北京：北京大学出版社，2009.

[4]许晖.服务营销[M].北京：科学出版社，2011.

[5]逸夫，于晓娟.苏宁管理模式全集[M].武汉：武汉大学出版社，2010.

[6]郑昕，盛梅.连锁门店运营管理[M].北京：机械工业出版社，2008.

[7]单凤儒.管理学基础[M].3 版.北京：高等教育出版社，2008.

[8]范征.连锁企业门店营运管理[M].北京：电子工业出版社，2007.

[9]张莉.十佳店长成功二字诀：用心[N].潇湘晨报，2008-04-09.

[10]宿春礼.成功店长训练[M].北京：中国经济出版社，2006.

[11]刘德胜.新店铺手册[M].西安：陕西旅游出版社，2006.

[12]许晖.服务营销[M].北京：科学出版社，2011.

[13]李晓勇.100个成功的店铺经营[M].北京：机械工业出版社，2005.

[14]卖场管理与培训编委会.零售业卖场管理与培训[M].北京：中国时代经济出版社，2006.

[15]曹慧莉，淡佳庆.如何经营一家最赚钱的超市[M].北京：化学工业出版社，2011.

[16]李志波，党养性.连锁企业门店营运与管理[M].北京：清华大学出版社，2011.

[17]黄宪仁，任贤旺.店员操作手册[M].北京：电子工业出版社，2012.

[18]樊丽丽.零售业店长训练课程[M].北京：中国经济出版社，2004.

[19]杨月进.卖场管理与培训[M].北京：中国时代经济出版社，2006.

[20]阙光辉.超市理货[M].北京：中国劳动社会保障出版社，2006.

[21]张晔清.连锁企业门店营运与管理[M].2 版.上海：立信会计出版社，2006.

[22]许进.商场超市规范化管理工具箱[M].北京：人民邮电出版社，2008.

[23]周文.连锁超市经营管理师操作实务手册[M].长沙：湖南科学技术出版社，2003.

[24]陈己寰.零售学[M].广州：暨南大学出版社，2005.

[25]尚丰.金牌店长提升教程[M].大连：东北财经大学出版社，2006.

[26]马瑞光.复制连锁帝国：连锁企业持续赢利法则[M].北京：东方出版社，2006.

[27]沃尔玛中国投资有限公司.http：//www.walmartfacts.com.

[28]中国连锁经营协会.http：//www.ccfa.org.cn/index.jsp.

[29]中国化妆品网.http：//www.c2cc.cn.

[30]超市168网.http：//www.chaoshi168.com.

[31]超市周刊.http：//www.cncszk.com.

[32]中国零售企业网.http：//www.lingshou.com.

[33]联商网.http：//www.linkshop.com.cn.

[34]零售安全调查-防损委官网.http：//www.cgcc-lp.org.cn/RetailSafetySurvey.html.

[35]道客巴巴网.http：//www.doc88.com.